Tout savoir sur
LES INVENTIONS

Queen Street House
4 Queen Street
Bath BA1 1HE
Royaume-Uni

Auteur : Louise Spilsbury
Éditeur : Jane Yorke
Conception graphique : Chris Scollen et Macwiz
Consultant : Chris Cooper

Réalisation et adaptation : Belle Page, Boulogne
Traduction de l'anglais : Chantal Nanche

ISBN : 978-1-4075-4100-6
Imprimé en Chine

Tout savoir sur

LES INVENTIONS

QUI ? QUOI ? QUAND ?
COMMENT ? POURQUOI ?

Parragon

Bath New York Singapore Hong Kong Cologne Delhi Melbourne

SOMMAIRE

MOTOR

PANY.

VACUUM CLEANER
VACUUM
11, RUE St. FLORENTIN, 11
CLEANER

LES INVENTIONS

À quoi ressemblerait notre vie sans les inventions ? Elle serait sans doute bien plus pénible et beaucoup moins amusante… Apprends ce qui caractérise une invention et pourquoi des pionniers innovent, ce qu'est un brevet et pourquoi certains inventeurs rencontrent le succès, tandis que d'autres tombent dans l'oubli. Découvre également quelles sont les inventions susceptibles de voir le jour dans un proche avenir.

Qu'est-ce qu'une invention ?

Quelle est la définition d'une invention ?

Une invention est la création d'un nouvel objet (comme le ressort), d'une matière (le Nylon) ou d'un procédé (la congélation). Une découverte n'est utile que si elle est suivie d'une invention : l'être humain découvre le feu il y a plus d'un million d'années, avec la foudre, mais il ne le contrôle que lorsqu'il le recrée en frottant deux morceaux de bois l'un contre l'autre. Les allumettes n'apparaissent qu'en 577, en Chine.

CI-DESSOUS Tout objet fabriqué par l'homme a un inventeur : c'est la première personne qui en a l'idée.

Lance-pierre

Piège à souris

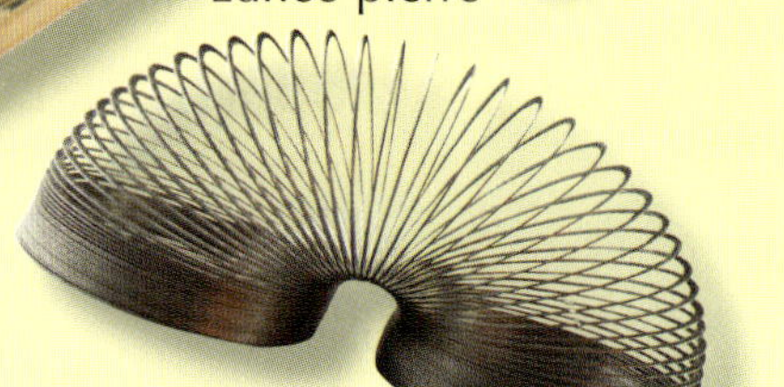

Ondomania (ou *slinky*) inventé en 1945

CI-DESSOUS Les premiers aspirateurs sont si gros qu'on les transporte de maison en maison.

Pourquoi invente-t-on ?

En général, l'être humain invente pour se rendre la vie plus facile. Les appareils électroménagers ont ainsi révolutionné la vie domestique. La plupart des innovations prennent appui sur des idées déjà connues. Par exemple, en 250 av. J.-C., le Grec Archimède étudie le principe du levier qui, plus tard, aura de nombreuses applications – ciseaux, casse-noix, pinces… Certaines inventions surgissent par accident : le jouet baptisé « ondomania » doit sa création à des ressorts tombés d'un établi. Quant au Teflon, revêtement antiadhésif des poêles, le savant Roy Plunkett le découvre par erreur.

Y a-t-il des périodes propices aux inventions ?

De tout temps, l'homme a eu de grandes idées, mais pas toujours les matériaux ni la technologie pour les réaliser. Depuis 250 ans, avec la découverte de l'électricité, de nouveaux produits chimiques et de la microbiologie, on assiste à un regain d'inventivité. Aujourd'hui, les laboratoires de recherche se multiplient pour développer des innovations.

À DROITE Léonard de Vinci dessine les plans d'un sous-marin au XVe siècle, 400 ans avant la mise en service du premier sous-marin militaire.

CI-DESSUS Les découvertes scientifiques majeures d'Albert Einstein ont permis d'innombrables inventions modernes, comme l'énergie nucléaire, le laser et la puce électronique.

Qu'est-ce qu'un brevet ?

Le brevet permet à un inventeur de protéger son idée. Lorsqu'un inventeur innove, on peut lui accorder un brevet qui lui donne le droit, pendant un certain temps, d'interdire à autrui de fabriquer, d'utiliser ou de vendre sa trouvaille – sauf s'il leur en donne l'autorisation. Beaucoup d'inventions sont brevetées, mais toutes ne connaissent pas le succès. De même, les marques déposées permettent de protéger les inventions. Elles renseignent sur l'origine d'un produit, mais aussi sur sa qualité et son contenu. On a ainsi découvert des marques sur des poteries façonnées vers 5000 av. J.-C.

À DROITE L'inventeur Dean Kamem dépose un brevet pour le transporteur personnel Segway en 1999. Nul ne sait si cette innovation aura du succès.

Les inventions du futur

Toutes les choses qui nous entourent – les chaussures, les chaises, les vitres, les balles de jeu et même ce livre – ont été inventées. Voici maintenant quelques innovations qui verront peut-être bientôt le jour. Elles te paraîtront sans doute incroyables et bizarres, mais n'oublie pas que c'est exactement ce que les gens pensaient autrefois de l'automobile ou de l'avion, par exemple.

Comment seront les voitures du futur?

À l'avenir, nous n'aurons plus besoin de conduire, car les voitures et les autoroutes informatisées s'en chargeront, pendant que le conducteur dormira. Des caméras embarquées détecteront les lignes blanches et maintiendront le véhicule sur la voie, et un ordinateur de bord évaluera les distances grâce au laser, à l'ultrason ou au radar. À la fin du voyage, le stationnement automatique garera le véhicule et nous le ramènera sur demande!

CI-DESSUS Les caméras d'une voiture interactive fournissent des informations à l'ordinateur de bord sur les marquages et les panneaux routiers.

Des robots au service de la santé?

Les scientifiques espèrent parvenir à fabriquer des machines microscopiques, de quelques millionièmes de millimètre. Ces nanorobots pourraient voyager dans notre corps pour nous soigner. Ils pourraient s'aventurer dans les vaisseaux sanguins, tels de minuscules robots médecins, pour les nettoyer ou détruire les cellules cancéreuses.

À GAUCHE Un nanorobot recherche les cellules cancéreuses dans le sang.

Le ménage... un mauvais souvenir?

Dans le futur, les tâches ménagères ne seront plus qu'un mauvais souvenir! Des réseaux informatiques connecteront entre eux des appareils intelligents. Leurs capteurs et leurs puces permettront aux cuisinières de s'allumer et de s'éteindre automatiquement, et aux réfrigérateurs de signaler un aliment avarié. Tu pourras programmer ces systèmes à distance avec une télécommande ou un téléphone portable.

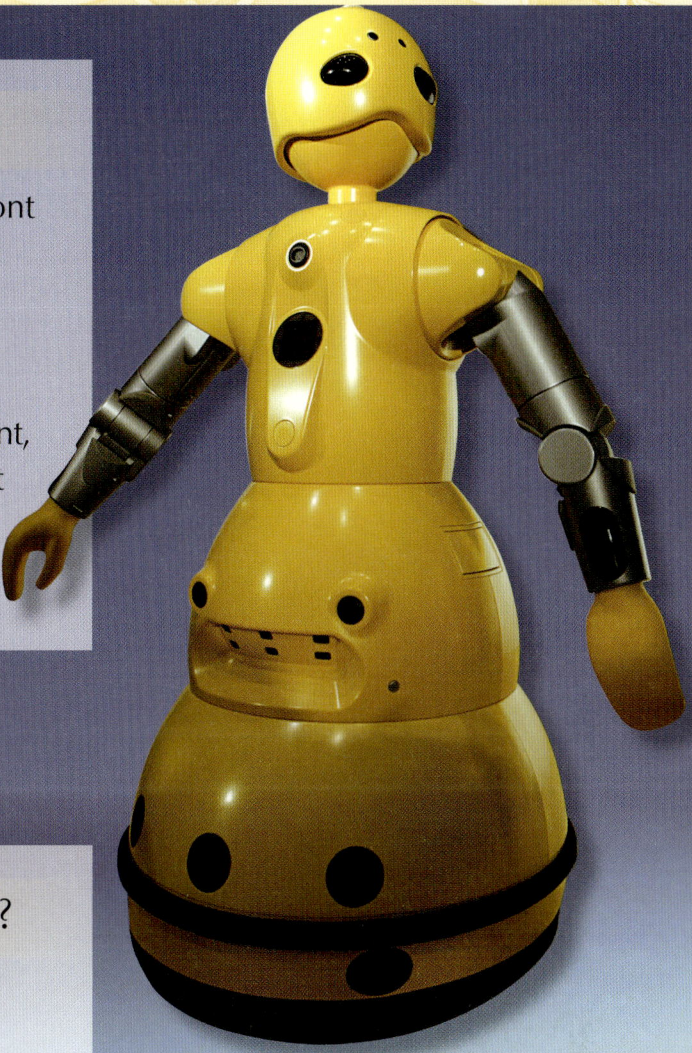

CI-DESSUS Le robot Wakamaru de Mitsubishi avertit un centre de contrôle lorsqu'il y a un problème dans la maison. Il est commercialisé depuis 2005.

À quand des vacances dans l'espace?

D'ici cinquante ans, peut-être y aura-t-il une « [illegible]ute de l'espace » qui nous permettra de voyager, de travailler et de vivre dans l'espace. Les transports spatiaux seront sans doute associés aux aéroports internationaux. Nous verrons un avion décoller pour New York, suivi d'un autre à destination de la Lune...

À GAUCHE La NASA travaille sur un avion qui révolutionnera les voyages dans l'espace.

L'AGRICULTURE

Des charrues en bois aux puissants moteurs des moissonneuses-batteuses, les inventions contribuent à la culture des fruits et des légumes que nous mangeons. Découvre les machines à traire et les techniques d'irrigation qu'utilisent les agriculteurs. Apprends pourquoi la mise en conserve et la congélation aident à préserver les aliments, et comment les insecticides débarrassent les récoltes des insectes nuisibles. Perce le secret des aliments génétiquement modifiés et comprends pourquoi nous mangerons peut-être un jour des carottes… violettes !

Les charrues

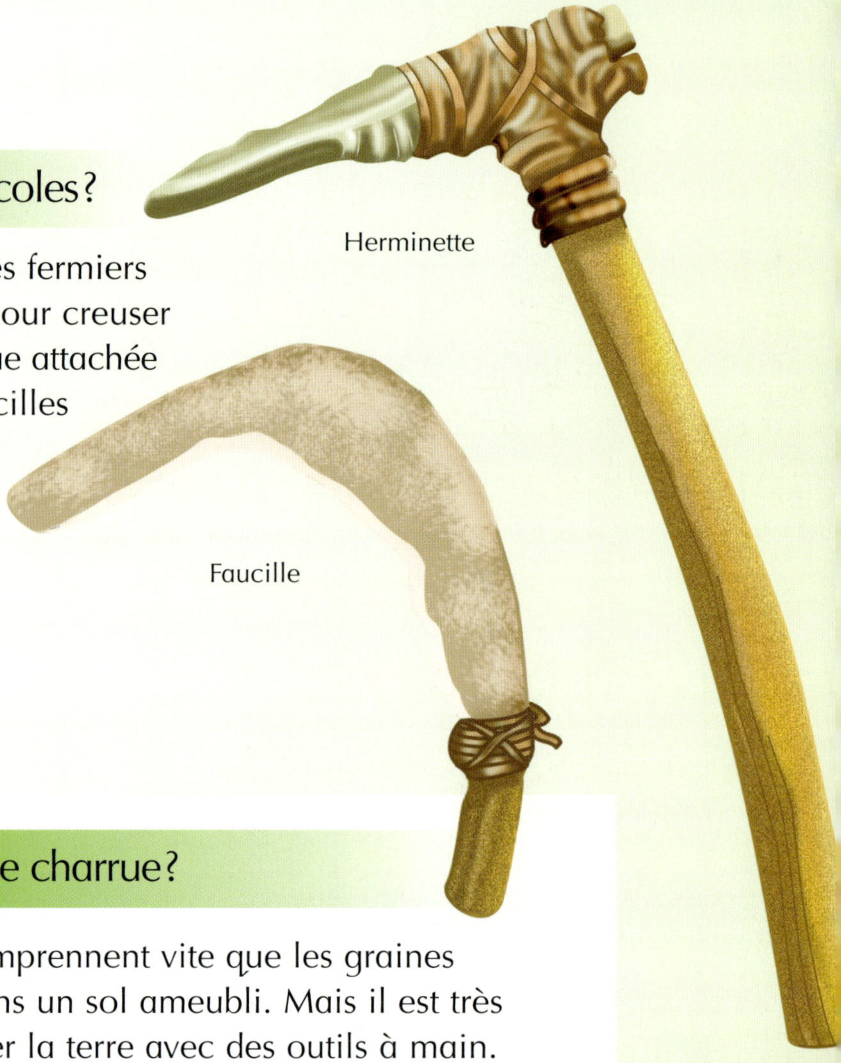

Herminette

Faucille

Quels furent les premiers outils agricoles?

Vers 6000 av. J.-C., au Proche-Orient, des fermiers inventent un outil simple, l'herminette, pour creuser et biner le sol. Il s'agit d'une pierre pointue attachée à un manche en bois. Les premières faucilles sont en silex, taillé pour obtenir un bord tranchant capable de faucher les hautes cultures comme le blé.

Qu'est-ce qu'une charrue?

Les cultivateurs comprennent vite que les graines poussent mieux dans un sol ameubli. Mais il est très pénible de retourner la terre avec des outils à main. Aussi, vers 5000 av. J.-C., ils inventent la charrue. Elle consiste en un simple bâti de bois attaché à un bâton vertical qui s'enfonce dans la terre et permet de creuser de petites tranchées, ou sillons, dans les champs.

LE SAIS-TU?
Les Sumériens de Mésopotamie sont les premiers à avoir utilisé des bœufs pour tirer leurs charrues, il y a plus de 5 000 ans.

CI-DESSOUS La charrue à mancherons de John Deere, en acier, était tirée par un cheval.

Quand fut inventée la charrue en fer?

L'inconvénient des charrues en bois est qu'elles s'usent très vite. Il y a environ 3 000 ans, l'homme découvre comment fabriquer des outils en fer. Dès 900 av. J.-C., les fermiers taillent des socs tranchants pour leurs charrues. En 500 av. J.-C., les charrues sont entièrement en fer. En 1838, John Deere, forgeron américain, invente la toute première charrue en acier coulé.

Quel est le principe de la charrue?

Les charrues modernes sont dotées de lames incurvées appelées versoirs. Ces derniers creusent un sillon en retournant la terre, ce qui enfouit les mauvaises herbes et aère le sol. Lorsque le tracteur fait demi-tour au bout du champ, la charrue pivote afin qu'une seconde rangée de lames incurvées dans l'autre sens laboure le sol.

CI-DESSOUS Une lame tranchante, le coutre, découpe la motte de terre avant le passage des versoirs.

Les tracteurs

CI-DESSOUS Une locomobile à vapeur datant du XIXe siècle.

Quand furent inventés les tracteurs ?

À partir du XIXe siècle, on utilise des locomobiles à vapeur pour tirer les machines agricoles à la place des paysans ou de leurs animaux. Mais les premières locomobiles sont chères et bien lourdes pour certains terrains accidentés ou trop mous. En 1892, l'Américain John Froehlich met au point le premier tracteur équipé d'un moteur à essence.

Des pneus larges et rainurés permettent une meilleure adhérence en terrain accidenté.

L'attelage à trois points permet de tracter des machines agricoles.

CI-DESSUS Un tracteur sans cabine moissonne le foin.

Quel est désormais le rôle des tracteurs ?

Les puissants tracteurs actuels offrent un réel confort de conduite ; ils permettent de tirer des remorques lourdement chargées et de faire fonctionner divers types de machines agricoles : des charrues pour labourer les champs, des râteaux géants, appelés herses, pour ameublir la terre et des semoirs pour planter les graines.

1860	1892	1922	1939	1994
Création de la machine à traire	Premier tracteur à moteur à essence	Procédé de congélation des aliments	Découverte du premier insecticide chimique	Premiers aliments transgéniques

Qui inventa la moissonneuse-batteuse?

CI-DESSOUS Les énormes barres de coupe d'une moissonneuse-batteuse fauchent de larges bandes de céréales.

Au début du XXe siècle, les tracteurs sont souvent utilisés à l'époque des moissons pour faucher les céréales. D'autres machines, les batteuses, séparent les grains des tiges. En 1938, l'entreprise canadienne Massey-Harris commercialise la première moissonneuse-batteuse. Équipée de son propre moteur, elle peut à la fois faucher et battre la récolte, ce qui représente un réel gain de temps et d'énergie pour les fermiers.

Pourquoi les tracteurs ont de larges roues?

La plupart des tracteurs sont équipés de deux petites roues à l'avant et de deux énormes roues motrices à l'arrière, propulsées par le moteur. À leurs débuts, les tracteurs sont dotés de roues métalliques à crampons. Dans les années 1930, on invente les pneus gonflables pour tracteurs : ils permettent de mieux rouler sur les sols mous et boueux.

LE SAIS-TU ?
Certains tracteurs n'ont pas de pneus, mais des chenilles en caoutchouc dotées d'arêtes pour leur donner une meilleure adhérence sur des sols accidentés ou mous.

Les machines à traire

Quand fut inventée la machine à traire?

Traire un troupeau de vaches est un travail long et fastidieux jusqu'en… 1860, lorsqu'un ingénieur américain, L. O. Colvin, fait breveter sa trayeuse. L'éleveur attache des gobelets en caoutchouc aux pis de la vache et pompe à l'aide de soufflets. Le lait est acheminé dans des tuyaux jusqu'à un seau. Mais cette trayeuse aspire le lait en continu, ce qui peut, à terme, blesser les trayons de la vache.

Comment fonctionne une trayeuse?

Aujourd'hui, les éleveurs de vaches laitières utilisent des trayeuses automatisées. Elles peuvent traire un troupeau d'une centaine de bêtes en quelques heures. Dans la salle de traite, l'éleveur commence par nettoyer les quatre trayons de chaque vache, puis il place les gobelets trayeurs. La pompe à vide de la machine aspire doucement le lait de manière discontinue – exactement comme lorsque le veau tète.

Les gobelets trayeurs sont placés sur chaque trayon du pis de la vache.

À DROITE Le lait de chaque vache chemine dans des tuyaux jusqu'à un bocal qui mesure sa quantité, avant d'être pompé vers une grande cuve de refroidissement. Il y est stocké, puis est collecté par un camion-citerne qui le transporte à la coopérative laitière.

Qui fabriqua le premier fromage?

L'homme utilise le lait pour fabriquer du fromage depuis plus de 5 000 ans. Le fromage a sans doute été inventé au Proche-Orient par des nomades qui se déplaçaient avec leurs troupeaux de chèvres et de moutons en quête de pâturages. On raconte qu'un nomade aurait stocké du lait dans une sacoche faite d'une panse de brebis. Chauffé par le soleil, le lait se serait mélangé avec la présure de la panse et aurait caillé, formant ainsi le premier fromage.

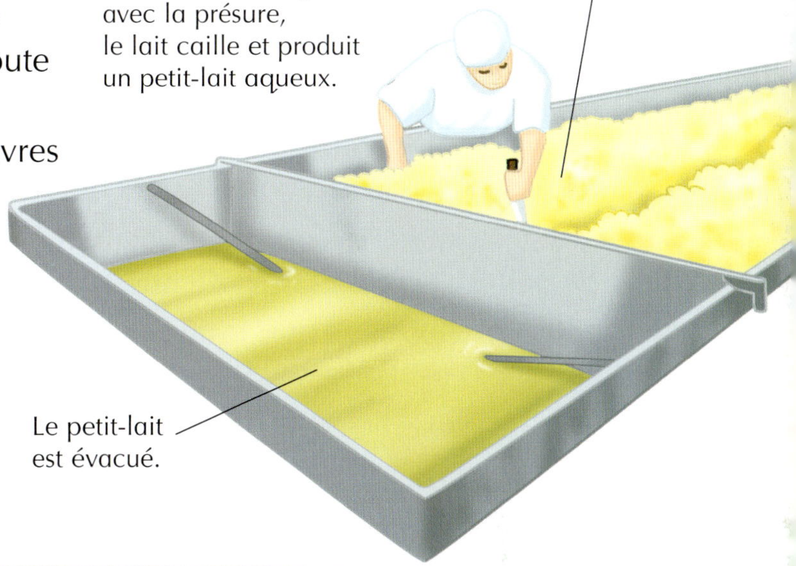

CI-DESSOUS Une fois chauffé et mélangé avec la présure, le lait caille et produit un petit-lait aqueux.

Après avoir coupé le lait caillé, on ajoute du sel pour obtenir du fromage.

Le petit-lait est évacué.

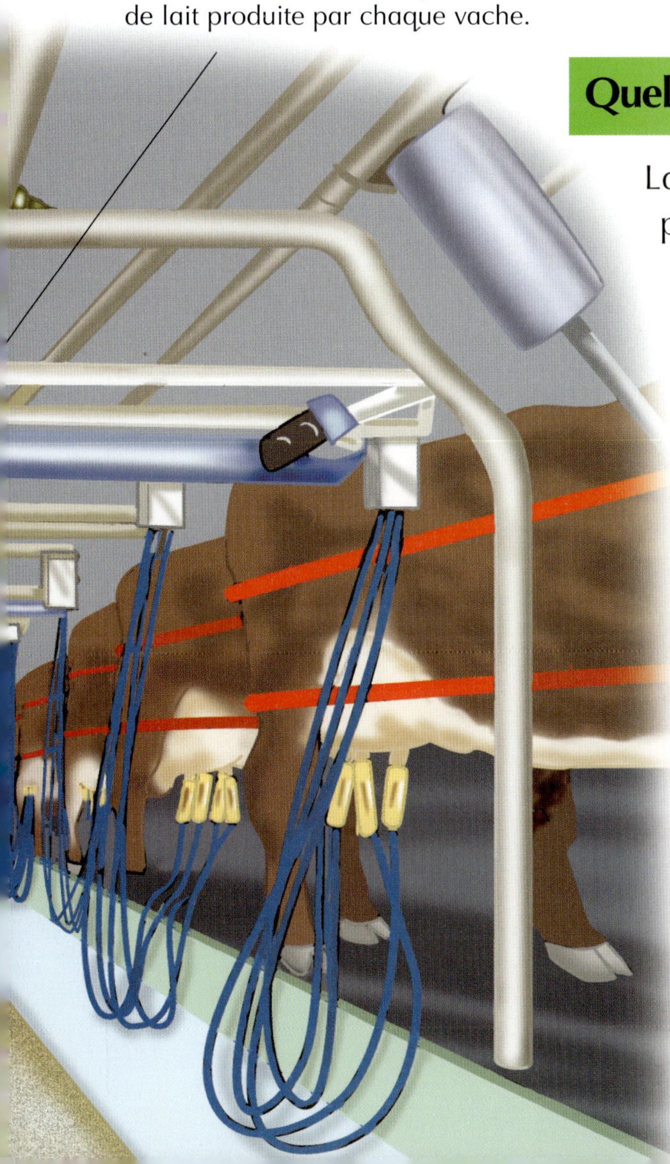

Les bocaux mesurent la quantité de lait produite par chaque vache.

Quel est le principe de la pasteurisation?

La pasteurisation consiste à chauffer un aliment pour détruire les bactéries nocives. Ce procédé est nommé d'après son inventeur, le chimiste français Louis Pasteur, qui l'a testé pour la première fois sur le lait en 1862. Aujourd'hui, le lait est la plupart du temps pasteurisé en étant brièvement chauffé à 72 °C. Cela élimine les bactéries et permet de le conserver plus longtemps.

LE SAIS-TU ?
Des salles de traite robotisées permettent aux vaches de se faire traire à tout moment. Lorsque le pis de la vache est vide, l'ordinateur déclenche le retrait des gobelets trayeurs.

6000 av. J.-C. Premiers outils à main en pierre	5000 av. J.-C. Création de la charrue à bœufs	2500 av. J.-C. Conception du chadouf pour puiser l'eau	260 av. J.-C. La vis d'Archimède est utilisée pour irriguer	1810 apr. J.-C. Invention de la conserve pour préserver les aliments

L'arrosage des cultures

LE SAIS-TU ?
Certains agriculteurs utilisent un système informatisé de détecteurs d'humidité pour contrôler la sécheresse du sol et déclencher l'arrosage des cultures goutte à goutte.

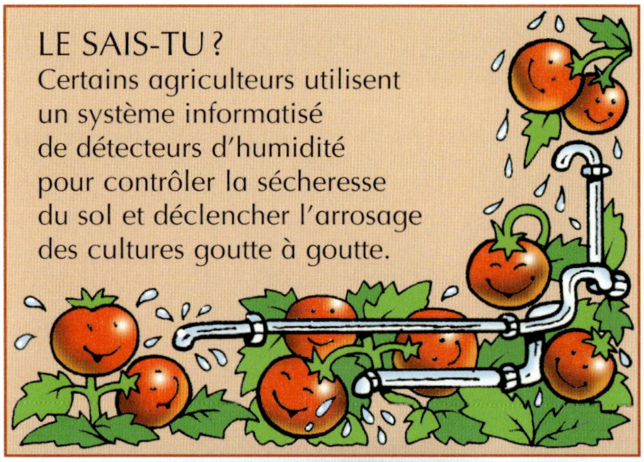

Pourquoi arrose-t-on les cultures ?

Les plantes, comme tous les êtres vivants, ont besoin d'eau pour germer et se développer. Dans les zones pluvieuses, les cultures sont naturellement arrosées. Mais dans les régions sèches, de nombreuses plantations ne poussent que si elles sont arrosées par l'homme. Les différents procédés utilisés constituent les techniques d'irrigation.

Quand fut inventé le chadouf ?

Le chadouf est un appareil simple inventé dans l'Égypte antique vers 2500 av. J.-C. Il est encore utilisé de nos jours pour puiser l'eau des rivières. Il est constitué d'une longue perche fixée sur un pivot. Un seau est suspendu à l'une de ses extrémités, tandis qu'un rocher fait contrepoids à l'opposé. Le seau est plongé dans la rivière et rempli d'eau. Le poids du rocher faisant basculer la perche, la charge est aisément soulevée.

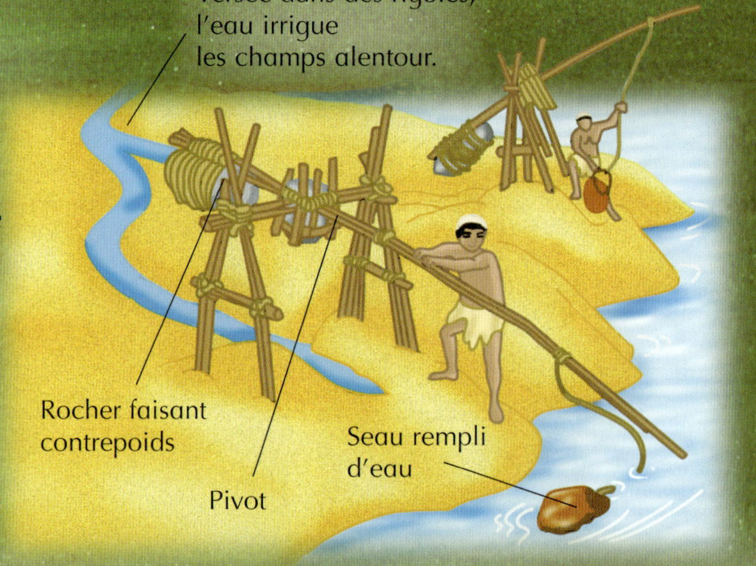

1860	1892	1922	1939	1994
Création de la machine à traire	Premier tracteur à moteur à essence	Procédé de congélation des aliments	Découverte du premier insecticide chimique	Premiers aliments transgéniques

Comment fonctionne la vis d'Archimède?

Ancêtre de la pompe, la vis d'Archimède est encore utilisée dans certains pays pour puiser l'eau et irriguer les cultures. L'ingénieur grec Archimède est le premier à la décrire vers 260 av. J.-C. Elle est constituée d'un cylindre creux renfermant une vis ajustée. L'extrémité immergée dans la rivière puise l'eau au fur et à mesure que la vis tourne. L'eau remonte dans le cylindre et se déverse dans une rigole d'irrigation.

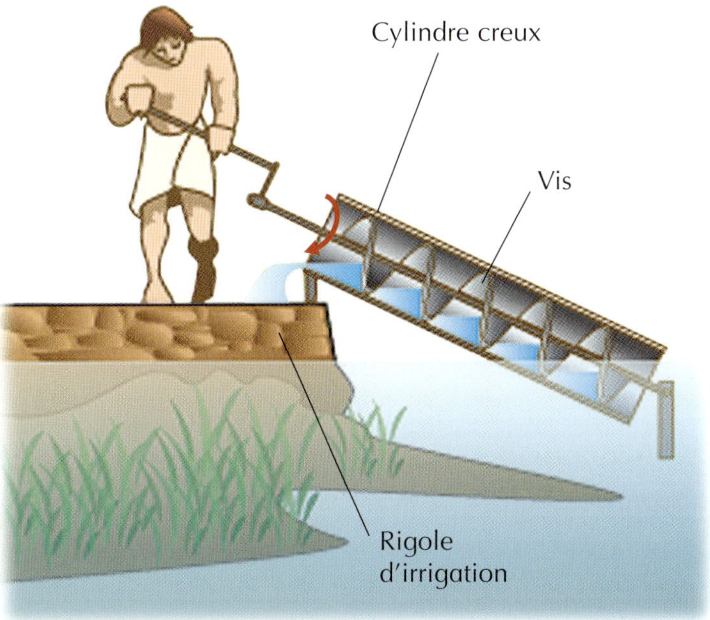

CI-DESSOUS Un champ circulaire est irrigué par un long arroseur automoteur, qui tourne comme les aiguilles d'une montre.

Comment les cultures sont-elles irriguées?

De nos jours, de nombreux agriculteurs utilisent un système alliant pompes électriques, tuyaux et arroseurs pour amener l'eau dans leurs champs. L'irrigation par pivot nécessite un moteur, ou une pression suffisante de l'eau dans les tuyaux, pour faire tourner des rampes et arroser tout un champ. Mais l'eau pulvérisée tend à s'évaporer rapidement. L'irrigation goutte à goutte, par des tuyaux finement percés et placés sur ou dans le sol, près des racines de la plante, se révèle plus efficace.

Les produits chimiques agricoles

À **quoi** servent les produits chimiques?

De nombreux cultivateurs recourent aux pesticides et aux engrais chimiques pour accroître leur production. Les engrais apportent des nutriments à la terre afin de la rendre plus fertile et d'obtenir un meilleur rendement des cultures. Les pesticides incluent les insecticides, qui éliminent les insectes nuisibles, les herbicides, qui détruisent les mauvaises herbes, et les fongicides, qui combattent maladies et moisissures.

CI-DESSUS Les cultivateurs utilisent des avions pulvérisateurs pour épandre les pesticides sur de vastes surfaces. Dans l'avion, le pilote est à l'abri des substances chimiques.

CI-DESSOUS Les cultivateurs portent des vêtements de protection pour pulvériser des herbicides manuellement.

Quels furent les premiers insecticides?

Les insecticides sont des substances pulvérisées sur les champs pour repousser ou tuer les insectes nuisibles qui se nourrissent des cultures. De tout temps, l'homme s'est servi de produits naturels pour se débarrasser des insectes, comme le sel, le tabac, le poivron rouge et l'arsenic. En 1939, le chimiste suisse Paul Müller découvre qu'une substance chimique appelée DDT est dotée de propriétés insecticides. Depuis lors, de nombreux insecticides chimiques ont été mis au point et commercialisés.

À GAUCHE Certains insectes, comme la méloé, mangent les feuilles des plantes. D'autres se nourrissent de leurs racines ou sucent la sève des tiges.

1860 Création de la machine à traire | **1892** Premier tracteur à moteur à essence | **1922** Procédé de congélation des aliments | **1939** Découverte du premier insecticide chimique | **1994** Premiers aliments transgéniques

Les buses placées sous l'avion libèrent des quantités régulières de produit sous forme de fines gouttelettes.

Quel est l'impact de ces produits sur l'environnement ?

Dans certaines régions du globe, d'énormes quantités de pesticide et d'engrais chimique sont épandues, ce qui nuit à l'environnement naturel. Certains produits abîment ou détruisent des plantes et des animaux inoffensifs, comme des espèces rares de fleurs sauvages et de papillons. Lorsqu'ils sont drainés dans le sol et les rivières, ils les polluent. Et les traces qui subsistent sur les récoltes peuvent être nocives pour le consommateur.

LE SAIS-TU ?

Déjà en 4500 av. J.-C., les fermiers de Mésopotamie brûlent le soufre des volcans environnants dans leurs cultures. Sa fumée nauséabonde éloigne les insectes.

Comment se définit l'agriculture biologique ?

Les agriculteurs biologiques cultivent des plantes sans recourir aux produits chimiques. Ils préfèrent le compost et le fumier des animaux de ferme aux engrais artificiels. Dans leurs champs, ils favorisent la croissance des fleurs sauvages afin d'attirer des insectes utiles, prédateurs de ceux qui détruisent les récoltes. Ils repoussent ces derniers grâce à des plantes malodorantes, comme l'ail, ou en pulvérisant des insecticides naturels, comme l'huile de margousier, un arbre tropical.

CI-DESSOUS Tout au long de la saison de croissance, les cultivateurs guettent les signes de dégâts causés par des insectes.

Les OGM

Qu'est-ce qu'un OGM?

Les OGM (organismes génétiquement modifiés) dont sont issus les aliments transgéniques, sont des plantes ou des animaux dont les gènes sont modifiés. Les gènes sont les instructions chimiques héréditaires présentes dans chaque cellule, qui déterminent les caractéristiques d'un être vivant. Les scientifiques sont désormais capables d'enlever ou d'ajouter des gènes pour créer des plantes qui se conservent mieux, résistent aux pesticides ou poussent sur un sol sec.

À GAUCHE Cette pêche transgénique est résistante aux maladies.

LE SAIS-TU ?
Les scientifiques ont créé des choux-fleurs orange et des carottes violettes transgéniques ultra-vitaminés. Mais on ignore quels effets ils pourront avoir sur notre santé et s'ils sont ou non dangereux.

Quand les OGM furent-ils inventés?

Le premier aliment transgénique est commercialisé en 1994. La tomate Flavr Savr contient un gène modifié pour rester ferme et fraîche. Bien souvent, les tomates sont cueillies vertes et mûrissent plus tard. Ramassées rouges, les tomates transgéniques ne ramollissent pas pendant le transport. Leur goût est donc préservé puisqu'elles mûrissent sur pied.

CI-DESSOUS Certains tournesols transgéniques produisent une huile plus saine.

1860	1892	1922	1939	1994
Création de la machine à traire	Premier tracteur à moteur à essence	Procédé de congélation des aliments	Découverte du premier insecticide chimique	Premiers aliments transgéniques

Comment obtient-on une plante OGM?

Un nouveau gène est injecté dans les cellules de la plante à l'aide d'un pistolet spécial. Ces cellules, placées dans un liquide nutritif, deviennent ensuite des plantes complètes. On peut aussi ajouter un gène *via* une bactérie, qui le transmet aux cellules, modifiant ainsi le patrimoine génétique. C'est de cette manière qu'un plant de tomate a reçu le gène de résistance au gel d'un poisson : ces tomates OGM ne craignent désormais plus le froid.

À GAUCHE Les scientifiques contrôlent leurs expériences en cultivant des plantes transgéniques dans des serres.

CI-DESSOUS Le maïs transgénique n'est pas endommagé par les herbicides.

Les OGM sont-ils inoffensifs?

Selon les partisans des OGM, personne n'est encore tombé malade en mangeant des aliments transgéniques, et leur culture permettra, à terme, de nourrir tous les habitants du monde. Mais pour les opposants, ils représentent un risque potentiel pour notre santé et on peut créer, par manque de connaissance, des aliments toxiques ou facteurs d'allergies. C'est pourquoi en 2008, le gouvernement français débat sur l'autorisation ou l'interdiction de leur culture.

La conservation des aliments

CI-DESSUS Des fruits frais, comme les pêches, sont conservés dans du sirop dans des bocaux hermétiques.

Pourquoi conserve-t-on les aliments?

Les bactéries se nourrissent de produits frais, comme les fruits et les légumes. C'est pourquoi ceux-ci se décolorent et pourrissent rapidement. En les mettant dans l'huile ou en les faisant mariner dans le vinaigre, l'homme découvre qu'il peut empêcher ce processus. Ainsi, on consomme des fruits et des légumes d'été durant l'hiver, bien avant l'invention des conserves et de la congélation.

CI-DESSOUS De nos jours, le poisson frais est pêché, préparé, emballé et surgelé en mer, sur d'énormes navires-usines.

Comment sont surgelés les aliments?

La technique de congélation consiste à exposer un aliment à un courant d'air très froid; l'eau qu'il contient se transforme alors en petits cristaux de glace. Les très basses températures bloquent la croissance des bactéries nocives. Certains aliments sont aussi brièvement chauffés avant d'être congelés pour stopper l'activité naturelle des enzymes.

LE SAIS-TU ?
En traversant un aliment, les rayons X tuent les germes et l'empêchent de moisir. Les astronautes mangent des aliments traités par irradiation afin de ne pas s'intoxiquer.

Qui inventa la boîte de conserve?

Pierre Durand, un Français émigré en Angleterre, invente les boîtes métalliques pour conserver les aliments en 1810. Chauffé dans une boîte hermétique et étanche, l'aliment se conserve plus longtemps. Mais le fer de la boîte a tendance à rouiller et gâte la nourriture. L'inventeur résout ce problème en recouvrant le fer d'étain. Les conserves en fer-blanc rencontrent alors un grand succès auprès des marins et des soldats.

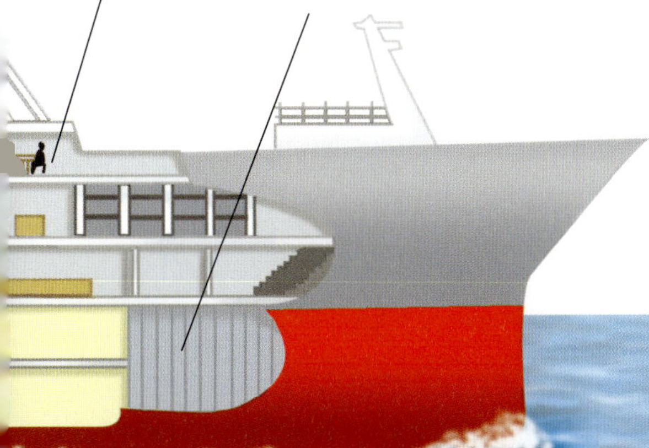

CI-DESSOUS Les premiers ouvre-boîtes perforent le couvercle et le découpent avec une lame.

Quand fut conçu l'ouvre-boîtes?

Les premières boîtes en fer-blanc sont si dures qu'il faut utiliser un marteau et un burin pour les ouvrir ! Près de cinquante ans plus tard, en 1858, l'Américain Ezra Warner invente l'ouvre-boîtes. Sa lame affûtée perfore et découpe le couvercle des boîtes alors fabriquées en métal plus fin.

CI-DESSOUS Les premiers poissons surgelés sont vendus en 1922. Ils sont alors congelés grâce à la technique mise au point par l'Américain Clarence Birdseye.

LA CONSTRUCTION

Grâce aux machines modernes, comme les excavatrices géantes et les bulldozers, nous construisons des bâtiments d'habitation, des routes, des ponts et des gratte-ciel. Mais sais-tu que de simples outils ont permis aux Égyptiens de l'Antiquité d'édifier des pyramides monumentales ? Apprends aussi pourquoi les briques cuites au four sont encore utilisées de nos jours et admire les immenses squelettes d'acier qui structurent les plus hauts gratte-ciel du monde. Découvre enfin comment se fabrique le verre et ce qu'est un échangeur « spaghetti ».

Les matériaux de construction

CI-DESSOUS Les ziggourats (temples) sont des pyramides étagées de terrasses.

Quand furent fabriquées les premières briques?

Les hommes préhistoriques façonnent des briques à partir de blocs de boue et de paille qu'ils laissent sécher au soleil. Il s'agit donc du plus ancien matériau de construction fabriqué par l'homme. En 3500 av. J.-C., en Mésopotamie, apparaissent les briques d'argile cuites au four, pour édifier les villes et les ziggourats (temples). Elles sont aujourd'hui encore largement utilisées.

À GAUCHE Un camion spécial fait tourner le béton fluide dans sa grande cuve (ou toupie) pour qu'il ne se fige pas avant la livraison.

LE SAIS-TU ?
Les Massaïs, en Afrique, construisent leurs huttes avec des branchettes, de l'herbe, de la bouse et de l'urine de vache. Une fois séché, ce mélange devient aussi dur que du ciment.

Qui mit au point le béton?

En 1756, l'ingénieur britannique John Smeaton obtient le premier béton moderne en mélangeant des graviers, de la poudre de briques, de la poudre de ciment et de l'eau. Le béton fluide est versé dans un moule où on le laisse prendre. C'est un matériau résistant, qui peut supporter des charges considérables, mais il se fissure s'il est comprimé ou étiré. Dès 1867, on y insère des barres d'acier pour accroître sa résistance.

Quand apparurent les vitres en verre?

L'homme invente le verre vers 3000 av. J.-C., en faisant chauffer du sable, de la chaux et de la soude dans un fourneau. Pendant des siècles, le verre fondu est façonné, puis durci par refroidissement, pour fabriquer de petits objets. Au XIIIe siècle apparaissent les fenêtres en verre, mais leurs petits carreaux n'offrent qu'une faible luminosité. À partir du XIXe siècle, on produit des plaques transparentes de verre laminé et poli.

CI-DESSUS Aujourd'hui, on fabrique les vitres en faisant flotter le verre en fusion (sortant du four) dans un bain d'étain fondu – procédé mis au point par l'Anglais Alastair Pilkington.

Pourquoi utilise-t-on l'acier?

L'acier est un métal robuste qui sert à fabriquer l'ossature de nombreux bâtiments, mais aussi les boulons, les barres, les tôles, les clous, les tiges et les tubes qui les maintiennent. L'acier fondu moulé peut prendre n'importe quelle forme, ce qui en fait un matériau idéal.

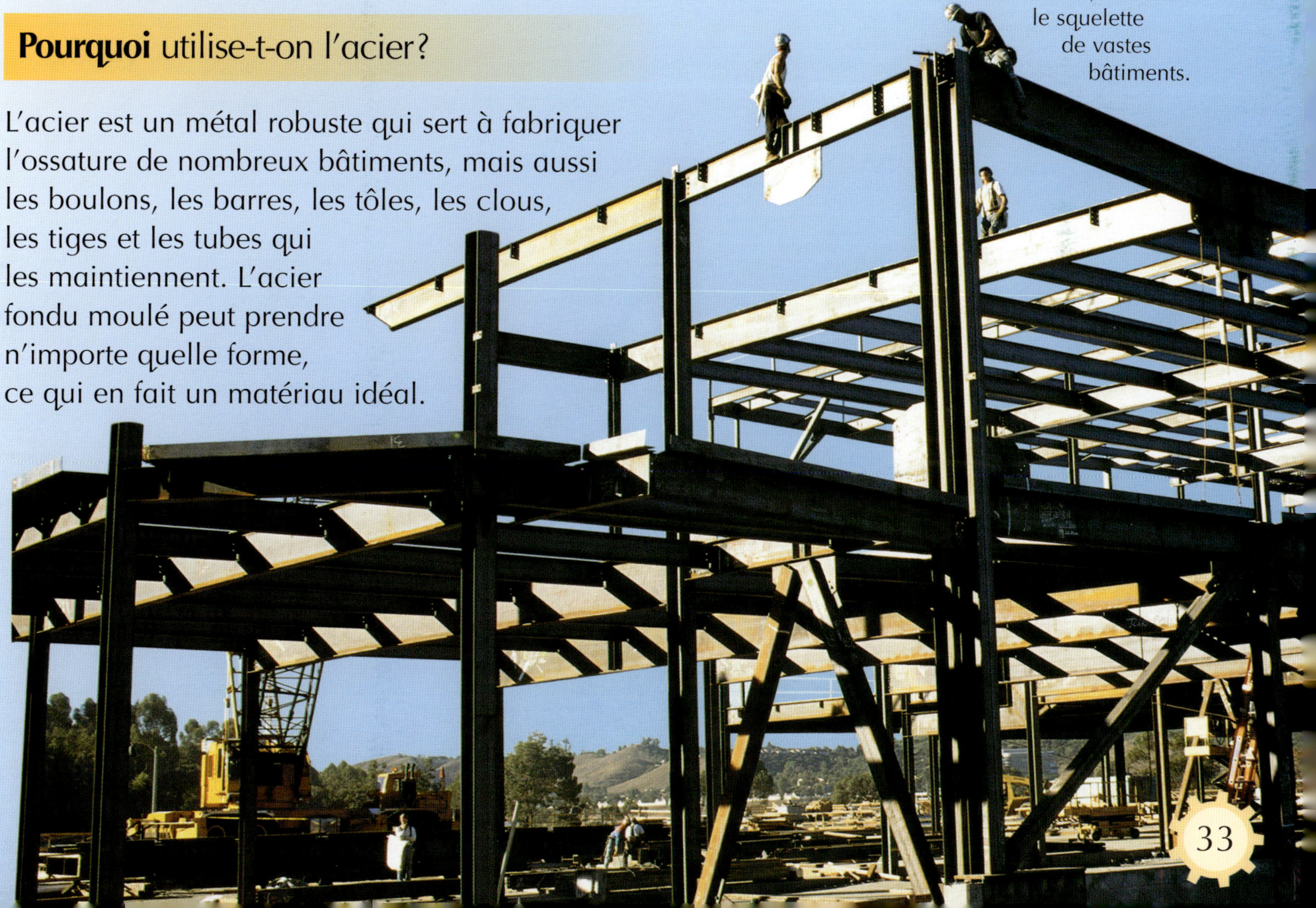

CI-DESSOUS Les charpentes métalliques, rapides à monter, forment le squelette de vastes bâtiments.

DATES CLÉS DE LA CONSTRUCTION

4000 av. J.-C.	3500 av. J.-C.	2000 av. J.-C.	700 av. J.-C.	100 après J.-C.
Mise en service des premiers canaux	Premières briques d'argile cuites au four	Apparition des ponts en dalles	Premier aqueduc pour transporter l'eau	Invention des machines de levage

Les engins de construction

Quels furent les premiers outils de construction ?

Les pyramides de l'Égypte antique sont sans doute les constructions historiques les plus célèbres. Elles ont pu être édifiées grâce à des inventions simples, mais essentielles. En 3000 av. J.-C., les Égyptiens découvrent ainsi le fil à plomb. À l'aide de ce poids attaché à l'extrémité d'une ficelle, ils peuvent monter des murs bien droits en suivant la verticalité du fil. Vers 2600 av. J.-C., ils créent l'équerre, un triangle rectangle permettant de concevoir des édifices aux angles parfaitement droits.

LE SAIS-TU ?
Des tunneliers géants ont permis de creuser le tunnel sous la Manche, pour relier l'Angleterre et la France. Achevé en 1994, ce tunnel fait plus de 50 km de long.

CI-DESSUS Le fil à plomb est une ficelle lestée d'un poids indiquant la verticale.

À GAUCHE Équerre triangulaire en bronze

Quand furent inventées les grues ?

Vers l'an 100, les Romains utilisent des appareils de levage actionnés par des cordes tirées par des hommes. Les grues modernes sont formées d'une haute tour surmontée d'une flèche horizontale. Son bras soulève et abaisse des matériaux grâce à un système de câbles fixés à des poulies. À l'extrémité opposée, un contrepoids empêche la grue de basculer.

À GAUCHE Les immenses grues à tour sont souvent rivées dans le sol lorsqu'elles travaillent sur des chantiers.

1756
Invention du béton moderne

1869
Premier canal maritime

1885
Premier gratte-ciel de dix étages

1923
Fabrication des premiers bulldozers

1932
Ouverture de la première autoroute

Comment fonctionnent les excavatrices?

Les excavatrices permettent de creuser des trous et des tranchées sur les chantiers et de déplacer de la terre et des gravats dans les carrières et les mines. La pelleteuse est dotée de trois leviers – la flèche, le balancier et le godet – que l'on relève, abaisse ou incline pour creuser ou déverser des chargements. Ils sont actionnés par des vérins hydrauliques, des cylindres dans lesquels un fluide sous pression déplace des pistons.

CI-DESSOUS La cabine du conducteur de cette excavatrice de mine peut pivoter sur 360°.

Qu'est-ce qu'un bulldozer?

Les premiers bulldozers sont des tracteurs agricoles modifiés – une large plaque de métal épais, la lame, est fixée à l'avant pour déplacer la terre sur les chantiers. Elle permet de déblayer la terre et les rochers, et de rassembler les gravats sous forme de tas. Dans les années 1920, les bulldozers sont équipés de chenilles et de lames incurvées avec des dents tranchantes.

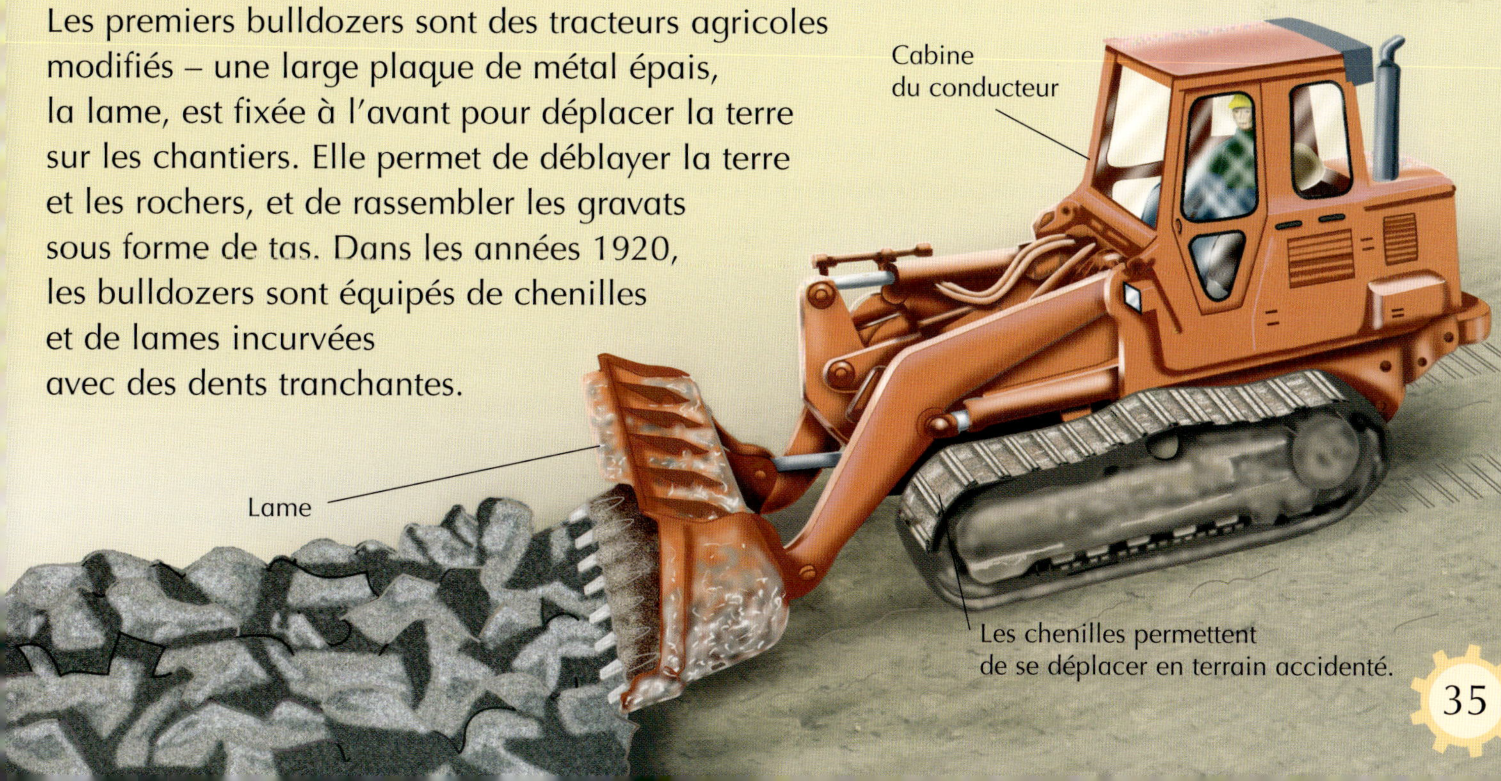

DATES CLÉS DE LA CONSTRUCTION

4000 av. J.-C.	3500 av. J.-C.	2000 av. J.-C.	700 av. J.-C.	100 après J.-C.
Mise en service des premiers canaux	Premières briques d'argile cuites au four	Apparition des ponts en dalles	Premier aqueduc pour transporter l'eau	Invention des machines de levage

Les gratte-ciel

Quand fut édifié le premier gratte-ciel ?

Le premier gratte-ciel est construit en 1885, à Chicago ; c'est un immeuble de bureaux de dix étages. L'architecte américain William le Baron Jenney en a l'idée lors d'un voyage en Asie du Sud-Est. S'inspirant des maisons faites en nattes de roseau tendues sur une charpente de troncs d'arbre, il conçoit un immeuble dont la charpente métallique soutient les sols et les murs. Ces hauts édifices sont bientôt baptisés « gratte-ciel ».

À GAUCHE Le célèbre Empire State Building à New York était le plus haut bâtiment du monde lors de sa construction en 1931.

CI-DESSUS Le Home Insurance Building à Chicago, conçu par Jenney.

Quelle est la structure d'un gratte-ciel ?

Dans un bâtiment en brique ou en pierre, les murs du rez-de-chaussée supportent le poids du reste de la structure. Même avec des murs très épais, il est donc difficile de dépasser cinq étages. Les gratte-ciel, eux, reposent sur une charpente métallique extrêmement robuste qui, tel un squelette, supporte le poids de l'ensemble du bâtiment. Puis on habille ce squelette de parois légères.

Le poids du gratte-ciel repose sur de nombreuses colonnes métalliques verticales ancrées dans le sol.

Chaque étage se compose de damiers de poutrelles métalliques placées horizontalement aux colonnes.

1756
Invention du béton moderne

1869
Premier canal maritime

1885
Premier gratte-ciel de dix étages

1923
Fabrication des premiers bulldozers

1932
Ouverture de la première autoroute

LE SAIS-TU ?
La plupart des gratte-ciel modernes sont pourvus de vitres en verre autonettoyant : plus besoin de laveurs de vitres, un revêtement spécial empêche la saleté d'y adhérer !

Quel est le plus haut gratte-ciel du monde?

Le Taipei 101 à Taïwan est le plus haut bâtiment achevé du monde. Terminé en 2004, ce gratte-ciel mesurant plus de 500 m de haut détient le record avec ses 101 étages. Il est spécialement renforcé pour résister aux tremblements de terre, aux typhons et aux vents violents.

À DROITE Le Taipei 101 est équipé des ascenseurs les plus rapides du monde, qui atteignent le sommet de la tour en... 30 secondes !

La couche extérieure de verre et de béton est souvent appelée le « mur-rideau », car elle est comme suspendue à la charpente.

Qui inventa l'ascenseur électrique?

C'est l'Américain Elisha Graves Otis qui met au point en 1857 le premier ascenseur motorisé pour un grand magasin new-yorkais. Dès 1903, la société Otis conçoit un modèle électrique, rendant ainsi possible la construction de gratte-ciel. Un système de poulies fait monter et descendre une cage à l'intérieur du bâtiment. Des câbles d'acier s'enroulent autour d'une roue, actionnée par un moteur électrique.

À GAUCHE Les câbles sont fixés à un lourd contrepoids, qui contrebalance la charge.

Les routes

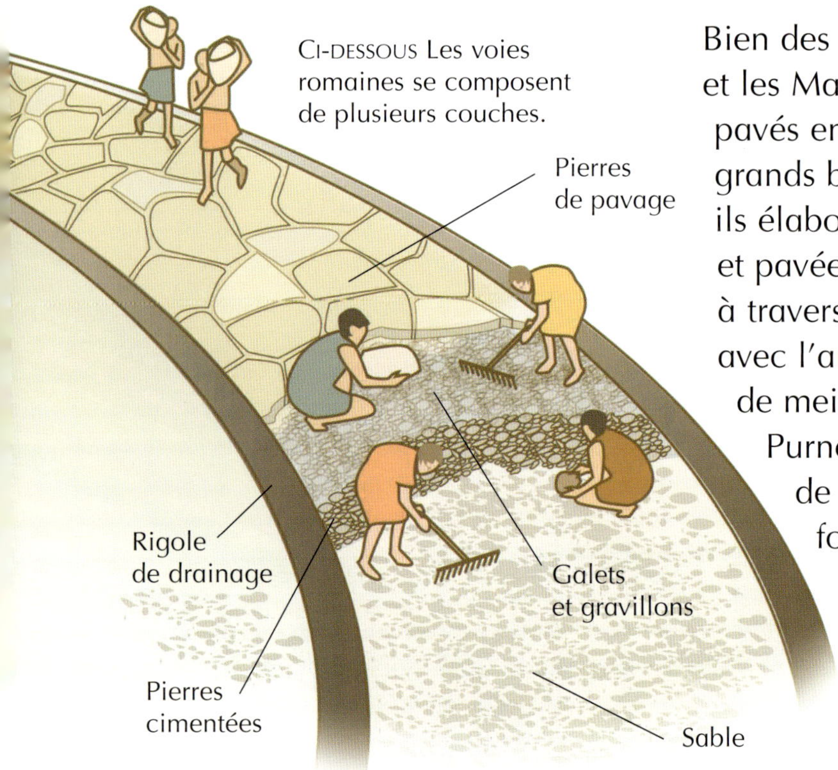

CI-DESSOUS Les voies romaines se composent de plusieurs couches.

Qui a construit les premières routes?

Bien des civilisations antiques, comme les Chinois et les Mayas, construisent des routes et des chemins pavés en pierre. Mais les Romains sont les premiers grands bâtisseurs de routes. Dès 400 av. J.-C., ils élaborent un réseau de voies droites, larges et pavées pour permettre à leurs armées de se déplacer à travers leur vaste empire. À la fin du XIXe siècle, avec l'arrivée de l'automobile, on a besoin de routes de meilleure qualité. En Angleterre, en 1902, Edgar Purnell Hooley invente le macadam. Son mélange de goudron de houille et de pierres broyées forme enfin une surface lisse.

Comment sont faites les routes actuelles?

Il faut de nombreuses machines puissantes pour construire une route. La pelleteuse et le bulldozer enlèvent les rochers et la terre. La décapeuse nivelle le terrain et le tombereau retire les gravats. La niveleuse aplanit une couche de pierres concassées, puis la paveuse déverse l'asphalte chaud, une matière noire à base de résidus de pétrole. Enfin, le rouleau compresseur compacte l'asphalte, lorsqu'il refroidit et durcit, afin d'obtenir une surface lisse.

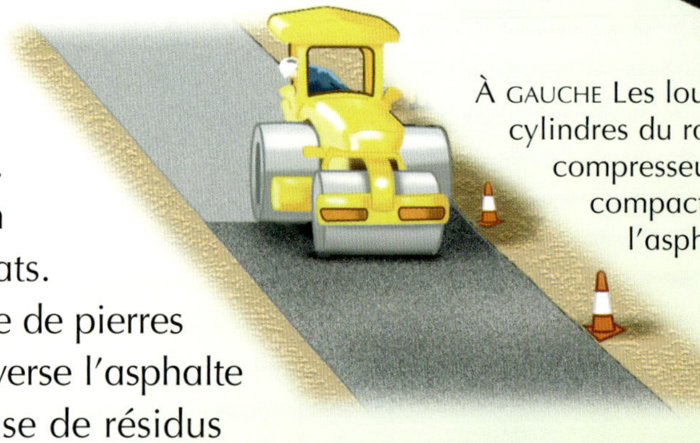

À GAUCHE Les lourds cylindres du rouleau compresseur compactent l'asphalte.

LE SAIS-TU ?

Le marquage au sol nocturne appelé « œil-de-chat » est mis au point en 1934 par l'Anglais Percy Shaw. Il a cette idée le jour où les yeux d'un chat illuminés par ses phares dans le brouillard lui évitent de quitter la route.

Où fut tracée la première autoroute?

La première autoroute est ouverte en Allemagne en 1932, où elle est baptisée *Autobahn*. Aujourd'hui, bien des pays sont équipés de réseaux autoroutiers qui relient les grandes villes. Une autoroute compte généralement trois voies dans chaque sens. De plus en plus de voitures, de camions et de cars utilisent ces voies rapides et directes pour effectuer de longs trajets.

À GAUCHE Les échangeurs « spaghettis » visent à garder un trafic fluide, puisqu'ils ne présentent ni croisements, ni feux, ni ronds-points.

Que sont les échangeurs « spaghettis » ?

Il s'agit d'un enchevêtrement de routes importantes qui se rencontrent en un système complexe de boucles, de bretelles d'accès et de ponts routiers. Elles sont surélevées à plusieurs mètres de hauteur par des piliers en béton.

Les ponts

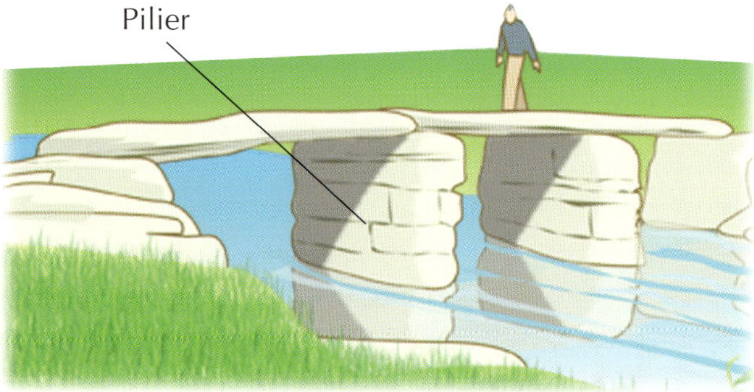

CI-DESSUS Un pont en dalles de pierre

Quand furent conçus les premiers ponts?

Pour franchir les ruisseaux, l'homme place des rondins en travers de leur cours. Mais pour les larges rivières, il faut attendre les ponts en dalles, en 2000 av. J.-C. Des blocs de pierre empilés dans la rivière forment des piliers portant de grandes dalles plates, qui permettent le passage au-dessus de l'eau.

Qui inventa le pont à arches?

Les Romains introduisent les arches dans leurs constructions et leurs monuments. Ils comprennent vite que ces structures solides peuvent aussi supporter des ponts. Aujourd'hui, les ponts à arches, en acier ou en béton, enjambent de très grandes distances.

CI-DESSOUS Ce pont à arches permet à une voie ferrée de traverser sans détour la vallée d'une rivière.

1756	1869	1885	1923	1932
Invention du béton moderne	**Premier canal maritime**	**Premier gratte-ciel de dix étages**	**Fabrication des premiers bulldozers**	**Ouverture de la première autoroute**

Quelle est la structure d'un pont suspendu ?

Depuis des milliers d'années, les peuples d'Amérique du Sud et d'Asie installent de simples ponts de corde pour traverser rivières et canyons. Les ponts suspendus modernes s'en inspirent. Le tablier (la route) est suspendu par deux câbles principaux en acier fixés à de grands pylônes situés sur chaque rive. Des câbles porteurs relient les câbles principaux au tablier.

CI-DESSOUS Les ponts suspendus, comme celui de Brooklyn à New York, sont les mieux adaptés pour franchir de vastes étendues.

Pylône

Câble principal

On traverse le pont en passant sur le tablier.

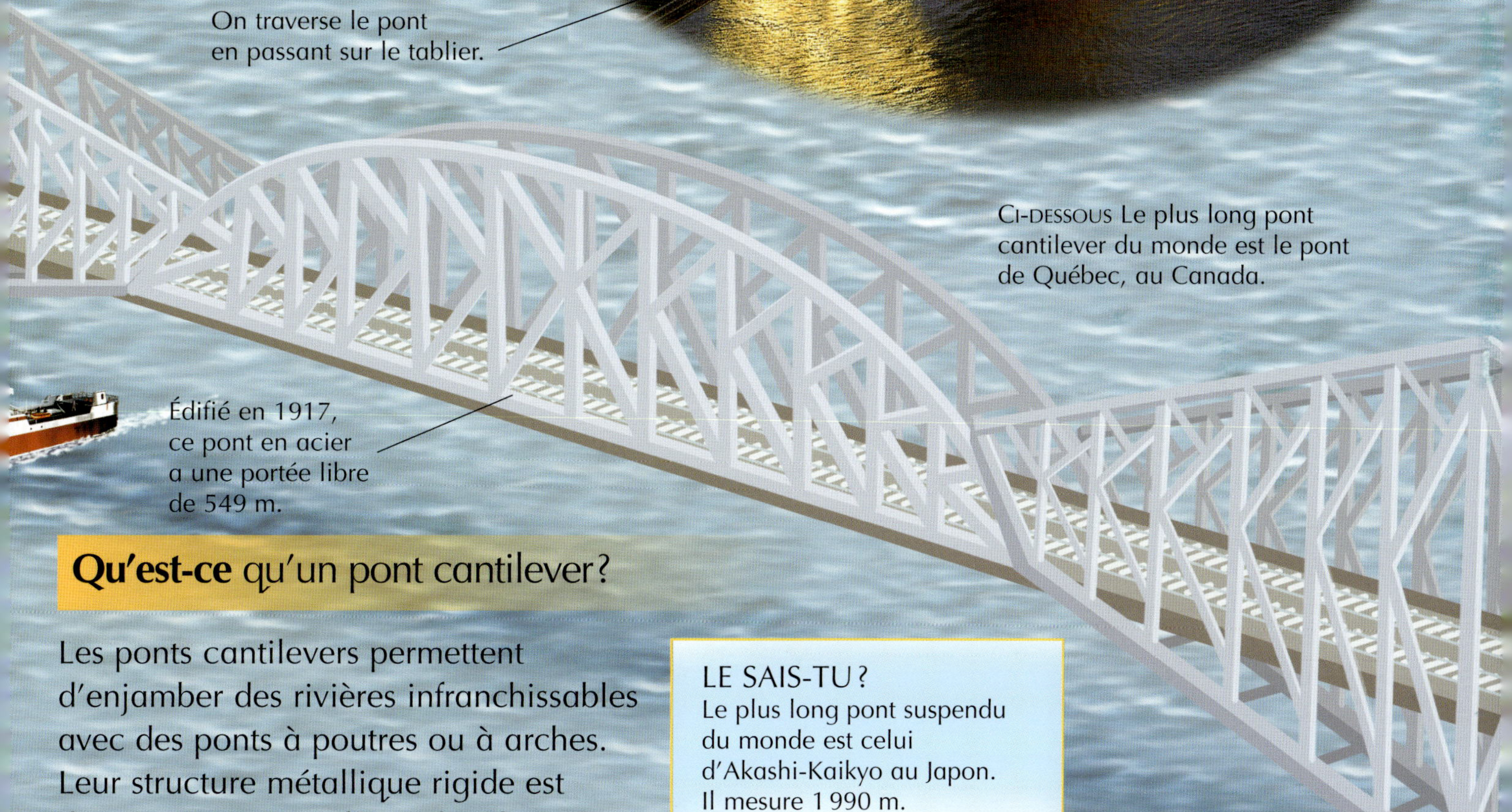

CI-DESSOUS Le plus long pont cantilever du monde est le pont de Québec, au Canada.

Édifié en 1917, ce pont en acier a une portée libre de 549 m.

Chaque moitié du pont est portée par un pilier de soutien.

Qu'est-ce qu'un pont cantilever ?

Les ponts cantilevers permettent d'enjamber des rivières infranchissables avec des ponts à poutres ou à arches. Leur structure métallique rigide est divisée en sections faites de tubes en acier, robustes et droits, disposés en triangles. Chaque section est soutenue en son milieu par un pilier, afin que le poids du pont soit bien réparti.

LE SAIS-TU ?
Le plus long pont suspendu du monde est celui d'Akashi-Kaikyo au Japon. Il mesure 1 990 m.

DATES CLÉS DE LA CONSTRUCTION

4000 av. J.-C.	3500 av. J.-C.	2000 av. J.-C.	700 av. J.-C.	100 après J.-C.
Mise en service des premiers canaux	Premières briques d'argile cuites au four	Apparition des ponts en dalles	Premier aqueduc pour transporter l'eau	Invention des machines de levage

Les canaux

Quel est le rôle des canaux ?

Les premiers canaux sont creusés en Mésopotamie vers 4000 av. J.-C. Les canaux sont des voies navigables ou des rivières artificielles, qui servent à acheminer de lourdes marchandises sur de longues distances. Dès le milieu du XVIIIe siècle, de longs bateaux appelés barges ou péniches transportent de gros chargements, notamment du charbon.

CI-DESSOUS Les barges transportent des marchandises sur les réseaux de grands canaux.

CI-DESSOUS Les Romains bâtissent l'aqueduc du Pont du Gard, en France, vers l'an 19 av. J.-C. Le canal d'eau chemine au dernier niveau.

Le premier niveau sert de route.

Qu'est-ce qu'un aqueduc ?

Les premiers aqueducs sont des canaux creusés dans la terre pour apporter l'eau dans les cités antiques. Certains sont assez larges pour permettre le passage des bateaux. Ils sont parfois surélevés pour que les canaux ou les cours d'eau puissent franchir les vallées. Le premier grand aqueduc est bâti par les Assyriens vers 700 av. J.-C. Il mesure 10 m de haut et 300 m de long, et apporte l'eau dans la capitale, Ninive, au Proche-Orient.

1756 **Invention du béton moderne** | **1869** **Premier canal maritime** | **1885** **Premier gratte-ciel de dix étages** | **1923** **Fabrication des premiers bulldozers** | **1932** **Ouverture de la première autoroute**

Quel est le principe d'une écluse?

Les écluses permettent aux bateaux de monter et de descendre, lorsque le niveau de l'eau varie. Une écluse est une portion de canal assez grande pour accueillir au moins une barge. Elle est fermée de chaque côté par deux portes étanches. En ouvrant les vantelles, ou valves, d'un côté, l'eau entre dans l'écluse pour faire monter le bateau, ou en sort pour le faire descendre.

Les portes fermées en amont retiennent l'eau.

En aval, les vantelles des portes s'ouvrent pour laisser l'eau s'écouler et faire descendre la barge.

LE SAIS-TU ?

Les premières péniches sont tirées par des chevaux. Ils avancent le long des canaux sur des chemins de halage.

Quand sont apparus les canaux maritimes?

Les canaux maritimes sont des canaux géants qui relient entre eux les mers et les océans. Le canal de Suez en Égypte, qui relie la mer Rouge et la mer Méditerranée, est le premier à accueillir des navires en 1869. Environ 25 000 bateaux l'empruntent chaque année pour rallier l'Europe et l'Asie du Sud-Est, ce qui leur évite de faire un détour par la pointe de l'Afrique.

CI-DESSOUS Pour les cargos, le canal de Suez en Égypte et celui de Panama en Amérique centrale constituent des raccourcis entre les continents.

AWP
AWP

L'ÉNERGIE

Les roues à aubes, les moulins à vent en bois, l'électricité et les centrales nucléaires fournissent l'énergie nécessaire au fonctionnement des machines. Apprends comment marche un moteur à vapeur, de quelle manière les scientifiques localisent le pétrole et le gaz enfouis très profondément sous terre et par quel procédé les centrales hydroélectriques utilisent l'eau en mouvement pour produire de l'électricité. Découvre aussi comment les énergies renouvelables, par exemple celles des marées et de la géothermie, peuvent éclairer et chauffer nos maisons, et pourquoi certaines voitures peuvent rouler, non pas au pétrole, mais grâce à l'énergie solaire.

DATES CLÉS DE L'ÉNERGIE

600 av. J.-C.	30 av. J.-C.	1712 apr. J.-C.	1800	1831
Premiers moulins à vent	Création de la roue à aubes des moulins à eau	Invention du moteur à vapeur	Première pile électrique	Mise en service du premier générateur électrique

Le vent et l'eau

Quand fut créée la roue à aubes?

Vers l'an 100 av. J.-C., les Grecs inventent la roue à aubes. En tournant à l'horizontale dans un cours d'eau rapide, elle actionne une meule pour moudre la farine.
En l'an 30 av. J.-C., les Romains conçoivent de grandes roues verticales pour faire fonctionner des moulins à eau ; durant des siècles, ils seront construits ainsi.

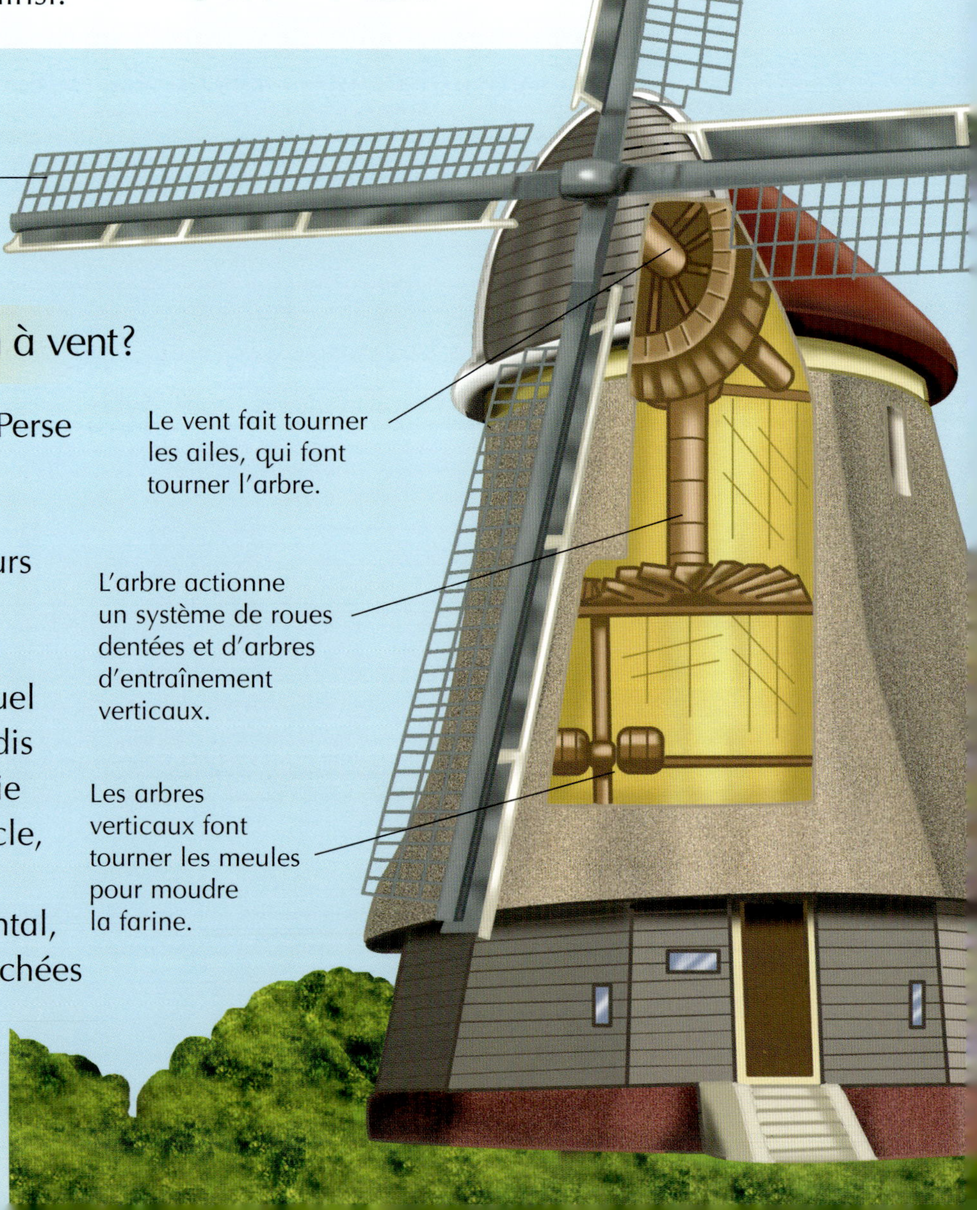

Quel est le rôle d'un moulin à vent?

Le moulin à vent est inventé en Perse (l'Iran actuel) en 600 av. J.-C.
Il permet de moudre la farine dans des lieux dépourvus de cours d'eau. Les premiers moulins sont constitués d'un axe vertical central en bois, au sommet duquel sont fixées des ailes en toile tandis que les meules occupent la partie inférieure de l'édifice. Au XIIe siècle, en Europe, les moulins à vent sont conçus avec un axe horizontal, appelé l'arbre, auquel sont rattachées quatre grandes ailes de bois.

1882 **Première centrale hydroélectrique**	**1891** **Invention du chauffe-eau solaire**	**1947** **Première plate-forme en haute mer**	**1954** **Ouverture d'une centrale nucléaire**	**1980** **Mise en service d'un parc éolien**

LE SAIS-TU ?
Le barrage des Trois-Gorges en Chine est le plus grand projet de centrale hydroélectrique du monde. Une fois terminé, il disposera de 26 génératrices et d'un réservoir de 600 km de long !

Qu'est-ce que l'énergie hydroélectrique?

Une centrale hydroélectrique convertit l'énergie naturelle des cours d'eau en électricité. Bien souvent, un barrage est construit sur une rivière afin de retenir l'eau dans un réservoir. Une partie de cette eau circule dans des tuyaux à une vitesse et avec une force considérables. L'eau propulse une roue motrice, la turbine, qui actionne une génératrice d'électricité. Des lignes électriques acheminent ensuite le courant jusqu'aux usagers.

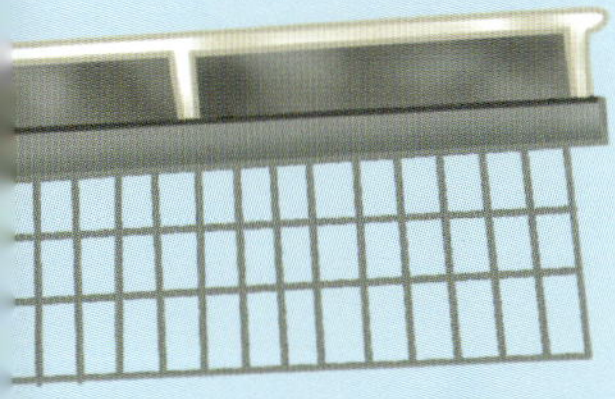

À DROITE L'eau de la centrale retourne dans la rivière un peu plus loin en aval.

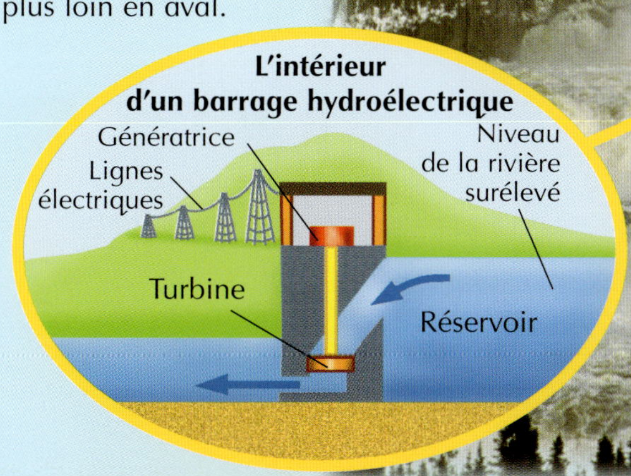

Les portes du barrage s'ouvrent pour laisser s'écouler l'eau de la rivière lorsque son niveau est haut en amont.

Où fut bâti le premier barrage?

La première centrale hydroélectrique est construite dans le Wisconsin, aux États-Unis, en 1882. Le barrage produit assez d'électricité pour faire fonctionner deux fabriques de papier et éclairer la maison du propriétaire.

Les énergies fossiles

Que sont les combustibles fossiles?

Les combustibles fossiles sont constitués de restes de plantes et d'animaux préhistoriques enterrés sous une boue épaisse. Tassés sous des couches de roche pendant des millions d'années, ces derniers se sont transformés en charbon, en gaz ou en pétrole. On les extrait du sol par forage ou dans des mines. En brûlant, ils chauffent, éclairent, font tourner des machines ou produisent de l'électricité. Ils libèrent aussi dans l'air des gaz polluants.

À GAUCHE En brûlant dans une chaudière, le charbon chauffe de l'eau, qui produit ainsi de la vapeur, dont l'énergie actionne des machines.

Comment localise-t-on le pétrole et le gaz?

Vers 1910, grâce au sismographe, les scientifiques localisent dans la roche des brèches souterraines ou sous-marines susceptibles de receler du pétrole ou du gaz : les ondes sonores créées par des explosions à la dynamite ou au canon à air sont renvoyées par les roches souterraines et enregistrées par le sismographe.

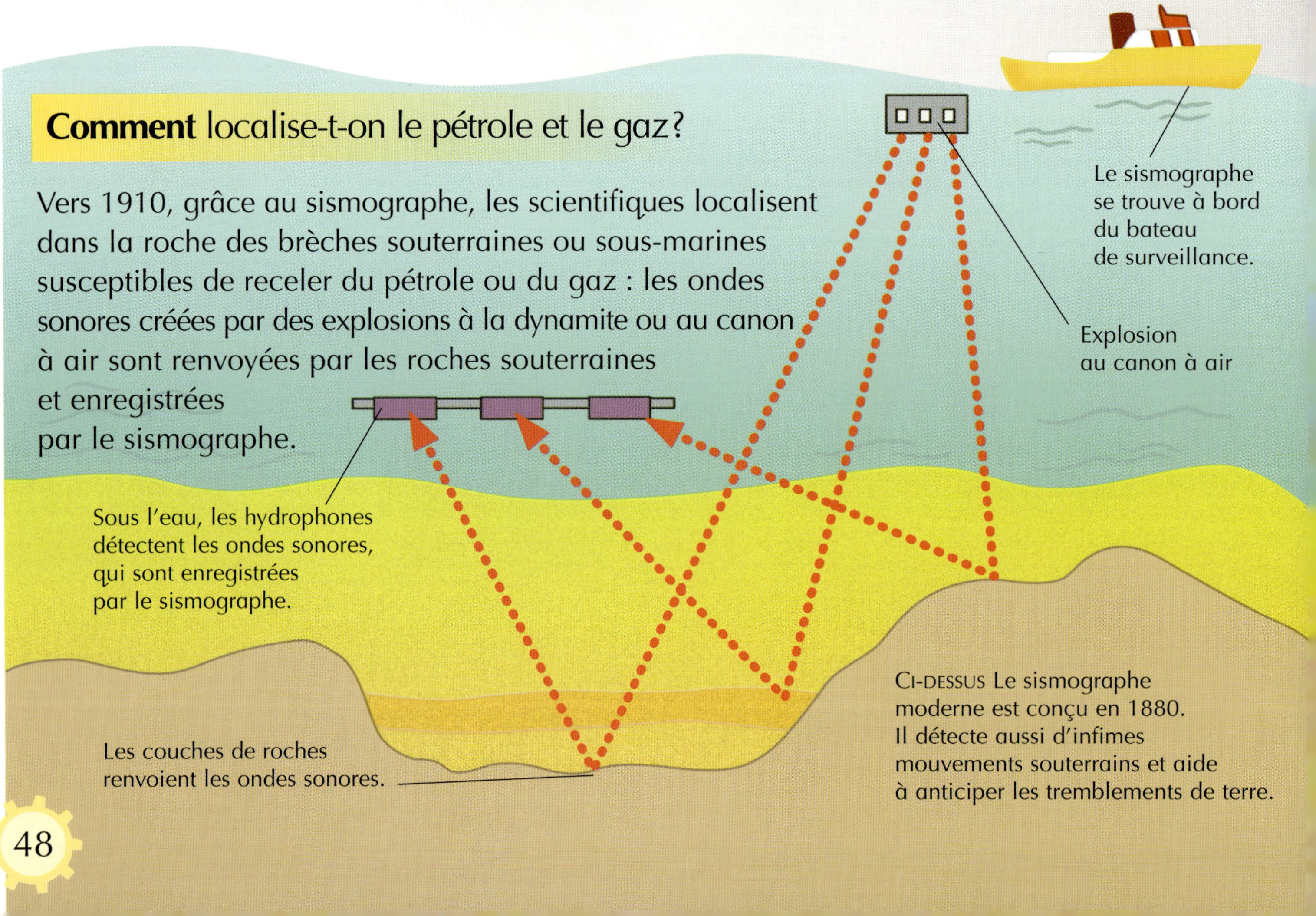

CI-DESSUS Le sismographe moderne est conçu en 1880. Il détecte aussi d'infimes mouvements souterrains et aide à anticiper les tremblements de terre.

1882
Première centrale hydroélectrique

1891
Invention du chauffe-eau solaire

1947
Première plate-forme en haute mer

1954
Ouverture d'une centrale nucléaire

1980
Mise en service d'un parc éolien

CI-DESSOUS Les premiers lampadaires à gaz sont allumés à la main.

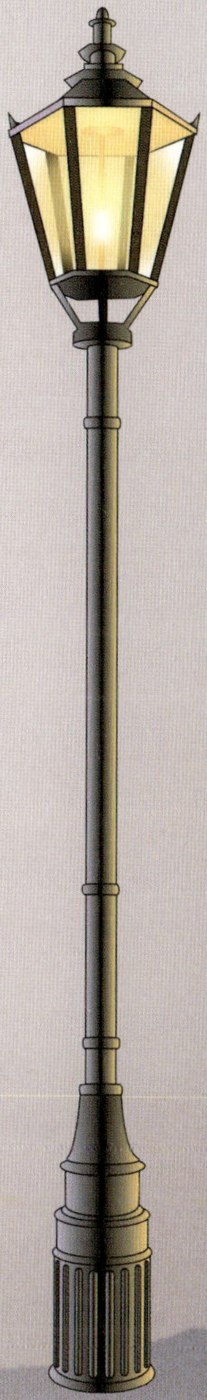

Quand apparut l'éclairage au gaz?

Jusqu'au XVIIIe siècle, les gens s'éclairent surtout avec des bougies ou des lampes à huile. Certains s'approvisionnent sous terre en gaz naturel pour faire fonctionner leurs lampes. En 1792, l'ingénieur anglais William Murdoch invente un procédé pour recueillir le gaz produit en brûlant du charbon. Dès 1807, des lampadaires à gaz éclairent les rues de Londres. Aujourd'hui, le gaz extrait du sol sert surtout de combustible dans les centrales électriques.

LE SAIS-TU ?
La plate-forme de pétrole et de gaz, Petronius, dans le golfe du Mexique, est l'une des plus hautes du monde. Elle mesure 610 m ! Elle est ancrée en haute mer à 534 m au-dessus du fond de l'océan.

Où fut conçue la première plate-forme pétrolière?

Déjà en l'an 350 av. J.-C., les Chinois forent des puits de pétrole, à l'aide de forets fixés à des cannes de bambou. Le premier puits moderne, en Asie, date de 1848. En 1947, dans le golfe du Mexique, des plates-formes de forage en haute mer extraient le pétrole et le gaz situés sous le fond marin. Aujourd'hui, beaucoup sont ancrées dans l'océan à plus de 1,5 km de profondeur.

Le derrick supporte l'appareil de forage qui creuse le fond marin et extrait le pétrole.

À GAUCHE La plate-forme pétrolière est équipée pour que les travailleurs puissent dormir pendant leurs heures de repos.

Sous la mer, une structure métallique soutient la plate-forme.

La vapeur

Qui mit au point le moteur à vapeur?

En 1712, l'Anglais Thomas Newcomen met au point le premier moteur à piston actionné par la vapeur. En brûlant du charbon, il produit de la vapeur, qui actionne des pompes pour évacuer l'eau des mines lors des crues.

Comment marche un moteur à vapeur?

En 1769, l'ingénieur écossais James Watt améliore le moteur à vapeur de Newcomen. Il fait passer la vapeur dans un cylindre pour soulever un piston. La vapeur est alors condensée par un jet d'eau froide, ce qui crée un vide et fait s'abaisser le piston. Le déplacement du piston dans le cylindre actionne une pompe, ou un balancier, qui entraîne ainsi le mouvement des machines de l'usine.

CI-DESSOUS Le moteur à vapeur de Watt

À GAUCHE Des moteurs à vapeur évolués propulsent des locomotives et des bateaux.

1882
Première centrale hydroélectrique

1891
Invention du chauffe-eau solaire

1947
Première plate-forme en haute mer

1954
Ouverture d'une centrale nucléaire

1980
Mise en service d'un parc éolien

CI-DESSOUS Le navire à vapeur *Turbinia* de Parsons

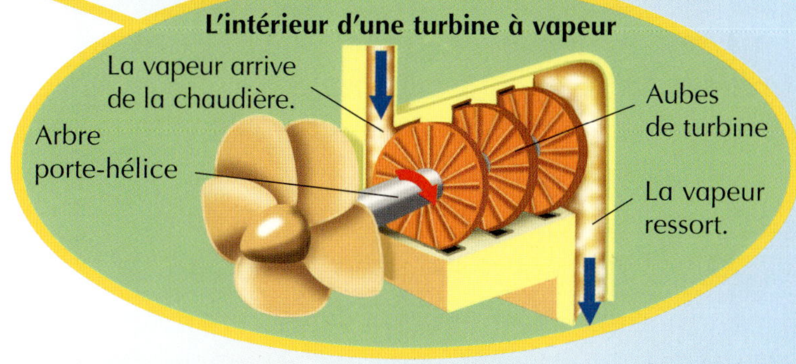

Qui inventa la turbine à vapeur?

En 1884, l'ingénieur anglais Charles Parsons crée un nouveau type de moteur, la turbine à vapeur. La vapeur à haute pression fait tourner une série d'aubes de turbine, qui produisent de l'énergie pour actionner des machines. En 1897, Parsons lance le *Turbinia* pour tester son invention. Ce navire à vapeur est propulsé par trois moteurs à turbine entraînant neuf hélices.

Qu'en est-il aujourd'hui des voitures à vapeur?

En 2004, des ingénieurs britanniques conçoivent *Inspiration*, une voiture futuriste et rapide propulsée par jet de vapeur. Les moteurs à vapeur peuvent utiliser tous les types de combustibles, y compris l'énergie solaire; leurs gaz d'échappement sont donc peu polluants. Les constructeurs espèrent remplacer un jour les voitures à essence par ces véhicules plus écologiques.

LE SAIS-TU ?

En 1906, une voiture à vapeur, la *Stanley Rocket*, bat le record du monde de vitesse au sol, à 205 km/h. Ce record tient toujours pour les voitures de ce type.

À DROITE Le moteur à vapeur d'*Inspiration* marche au gaz propane.

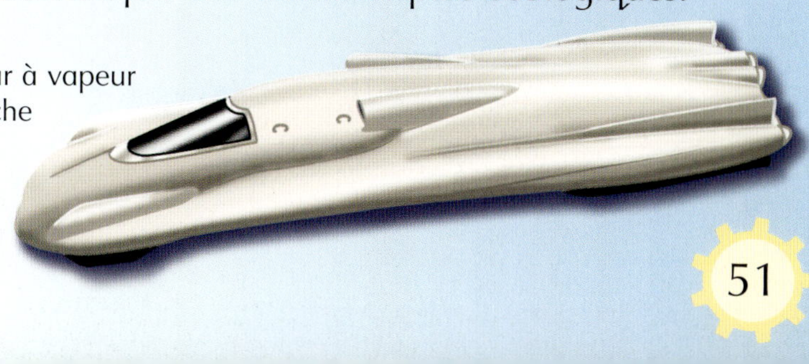

DATES CLÉS DE L'ÉNERGIE

600 av. J.-C. Premiers moulins à vent	**30 av. J.-C.** Création de la roue à aubes des moulins à eau	**1712 apr. J.-C.** Invention du moteur à vapeur	**1800** Première pile électrique	**1831** Mise en service du premier générateur électrique

L'électricité

Qui inventa la pile?

En 1780, le scientifique italien Alessandro Volta observe que les muscles d'une cuisse de grenouille morte se contractent lorsqu'elle est mise en contact avec des métaux, qui plus est s'ils sont de nature différente. En 1800, il invente la première pile, en empilant des disques de zinc et de cuivre séparés par un morceau de tissu imbibé d'eau salée. La réaction chimique entre les métaux et l'eau salée produit un courant électrique.

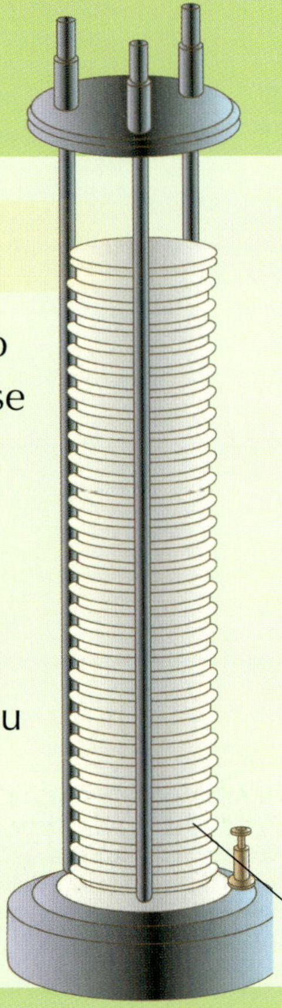

À DROITE La pile de Volta

LE SAIS-TU ?

Les piles seront bientôt remplacées par des piles à combustible non polluantes qui transforment l'hydrogène et l'oxygène en eau pour produire de l'électricité.

Qu'est-ce qu'un générateur électrique?

En 1831, le scientifique anglais Michael Faraday présente le premier générateur électrique. Lorsqu'un aimant se déplace dans un circuit de fil de cuivre, son magnétisme produit un courant électrique, qui circule dans le fil. Ce n'est que cinquante ans plus tard que le premier générateur électrique voit le jour : un aimant qui tourne à l'intérieur d'une bobine de fil de métal crée un courant électrique.

CI-DESSOUS Faraday invente le générateur électromagnétique, avec un aimant fixe, en 1832.

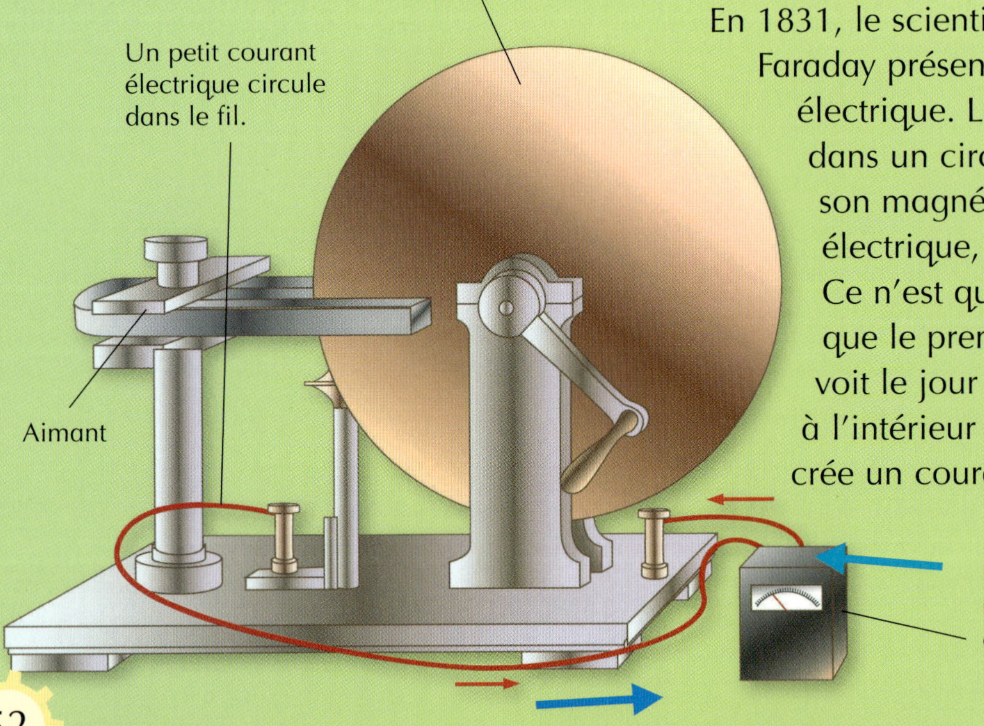

1882	1891	1947	1954	1980
Première centrale hydroélectrique	**Invention du chauffe-eau solaire**	**Première plate-forme en haute mer**	**Ouverture d'une centrale nucléaire**	**Mise en service d'un parc éolien**

Quand apparut l'ampoule électrique ?

Ce n'est qu'avec l'invention de l'ampoule électrique, en 1879, qu'il devient possible d'éclairer des bâtiments à l'électricité. Une ampoule est un globe de verre renfermant un filament qui rougeoie et produit de la lumière lorsque le courant le traverse. Les lampes électriques ne deviennent cependant fiables que lorsque l'Américain Thomas Edison découvre le filament de carbone : celui-ci éclaire longtemps avant de griller.

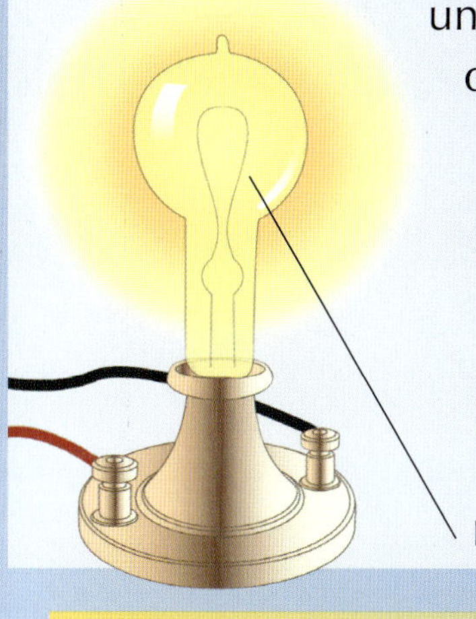

Qu'est-ce qu'une centrale thermique au charbon ?

Dans une centrale thermique au charbon, le charbon brûle dans une chaudière afin de transformer l'eau en vapeur. La vapeur à haute pression actionne des turbines reliées à de grands générateurs. Ceux-ci convertissent la rotation des turbines en énergie électrique, transportée par des lignes jusque dans les maisons et les usines.

À DROITE L'électricité circule dans des câbles enterrés dans le sol ou tendus sur de hauts pylônes.

600 av. J.-C. Premiers moulins à vent	**30 av. J.-C.** Création de la roue à aubes des moulins à eau	**1712 apr. J.-C.** Invention du moteur à vapeur	**1800** Première pile électrique	**1831** Mise en service du premier générateur électrique

L'énergie nucléaire

Qui découvrit la division de l'atome?

En 1938, les scientifiques allemands Otto Hahn et Fritz Strassmann découvrent qu'ils peuvent diviser l'atome d'un métal rare, l'uranium 235. L'atome est une particule minuscule, visible à l'aide d'un puissant microscope. Lorsque les atomes de l'uranium se divisent (la fission), ils libèrent d'énormes quantités d'énergie thermique. Lorsque leurs fragments percutent d'autres atomes d'uranium, ceux-ci se divisent à leur tour. Cette réaction en chaîne produit l'énergie nucléaire.

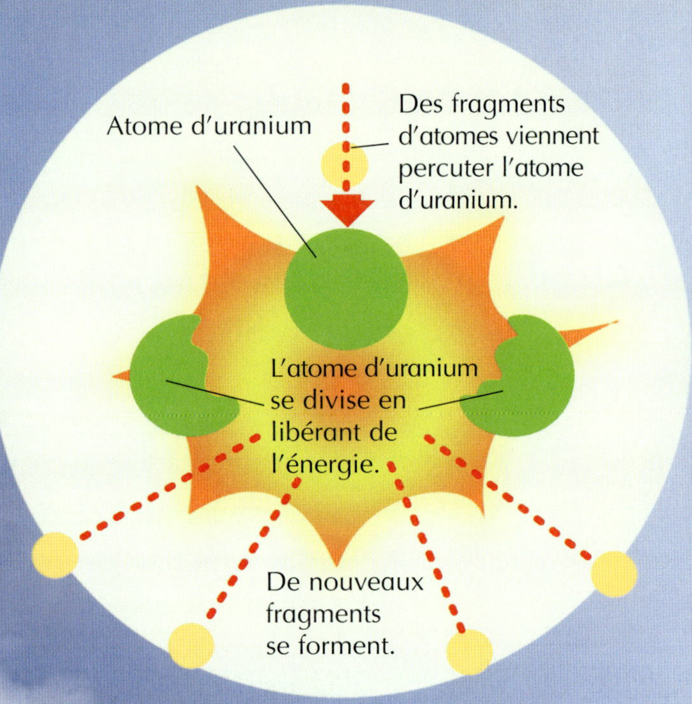

CI-DESSUS La division des atomes d'uranium produit de l'énergie nucléaire.

Qu'est-ce qu'une centrale nucléaire?

En 1951, des scientifiques américains obtiennent pour la première fois de l'électricité grâce à la chaleur émanant d'un réacteur à fission nucléaire. La première centrale nucléaire produisant de l'électricité fonctionne au sein de l'ex-Union soviétique à partir de 1954.

CI-DESSOUS Une centrale nucléaire actuelle

1882	1891	1947	1954	1980
Première centrale hydroélectrique	**Invention du chauffe-eau solaire**	**Première plate-forme en haute mer**	**Ouverture d'une centrale nucléaire**	**Mise en service d'un parc éolien**

Qu'est-ce qu'une barre de combustible?

Les centrales nucléaires fonctionnent à l'uranium. Des pastilles d'uranium sont empilées dans les barres de combustible. Rassemblées en faisceaux, elles sont placées dans un réacteur rempli d'eau. Lorsque l'on retire les barres de contrôle du réacteur, les atomes d'uranium se divisent et la température de l'eau augmente. L'eau bouillante, transformée en vapeur, actionne des turbines reliées aux générateurs électriques.

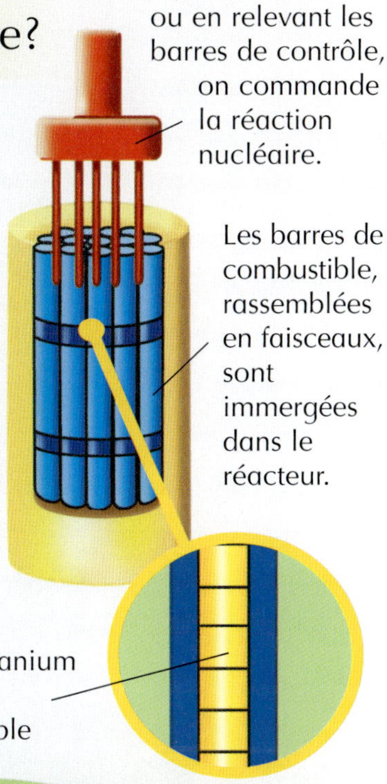

LE SAIS-TU ?
Un sous-marin nucléaire peut naviguer pendant 25 ans sans se ravitailler en carburant.

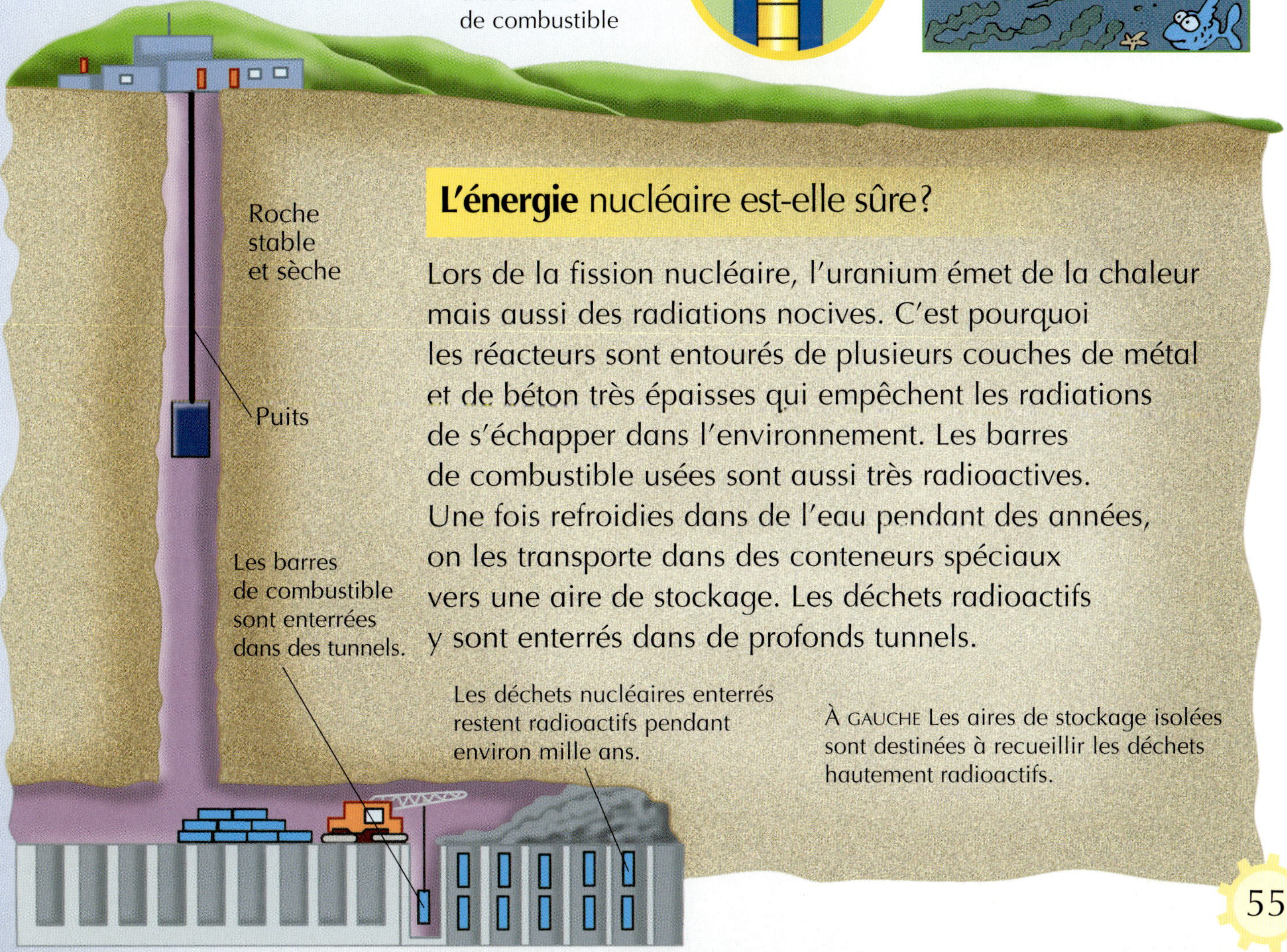

L'énergie nucléaire est-elle sûre?

Lors de la fission nucléaire, l'uranium émet de la chaleur mais aussi des radiations nocives. C'est pourquoi les réacteurs sont entourés de plusieurs couches de métal et de béton très épaisses qui empêchent les radiations de s'échapper dans l'environnement. Les barres de combustible usées sont aussi très radioactives. Une fois refroidies dans de l'eau pendant des années, on les transporte dans des conteneurs spéciaux vers une aire de stockage. Les déchets radioactifs y sont enterrés dans de profonds tunnels.

À GAUCHE Les aires de stockage isolées sont destinées à recueillir les déchets hautement radioactifs.

L'énergie solaire

Qu'est-ce que l'énergie solaire?

L'énergie solaire est produite par le Soleil, qui libère une énorme quantité de chaleur et de lumière. Dès 400 av. J.-C., l'homme se sert de loupes pour concentrer les rayons du Soleil sur du bois et allumer ainsi du feu. En l'an 4 av. J.-C., les Romains bâtissent des thermes avec de larges ouvertures orientées au sud pour capter la chaleur. Aujourd'hui, cette énergie sert à chauffer de l'eau et des bâtiments, mais aussi à produire de l'électricité.

CI-DESSOUS Le couvercle de ce four solaire réfléchit les rayons du Soleil vers les marmites placées à l'intérieur.

Qui inventa le four solaire?

En 1767, le scientifique suisse Horace de Saussure invente le four solaire. Il fabrique une boîte vitrée, isolée, qui piège la chaleur émise par les rayons du Soleil. Par une journée ensoleillée, ce four peut parfaitement cuire des aliments. Les fours solaires simples sont aujourd'hui encore utilisés. Ils cuisent à haute température et… gratuitement.

À GAUCHE Les centrales solaires fonctionnent dans les régions ensoleillées. Des panneaux solaires chauffent des tuyaux contenant de l'huile. L'huile chaude est utilisée pour créer de la vapeur d'eau. Celle-ci actionne des turbines qui produisent de l'électricité.

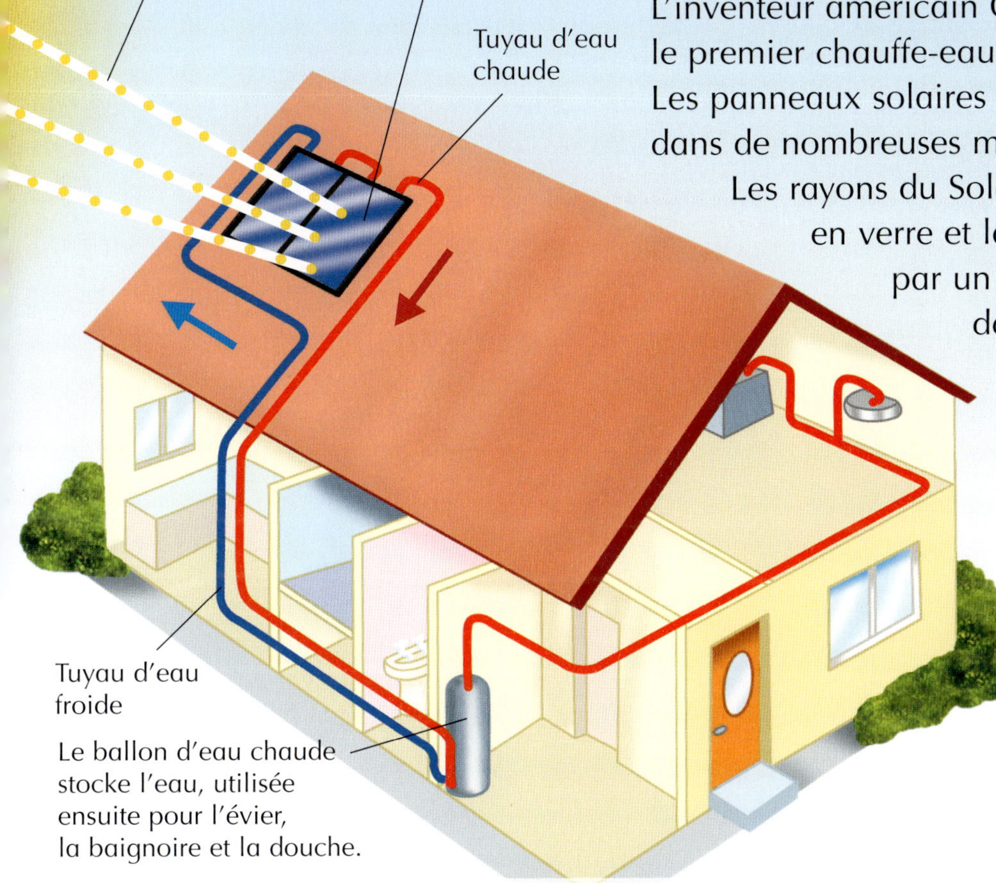

Comment fonctionne un chauffe-eau solaire?

L'inventeur américain Clarence Kemp conçoit le premier chauffe-eau solaire en 1891. Les panneaux solaires servant à chauffer l'eau dans de nombreuses maisons s'en inspirent. Les rayons du Soleil traversent le panneau en verre et la chaleur est recueillie par un absorbeur. L'eau circule dans des tuyaux sous la surface du panneau et, une fois chauffée, elle est stockée dans un ballon.

LE SAIS-TU ?
Dans l'espace, le rayonnement solaire étant illimité, tous les satellites sont équipés de cellules solaires. Leurs panneaux peuvent en compter jusqu'à 40 000.

Quand la cellule solaire vit-elle le jour?

En 1839, le savant français Antoine César Becquerel invente une cellule capable de produire de l'électricité à partir de la lumière du Soleil. Mais cette innovation manque d'efficacité. En 1954, des scientifiques américains comprennent que des cellules photovoltaïques contenant du silicium peuvent capturer la lumière du Soleil et la convertir directement en électricité. Leur assemblage sur des panneaux produit une grande quantité d'électricité.

CI-DESSOUS
Les panneaux de cellules photovoltaïques d'une voiture à énergie solaire produisent de l'électricité pour propulser le moteur.

Les autres sources d'énergie naturelles

Quand furent créées les éoliennes?

Dans les années 1940, les premières éoliennes transformant l'énergie naturelle du vent en électricité approvisionnent des fermes isolées aux États-Unis. Les éoliennes actuelles possèdent deux ou trois pales – comme une hélice – montées sur des tours s'élevant jusqu'à 30 m de haut. Lorsque le vent souffle, les pales tournent et actionnent un petit générateur qui produit de l'électricité. Depuis le début des années 1980, on installe des parcs éoliens (regroupant de nombreuses éoliennes) sur terre comme sur mer.

Qu'est-ce qu'un biocombustible?

Les biocombustibles sont constitués de déchets de matières végétales (copeaux de bois, sciure...) ou agricoles (paille...). Les biogaz proviennent des déchets d'élevage (fumier). Ces combustibles peuvent servir à produire de la vapeur pour les centrales électriques.

CI-DESSOUS Un digesteur produit du biogaz à partir de fumier. Stocké dans une cuve pendant quelques semaines, le fumier pourrit et libère des gaz.

1882	1891	1947	1954	1980
Première centrale hydroélectrique	**Invention du chauffe-eau solaire**	**Première plate-forme en haute mer**	**Ouverture d'une centrale nucléaire**	**Mise en service d'un parc éolien**

Où fut installée la première centrale marémotrice?

Le mouvement de la mer crée de l'énergie sous forme de marées, de courants et de vagues. Une centrale marémotrice convertit cette énergie naturelle en électricité. La première fut construite en 1966 sur la Rance, en France ; c'est la plus importante du monde. Un barrage traverse l'estuaire du fleuve. Lorsque les marées montent et descendent, elles entraînent l'eau dans les tunnels du barrage, ce qui actionne des turbines qui font tourner des générateurs électriques.

À GAUCHE Centrale marémotrice sur la Rance, en France

LE SAIS-TU ?
On peut transformer le lisier des porcs en biocarburant pour les voitures. Un cochon peut ainsi produire 80 l de carburant au cours de sa vie.

Qu'est-ce que la géothermie?

Les températures très élevées du centre de la Terre chauffent la roche. Cette roche chaude dégage une chaleur naturelle, que l'on appelle l'énergie géothermique. Pour l'exploiter, on fore des puits dans lesquels on injecte de l'eau. Celle-ci chauffe et se transforme en vapeur. Acheminée dans des tuyaux, cette vapeur fait tourner des turbines qui actionnent des générateurs électriques.

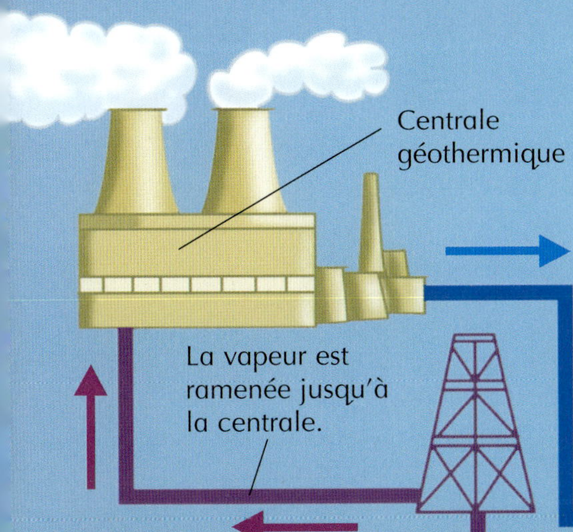

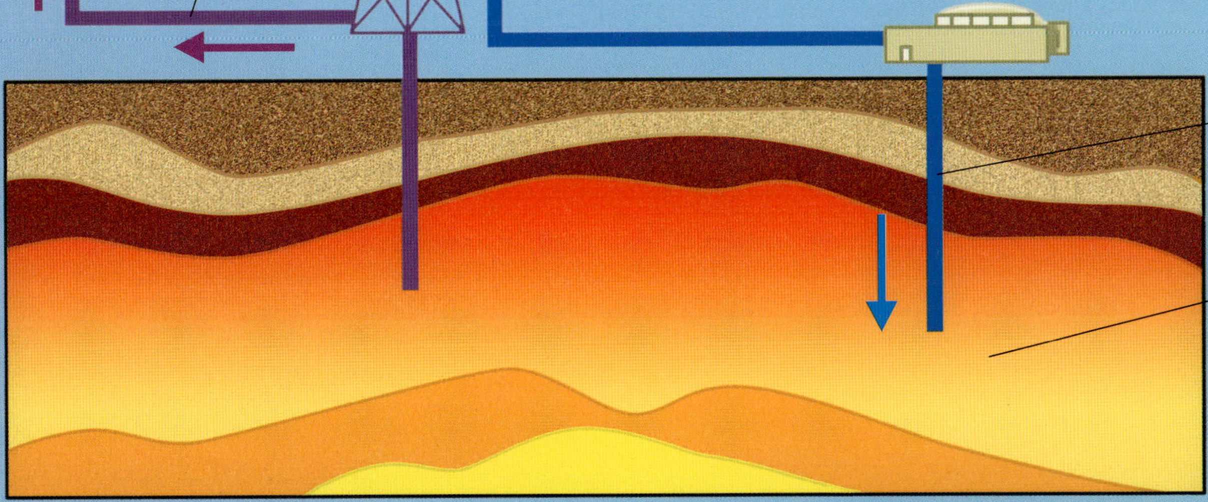

LA PRODUCTION

Grâce à une multitude d'inventions, allant du rouet au robot industriel, l'homme façonne des objets de plus en plus rapidement. Découvre pourquoi des jets d'air ou d'eau interviennent dans la fabrication du tissu de nos vêtements et par quel moyen on recycle les canettes de boisson. Sais-tu comment on fabrique le savon et quelle est l'utilité des tapis roulants dans les usines ? Tu apprendras aussi pourquoi tant d'objets sont en plastique et de quelle manière les voitures sont produites par des robots.

5000 av. J.-C.	1000 apr. J.-C.	1733	1764	1771
Invention du métier à tisser	Apparition du rouet qui permet de filer	Invention de la navette volante (tissage)	Création de la jenny	Premier atelier équipé de machines motorisées

Le filage et le tissage

LE SAIS-TU ?
En voyant un chat se faire les griffes, l'Américain Eli Whitney imagine sa machine à nettoyer le coton en 1793. Les rangées de crochets de son égreneuse séparent les fibres de coton des graines collantes.

Qui mit au point le rouet?

Les rouets sont des machines qui permettent de fabriquer du fil résistant. Ils sont inventés vers l'an 1000, en Asie. L'opérateur fait tourner une grande roue fixée sur un cadre : les courtes fibres de coton ou de laine sont tirées et tordues pour former de longs fils continus, qui s'enroulent sur une bobine. En 1764, l'Anglais James Hargreaves crée la jenny, un rouet capable d'enrouler le fil sur plusieurs bobines à la fois.

À DROITE La jenny d'Hargreaves

Quand apparut le métier à tisser?

Le métier à tisser manuel apparaît vers 5000 av. J.-C., pour fabriquer des étoffes et des tapis. Un groupe de fils, la chaîne, est attaché verticalement au métier en bois. On entrecroise ces fils avec d'autres fils horizontaux qui constituent la trame. En 1733, l'Anglais John Kay invente la navette volante. C'est un fuseau qui renferme le fil de trame et que l'on lance rapidement entre les fils de chaîne. Cet instrument accélère considérablement le rythme de tissage.

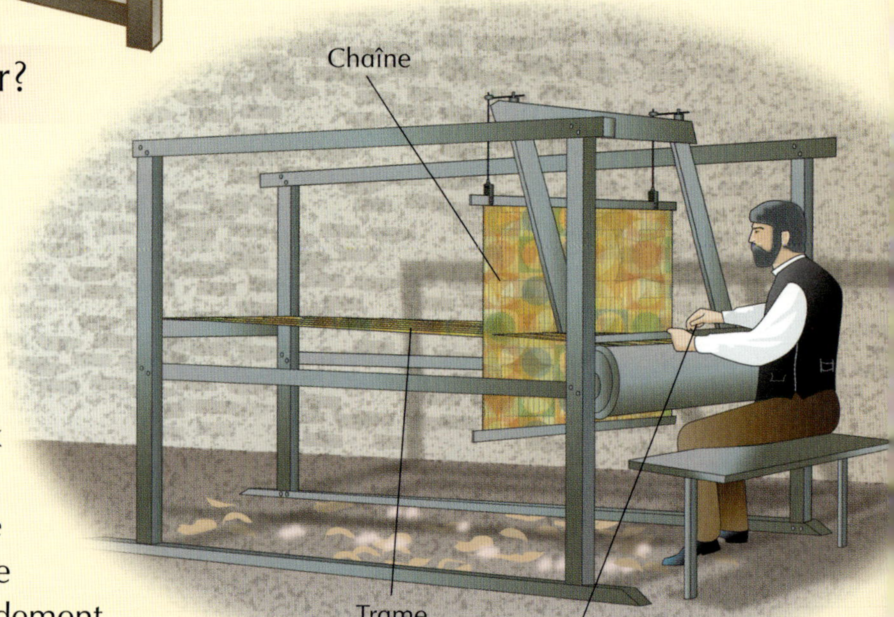

CI-DESSUS Métier à navette volante de John Kay

Qu'est-ce qu'un produit manufacturé?

Dans les premiers ateliers, les tisserands réalisent les étoffes entièrement à la main. L'Anglais Richard Arkwright fonde la première usine dotée de machines motorisées en 1771. Sa filature de coton à Cromford, en Angleterre, emploie de nombreux ouvriers. Ils actionnent des machines à filer, inventées par Arkwright, et des métiers à tisser. Ces machines fonctionnent d'abord grâce à des roues à eau, puis à l'aide de moteurs à vapeur. Arkwright bâtit des maisons à proximité de l'usine pour loger les ouvriers.

CI-DESSOUS Bâtie à côté d'une rivière, la filature de Cromford utilise l'eau pour actionner ses machines à filer et à tisser.

Utilise-t-on encore des métiers à tisser?

Aujourd'hui, les métiers à tisser industriels, énormes et informatisés, se trouvent dans d'immenses usines. Ils n'utilisent plus de navette volante : des jets d'eau ou d'air à haute pression propulsent très vite les fils de trame entre les fils de chaîne. Chaque métier est programmé pour tisser des motifs complexes de différentes couleurs. Un ouvrier peut surveiller vingt métiers à la fois.

À GAUCHE Les métiers industriels traditionnels sont encore utilisés dans les petits ateliers.

CI-DESSOUS Bobines de fil coloré pour le tissage

DATES CLÉS DE LA PRODUCTION

5000 av. J.-C.	1000 apr. J.-C.	1733	1764	1771
Invention du métier à tisser	Apparition du rouet qui permet de filer	Invention de la navette volante (tissage)	Création de la jenny	Premier atelier équipé de machines motorisées

Les produits industriels

Quand fut inventé le plastique?

À la fin du XIXe siècle, des matériaux naturels – os, coquillage et ivoire – sont utilisés pour fabriquer des boutons, des manches de couteaux, etc. Mais ils coûtent cher. En 1863, le Celluloïd est inventé. Il s'agit de la première matière plastique, composée de fibres de coton et de produits chimiques. En 1909, le chimiste new-yorkais, Leo Baekeland, fabrique un véritable plastique, uniquement constitué de produits chimiques que l'on peut mouler en différentes formes et durcir en le chauffant.

CI-DESSOUS Baekeland baptise sa découverte Bakélite. Ce plastique dur sert à fabriquer des objets courants, comme ce téléphone.

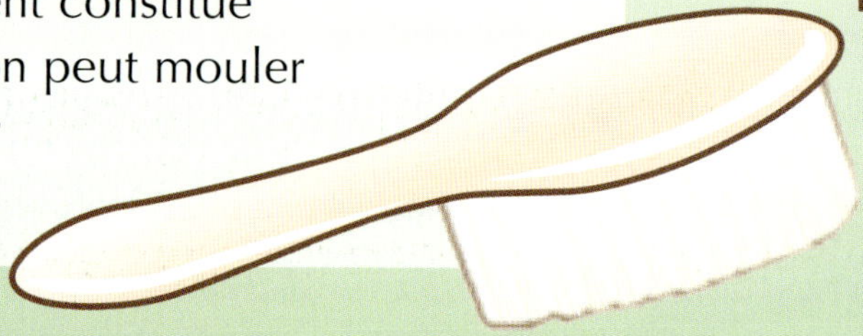

À GAUCHE Le Celluloïd sert à faire des objets imitant l'ivoire ou l'os, comme cette brosse pour bébé.

À quoi sert le plastique de nos jours?

Le plastique devient rapidement le matériau industriel par excellence, car il est étanche, facile à mouler et peu cher à produire. Les plastiques sont souples ou durs, flexibles ou rigides, colorés ou transparents, selon les produits chimiques qui les composent. Les produits usinés en plastique sont partout : intérieurs de voitures et de réfrigérateurs, jouets, vêtements, CD, téléphones portables, etc.

À DROITE De nombreux produits liquides, comme la lessive, sont contenus dans des bouteilles en plastique. Elles ont remplacé les bouteilles en verre, lourdes et fragiles.

CI-DESSOUS Avant d'être en plastique coloré, les jouets d'extérieur, comme ce tricycle, étaient en métal et rouillaient facilement.

1802
Début de la production en série

1901
Première chaîne de montage

1909
Premier plastique entièrement chimique

1958
Apparition des canettes en aluminium

1961
Arrivée des robots industriels à l'usine

Pourquoi recycle-t-on l'aluminium ?

Depuis 1958, on fabrique des canettes de boisson avec de l'aluminium, un métal léger que l'on extrait des roches et des argiles. Mais on réutilise aussi d'anciennes canettes. Dans une usine de recyclage, elles sont fondues et versées dans des moules pour former des lingots. Dans une autre usine, d'énormes rouleaux aplatissent ces lingots en fines feuilles, qui sont coupées et assemblées pour produire de nouvelles canettes.

LE SAIS-TU ?
Chaque jour, on jette des millions de bouteilles en plastique. On en recycle une partie : déchiquetées et transformées en fibres de polyester, elles deviennent des tapis, des vêtements ou des bouteilles.

Comment fabrique-t-on le savon ?

Le savon est fabriqué en faisant chauffer des huiles végétales ou des graisses animales avec de la cendre de bois, par exemple. On obtient alors du savon et une substance appelée glycérine. Dans une usine, la glycérine est retirée et le savon est séché, avant d'être parfumé et coloré. Puis il est coupé, pressé en savonnettes et emballé… Prêt à partir pour le magasin !

À GAUCHE Grâce aux nouveaux tissus en fibres de plastique, on peut fabriquer des vêtements chauds, durables, imperméables ou à séchage rapide.

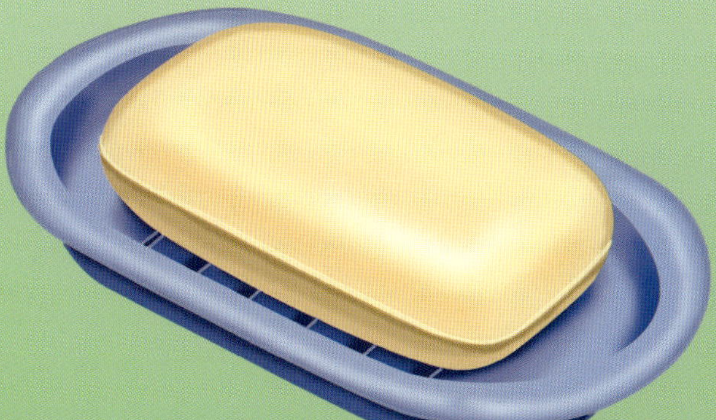

DATES CLÉS DE LA PRODUCTION

5000 av. J.-C.	1000 apr. J.-C.	1733	1764	1771
Invention du métier à tisser	Apparition du rouet qui permet de filer	Invention de la navette volante (tissage)	Création de la jenny	Premier atelier équipé de machines motorisées

La production en série

CI-DESSOUS L'usine de Brunel produit 130 000 poulies par an.

Où la production en série vit-elle le jour?

Dans les premières usines, un ouvrier fabrique intégralement un produit, du début à la fin. En 1802, en Angleterre, l'ingénieur français Marc Isambard Brunel lance la production en série de poulies en bois pour les voiles des bateaux. Son usine utilise 45 machines à vapeur différentes. Pour accélérer la production, chaque ouvrier n'accomplit qu'une seule tâche sur chaque poulie avant d'être relayé par un collègue qui réalise la tâche suivante.

Qui inventa les chaînes de montage?

Ransom Eli Olds met au point la première chaîne de montage mobile dans son usine automobile en 1901. Il conçoit des tapis roulants pour accélérer le processus de production, qui font cheminer les voitures entre les divers postes de l'usine. Un ouvrier ajoute toujours la même pièce, rapidement, à chaque voiture qui défile. Produits en un temps record, ces véhicules peuvent donc être vendus moins chers.

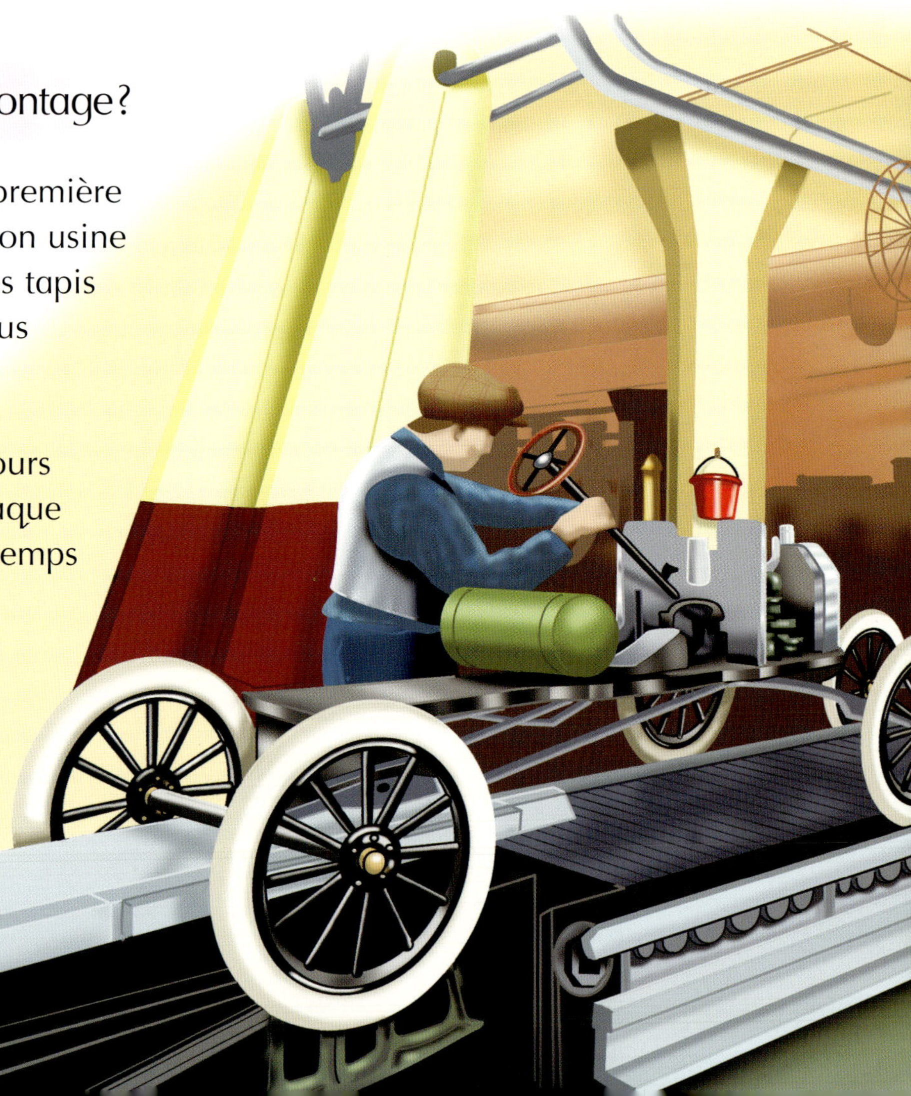

À DROITE La chaîne de montage de Ransom Eli Olds est copiée par d'autres constructeurs automobiles, dont Henry Ford aux États-Unis.

1802 Début de la production en série	**1901** Première chaîne de montage	**1909** Premier plastique entièrement chimique	**1958** Apparition des canettes en aluminium	**1961** Arrivée des robots industriels à l'usine

Quand sont apparus les robots industriels ?

Les chaînes de montage présentent un inconvénient : les ouvriers, lassés de faire toujours le même geste, risquent de commettre des erreurs. Une solution est trouvée en 1961 : un premier robot est installé dans une usine automobile américaine. Programmé par ordinateur, il effectue les tâches dangereuses, comme décharger et empiler les pièces de métal chaud.

LE SAIS-TU ?
Des capteurs situés dans les bras robotisés commandés par ordinateur s'assurent qu'ils répètent toujours les mêmes mouvements !

À DROITE Les robots industriels sont rapides et précis. Ils effectuent de nombreuses tâches : ils soudent, peignent, assemblent des pièces et testent les produits finis.

Un bras robotisé comporte plusieurs articulations.

Les premières voitures sont assemblées rapidement sur un tapis roulant.

Qu'est-ce que la personnalisation de masse ?

La personnalisation de masse consiste à adapter un produit aux besoins du client tout en le produisant en grande série. Grâce à l'informatique, on peut fabriquer les composants de base d'un produit, puis assembler une version spécialement conçue pour un client. Celui-ci peut commander une peinture particulière pour sa voiture, un ordinateur ou un CD personnalisé.

LES TRANSPORTS

Depuis toujours, l'homme utilise des moyens ingénieux pour se déplacer et transporter des marchandises sur terre, sur l'eau et dans les airs. Découvre les canoës rustiques, les anciennes charrettes et les premières bicyclettes. Retrace l'évolution des transports publics, depuis les bus tirés par des chevaux et les trains à vapeur, jusqu'aux véhicules motorisés, plus rapides, comme les camions et les voitures. Embarque sur les grands voiliers pour les premières traversées des océans et envole-toi à bord de ces étonnantes inventions que sont les montgolfières et les hélicoptères, partis à la conquête du ciel.

Les bus et les camions

LE SAIS-TU ?
Les plus longs camions de marchandises du monde roulent sur les routes droites et plates du bush australien. Ces « trains de la route » tirent jusqu'à quatre remorques géantes.

Quels furent les premiers moyens de transport?

Entre 7000 et 4000 av. J.-C., on transporte les marchandises sur des luges. Vers 5000 av. J.-C., l'homme se met à utiliser des animaux, comme des ânes ou des mules, qui portent des charges sur leur dos ou les tirent sur de grands traîneaux en bois. Puis, vers 4000 av. J.-C., la roue est inventée en Mésopotamie. Apparaissent alors les charrettes à roues, tirées par des animaux.

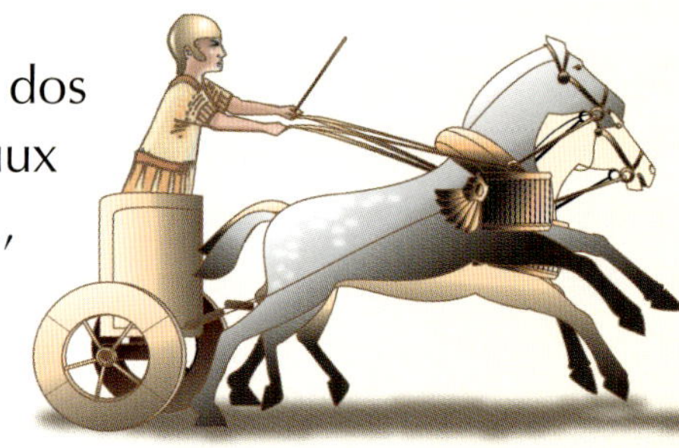

CI-DESSUS Char de guerre mésopotamien

Quand apparurent les carrosses?

Les grands carrosses à quatre roues tirés par des chevaux apparaissent au XVIIe siècle. Ils peuvent transporter plusieurs personnes avec leurs bagages. Dès le milieu du XVIIIe siècle, ces diligences parcourent de longues distances par étapes. À chaque relais, les passagers descendent de voiture et les quatre chevaux fatigués sont remplacés par de nouvelles bêtes, pour maintenir une vitesse de 7 km/h.

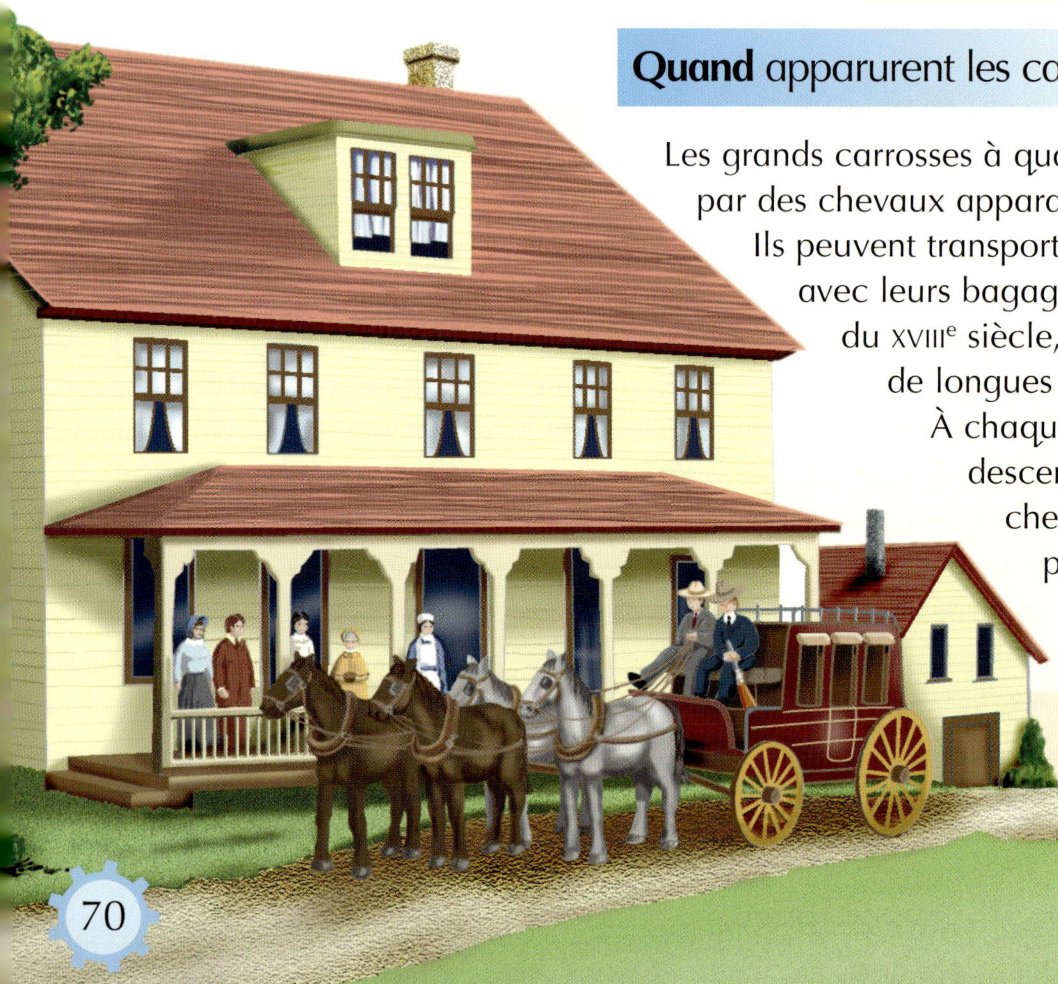

À GAUCHE Les services de diligence constituent les premiers transports publics.

CI-DESSUS Omnibus tiré par des chevaux

Où fut créé le premier service de bus?

Le premier omnibus, ou bus, tiré par des chevaux apparaît à Paris, en 1828. Sa voiture transporte des passagers assis sur des bancs en bois. L'omnibus est peu à peu remplacé par le tramway, qui parcourt la ville sur des rails. Le premier tramway tiré par des chevaux circule à New York en 1832. À partir des années 1880, la plupart des tramways sont électriques. Quant aux bus actuels, ils marchent habituellement à l'essence ou au gazole.

À GAUCHE À Londres, en Angleterre, circulent des bus à deux étages.

Qui inventa les camions réfrigérés?

L'Américain Frederick Jones invente le camion réfrigéré en 1935 pour conserver les produits frais sur de longs trajets. Aujourd'hui, la plupart de ces véhicules sont équipés d'un ventilateur, d'un système de refroidissement et d'un thermostat pour maintenir la bonne température. Ils possèdent tous une bonne isolation.

À DROITE Un camion réfrigéré transporte des aliments frais sur de longues distances.

Les deux-roues

LE SAIS-TU ?
Avant 1888, rouler à vélo secouait beaucoup, à cause des roues en bois et des pneus en fer. L'inventeur écossais John Dunlop les a remplacés par des pneus en caoutchouc remplis d'air.

Quand apparut la première bicyclette ?

La première bicyclette, la draisienne, est conçue en 1819. Elle est en bois, et on la fait avancer en poussant sur le sol avec ses pieds. Apparaît ensuite, en 1839, le vélocipède, doté de pédales pour actionner la roue arrière. Mais le premier vélo semblable à ceux d'aujourd'hui est la bicyclette de sécurité *Rover*. Conçue en 1885 par l'ingénieur britannique John Starley, elle comprend une chaîne, un cadre en forme de diamant et deux roues identiques.

À DROITE La bicyclette de sécurité *Rover*

Qu'est-ce qu'un grand-bi ?

Des ingénieurs britanniques inventent le grand-bi en 1870. Cette étonnante bicyclette présente une roue avant d'un très grand diamètre et une roue arrière bien plus petite. À chaque tour de pédale, le grand-bi parcourt une longue distance grâce à sa grande roue avant. Hélas, bien que rapide, ce vélo n'est pas très stable ni très sûr et provoque de nombreux accidents. Aussi, lorsque la bicyclette de sécurité est imaginée en 1885, le grand-bi tombe aux oubliettes.

À GAUCHE La roue avant du grand-bi mesure jusqu'à 1,5 m de diamètre.

CI-DESSOUS Le cadre des vélos modernes est composé d'un tube métallique léger ou de plastique renforcé de fibre de carbone, léger et résistant.

Comment fonctionnent les vélos modernes?

Pour faire avancer le vélo, le cycliste appuie avec ses pieds sur les pédales, qui font tourner la chaîne entraînant la roue arrière. Pour s'arrêter, il presse les poignées de frein sur le guidon. Celles-ci actionnent des câbles qui plaquent les patins de frein sur les roues, pour les ralentir ou les stopper. Les vitesses modifient le nombre de tours que fait la roue arrière à chaque coup de pédale… Idéal pour grimper les côtes!

Qui mit au point la moto?

En 1885, les ingénieurs allemands Gottlieb Daimler et Wilhelm Maybach conçoivent une motocyclette, à deux roues, avec un moteur à essence. Les motos actuelles se composent d'un cadre en acier, sur lequel sont fixés le moteur, la boîte de vitesses, la selle, le réservoir… Le moteur entraîne une chaîne qui fait tourner la roue arrière – comme pour le vélo – et propulse ainsi la moto.

À DROITE Les policiers à moto patrouillent sur les routes fréquentées.

DATES CLÉS DES TRANSPORTS

- **7000 av. J.-C.** Premiers canoës et radeaux
- **3500 av. J.-C.** Création du bateau à voiles et de la charrette
- **400 apr. J.-C.** Invention du catamaran
- **1783** Premier vol de montgolfière
- **1825** Mise en service du train à vapeur

Les voitures

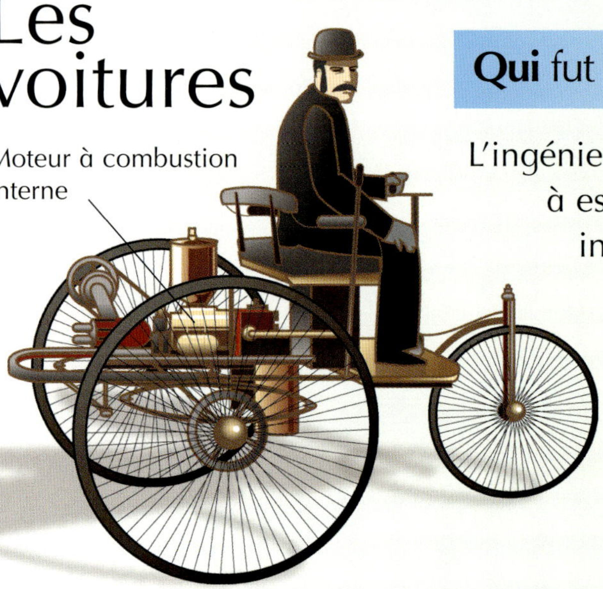

CI-DESSUS La première automobile de Karl Benz n'a que trois roues.

Qui fut à l'origine de l'automobile?

L'ingénieur allemand Karl Benz invente la première voiture à essence en 1885. En utilisant le moteur à combustion interne mis au point en 1859, il conçoit un véhicule motorisé et pratique bien qu'il roule très lentement et que ses passagers soient assis en hauteur, à l'air libre. Les premières voitures sont chères. Ce n'est qu'à partir de 1910 qu'elles deviennent abordables, lorsque Henry Ford lance leur production en série, aux États-Unis.

CI-DESSUS Un conducteur fait le plein dans une station-service. Le carburant est pompé, puis transféré *via* un tuyau dans le réservoir.

Pourquoi les voitures ont-elles besoin de carburant?

Les voitures modernes ont un moteur à combustion interne. L'énergie provient de l'essence, ou du gazole, qui brûle dans un cylindre, faisant monter et descendre un piston, qui actionne un arbre de transmission. Celui-ci fait tourner l'essieu, et la voiture avance. Quant à la batterie, elle fournit de l'électricité au démarreur et aux bougies.

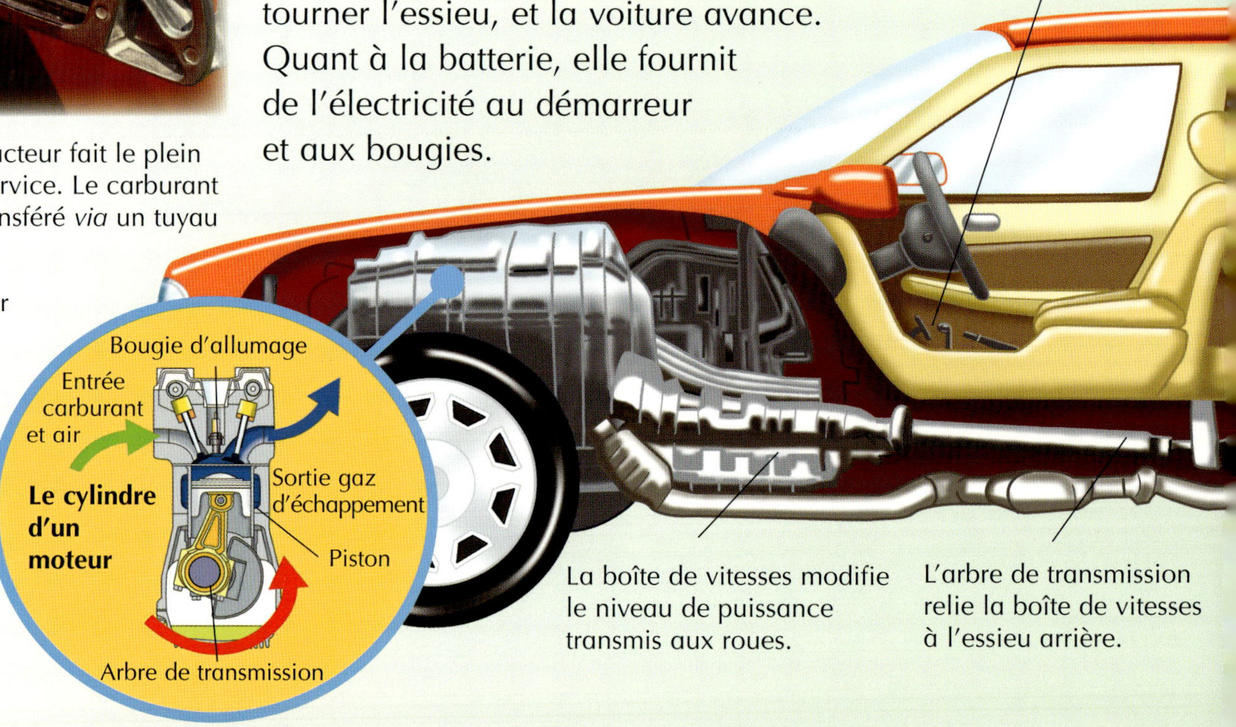

À DROITE Un moteur de voiture compte souvent quatre cylindres. Dans chacun, une bougie allume un mélange de carburant et d'air, qui fait descendre le piston en explosant.

1870	1885	1903	1939	1976
Mise au point du grand-bi	Conception de la voiture à essence	Premier vol réussi en avion	Invention de l'hélicoptère moderne	Lancement du premier avion supersonique pour passagers

Quel est le secret des voitures de course ?

Sur les lignes droites des circuits, les voitures de course roulent à 300 km/h. Leur moteur est plus puissant et tourne plus vite que celui des voitures ordinaires. Elles sont très basses et leur ligne est conçue pour réduire la résistance à l'air : elles sont aérodynamiques.

CI-DESSUS
Le drapeau à carreaux signale la ligne d'arrivée.

LE SAIS-TU ?
Les voitures les plus propres roulent… à l'air ! Leur moteur marche à l'air comprimé, stocké dans un réservoir sous le véhicule.

Cockpit du pilote

Les pneus larges adhèrent à la piste.

Les ailes avant et arrière aident cette Indy à rester très près du sol à grande vitesse.

Réservoir de carburant

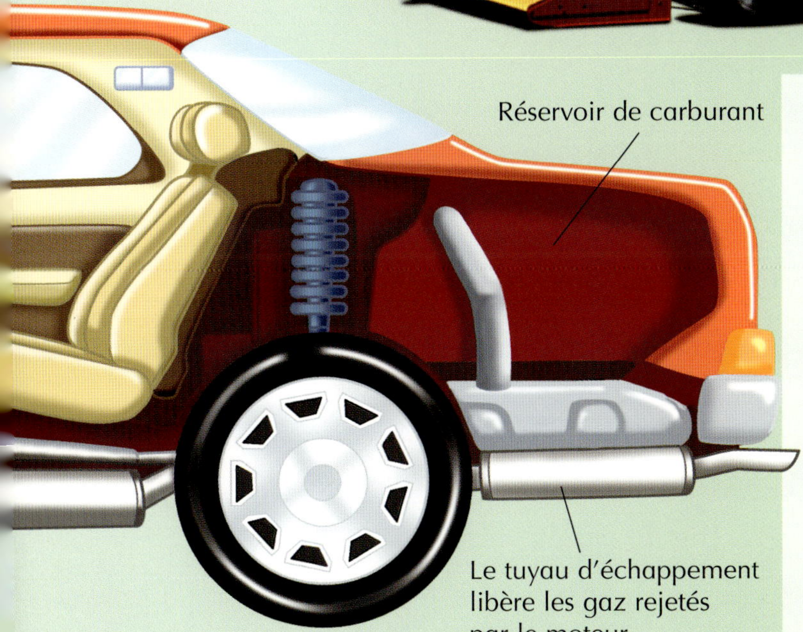

Le tuyau d'échappement libère les gaz rejetés par le moteur.

Qu'est-ce qu'une voiture électrique ?

Le moteur d'une voiture électrique fonctionne grâce à des batteries, grosses et lourdes. Elles stockent de l'électricité pour parcourir une certaine distance, puis doivent être rechargées. Ces voitures ont été inventées afin de réduire la pollution engendrée par les gaz d'échappement produits par les véhicules à essence et à gazole.

Les trains

De quand date le premier train de voyageurs?

L'un des premiers trains à vapeur transportant des voyageurs est conçu par l'ingénieur britannique George Stephenson en 1825. Sa *Locomotion*, tirant des wagons sur la ligne reliant Stockton et Darlington, en Angleterre, atteint 25 km/h; un net progrès par rapport aux wagons de marchandises tirés jusqu'ici sur les voies ferrées par des chevaux.

CI-DESSOUS La *Locomotion* de George Stephenson

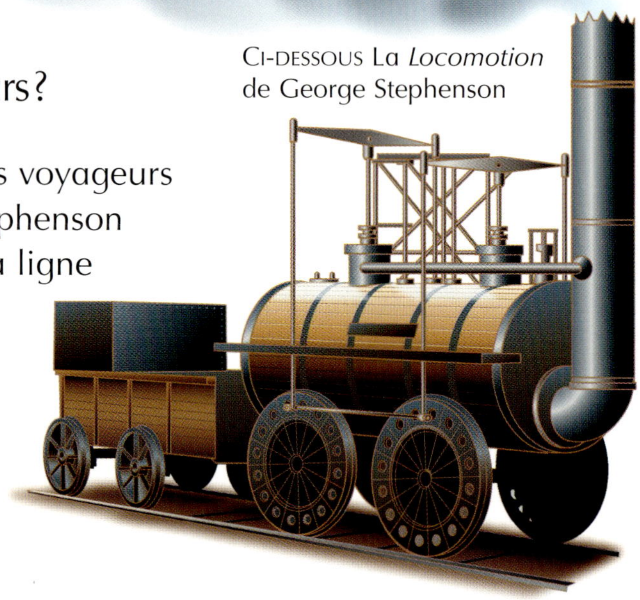

Comment fonctionne le monorail?

Les monorails roulent sur un seul rail. Le premier date de 1880. Aujourd'hui, la plupart se déplacent sur une poutre de béton de chaque côté de laquelle des roues de guidage permettent de stabiliser le train. L'énergie provient de rails électriques et certains monorails n'ont pas de conducteur.

Un train à sustentation magnétique?

Les trains à sustentation (ou lévitation) magnétique n'ont ni moteur ni roues. Ils lévitent, ou flottent, juste au-dessus de la voie grâce à un champ magnétique puissant, créé par des bobines conductrices installées dans les rails et par des aimants placés dans le train, qui est alors soulevé et propulsé vers l'avant. N'étant pas ralentis par le frottement des roues sur les rails, ces trains sont plus rapides.

CI-DESSUS Les trains à lévitation magnétique atteignent… 580 km/h !

Qu'en est-il du TGV?

Le TGV (Train à grande vitesse) parcourt la France sur des voies spéciales. En 2007, il a atteint 574 km/h. C'est le plus rapide des trains conventionnels. La plupart des TGV présentent une ligne aérodynamique et possèdent de puissants moteurs électriques ou Diesel.

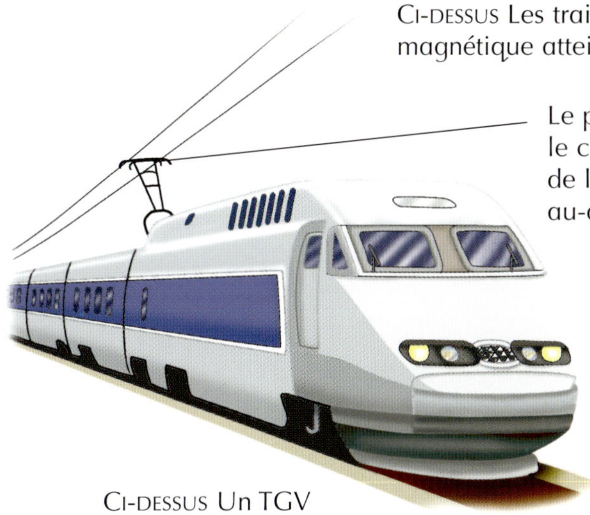

CI-DESSUS Un TGV (Train à grande vitesse)

LE SAIS-TU ?
Le premier métro souterrain est inauguré à Londres, en Angleterre, en 1863. Les wagons tirés par des locomotives à vapeur parcourent la ligne Metropolitan.

DATES CLÉS DES TRANSPORTS

7000 av. J.-C.	3500 av. J.-C.	400 apr. J.-C.	1783	1825
Premiers canoës et radeaux	Création du bateau à voiles et de la charrette	Invention du catamaran	Premier vol de montgolfière	Mise en service du train à vapeur

Les bateaux

CI-DESSUS Le revêtement de poix des coracles les rend étanches.

Quels furent les premiers bateaux ?

Les premiers bateaux, vers 7000 av. J.-C., sont de simples pirogues creusées dans des rondins, et des radeaux faits de rondins ou de roseaux assemblés. En Europe, les coracles, de forme ovale, sont formés d'une structure en osier tressé, recouverte d'une peau d'animal. Des pagaies ou des rames permettent d'avancer. Dès 3500 av. J.-C., les bateaux sont équipés de voiles qui leur permettent de naviguer grâce à la force du vent.

Qui inventa le catamaran ?

Les pêcheurs du sud de l'Inde inventent le catamaran vers l'an 400. Son nom signifie « rondins liés » ce bateau est effectivement formé de deux coques reliées par un pont qui porte le mât. Grâce à ses coques jumelles, il chavire moins facilement qu'un bateau ordinaire.

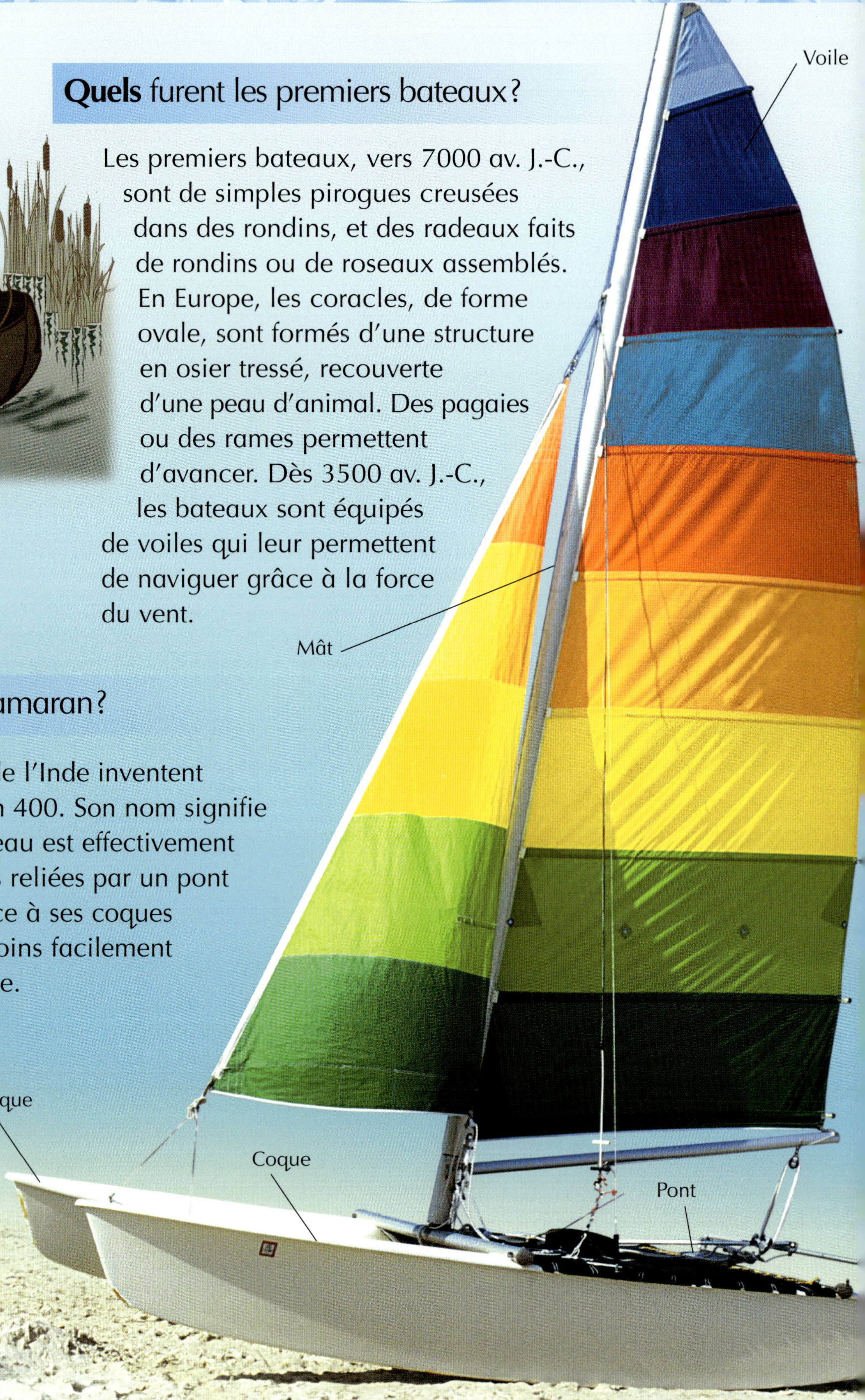

À DROITE Les petits catamarans de plage accueillent une ou deux personnes pour le plaisir de naviguer.

LE SAIS-TU ?
L'aéroglisseur se déplace aussi bien sur l'eau que sur la terre grâce à son coussin d'air. De puissants jets d'air sont pulsés sous le bateau, qui flotte sur l'eau ou glisse sur le sol. Il est imaginé en 1959 par l'ingénieur britannique sir Christopher Sydney Cockerell.

Pourquoi les hydroptères sont-ils si rapides ?

L'inventeur italien Enrico Forlanini conçoit le premier hydroptère en 1906. Un hydroptère est un bateau qui vole au-dessus de l'eau à l'aide de foils, ou d'ailes, reliés à la coque par des béquilles. Lorsque les ailes fendent l'eau à grande vitesse, la coque s'élève. L'hydroptère peut filer à vive allure, sans être ralenti par la résistance habituelle.

À DROITE Un hydroptère « volant » sur l'eau

Qu'est-ce qu'un jet-ski ?

Le jet-ski est issu du croisement d'une moto avec un bateau. Son moteur actionne une pompe qui propulse un jet d'eau à l'arrière afin de le faire avancer. À califourchon sur un jet-ski, on peut goûter au plaisir de la vitesse, mais on peut surtout atteindre des sites inaccessibles aux bateaux plus gros.

À DROITE Le jet-ski a beaucoup de succès sur les lacs et l'océan, où il dispose de vastes étendues.

Les navires

Quand furent conçus les premiers voiliers?

Les bateaux voguent sur les fleuves tandis que les grands navires s'aventurent sur les vastes océans. Vers 3000 av. J.-C., les Égyptiens les équipent de voiles carrées fixées sur un mât. Au début du XIXe siècle, les clippers, aux nombreuses voiles, sont les navires de marchandises les plus rapides. De nos jours, les grands voiliers du monde entier participent à des régates (des courses).

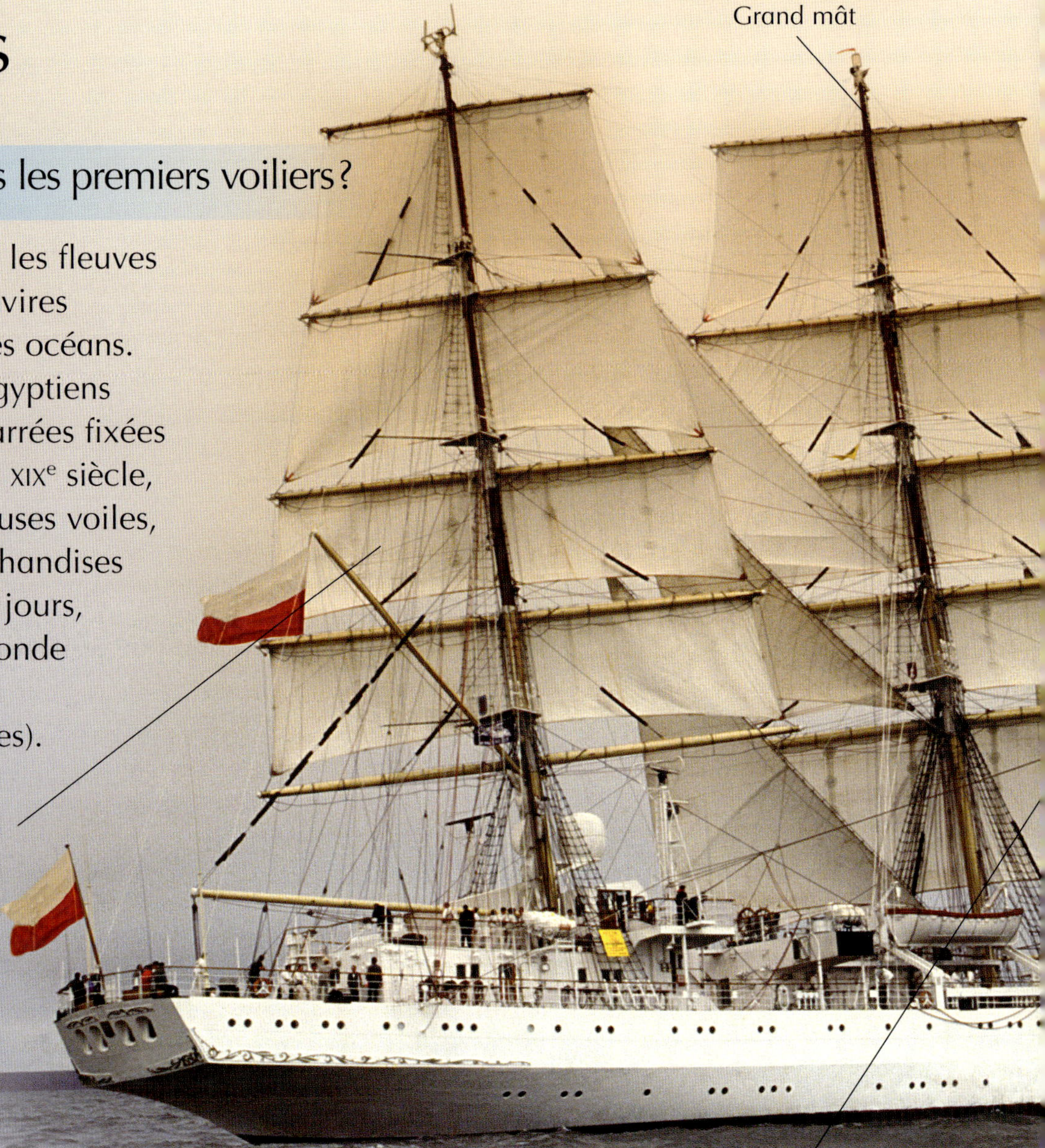

À DROITE Les grands voiliers modernes sont traditionnellement gréés de voiles carrées fixées aux mâts.

Qu'est-ce qu'un bateau à aubes?

Le premier bateau à aubes apparaît en France en 1783. Son moteur à vapeur entraîne deux roues à aubes de 4 m de diamètre situées sur ses côtés, qui le propulsent en avant. Les moteurs consomment beaucoup de charbon, et les bateaux sont de plus en plus gros. En 1897, l'ingénieur anglais Charles Parsons invente le moteur à turbine à vapeur.

CI-DESSOUS Ce bateau à aubes est propulsé par sa roue arrière.

Qui voyage sur les paquebots?

Les navires de croisière sont des hôtels de luxe flottants, avec salles de bal, restaurants, magasins, théâtres et piscines. Avant la généralisation des voyages en avion à partir de 1945, on parcourt le monde sur des navires géants comme le *Mauretania* britannique, le premier paquebot, mis en service en 1907. Aujourd'hui, le *Queen Mary 2* transporte 2 620 passagers et 1 253 membres d'équipage.

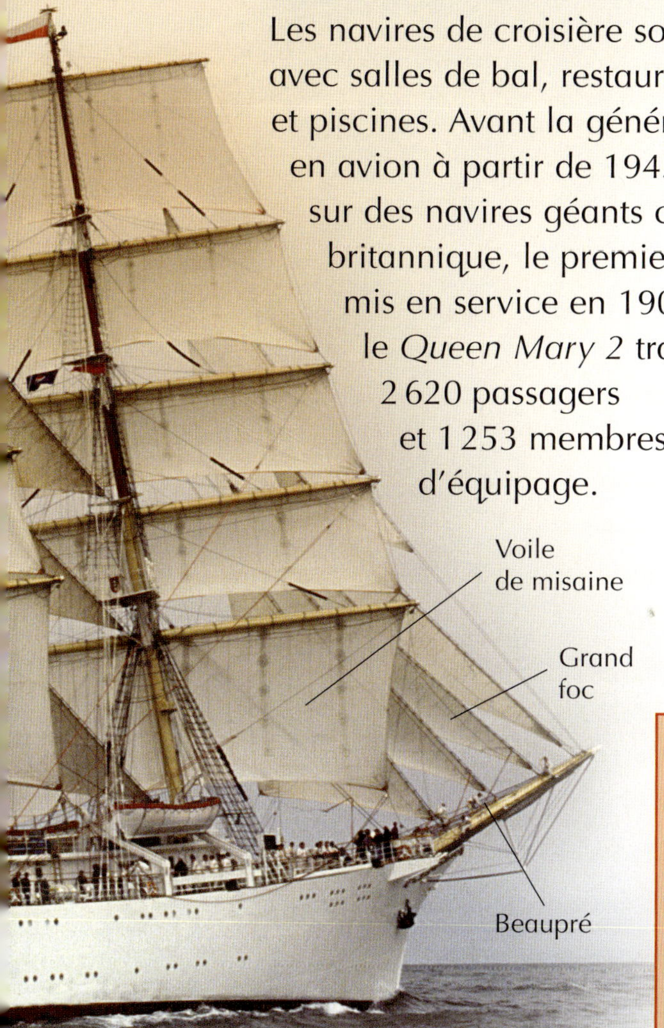

CI-DESSOUS
Le *Queen Mary 2* est le plus grand paquebot du monde.

LE SAIS-TU ?
Les pétroliers géants sont les plus grands navires du monde. Ils transportent jusqu'à deux millions de barils de pétrole. Il leur faut parfois 10 km pour s'arrêter !

Quel est le principe d'un transbordeur?

Depuis 1939, la plupart des navires, dont les transbordeurs (ou ferrys), sont équipés de moteurs Diesel qui entraînent des propulseurs sous-marins et font avancer le bateau. Un transbordeur roulier dispose d'une rampe intégrée ; ainsi, les voitures et les camions embarquent et débarquent rapidement. Le premier ferry apparaît en Écosse en 1851. Des rails sont posés à bord, pour faire traverser des trains à vapeur.

Les aérostats

Quand fut créée la montgolfière?

En 1783, un mouton, un chien et un canard sont les premiers passagers à voler dans une montgolfière! Réalisée en soie par les Français Joseph et Étienne Montgolfier, deux frères, elle parcourt 3 km dans le ciel de Paris. La même année, un autre essai fait monter deux volontaires à 450 m au-dessus du sol.

À GAUCHE
La montgolfière des frères Montgolfier

Pourquoi utilise-t-on de l'air chaud pour voler?

L'air chaud étant plus léger que l'air froid, il monte. L'enveloppe en Nylon des montgolfières modernes est immense. Elle peut contenir assez d'air chaud pour porter le poids d'une nacelle avec des passagers. Pour monter, le pilote enflamme un brûleur qui chauffe l'air, et la montgolfière s'élève. Pour descendre, il tire une corde qui ouvre une soupape au sommet du ballon et libère de l'air chaud.

CI-DESSOUS
Les montgolfières comptent sur les vents doux pour dériver.

On ne peut pas diriger les montgolfières, qui ne sont donc pas un moyen de transport fiable. De nos jours, on les fait voler surtout pour le plaisir.

LE SAIS-TU ?

En 1999, une montgolfière spécialement conçue fait le tour du monde sans escale en vingt jours, avec deux pilotes dans une nacelle minuscule.

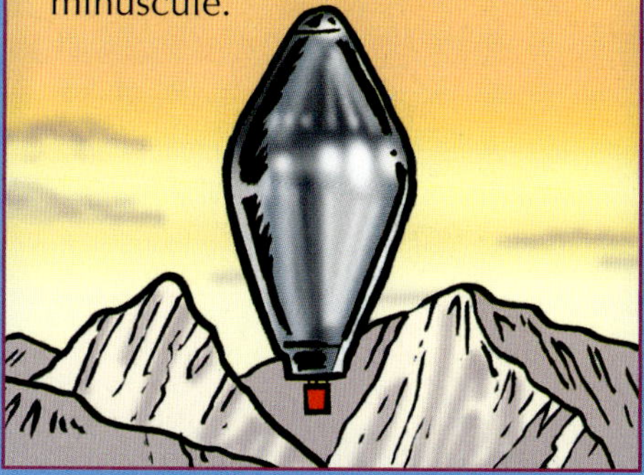

Qu'est-ce qu'un dirigeable?

Les dirigeables sont des ballons gigantesques, en forme de torpille, propulsés par des moteurs. En 1852, l'ingénieur français Henri Giffard met au point un dirigeable équipé d'un moteur à vapeur. Mesurant 44 m de long, il est rempli d'hydrogène, un gaz plus léger que l'air. Dès 1930, des dirigeables luxueux transportent de nombreux passagers. Mais, en 1937, le *Hindenburg* prend feu près de New York. Jugés trop inflammables, ces dirigeables à hydrogène disparaissent.

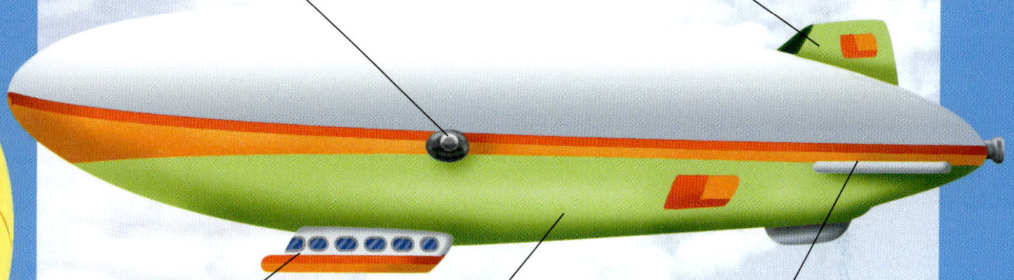

Comment volent les dirigeables modernes?

Les dirigeables sont propulsés par des hélices et des moteurs à essence. Le pilote change de direction grâce au gouvernail, et monte ou descend en inclinant les volets de profondeur. Les passagers voyagent dans une nacelle fermée, sous le ballon. On utilise désormais l'hélium, un gaz plus léger que l'air et non inflammable.

Les hélicoptères

Qu'est-ce qu'un hélicoptère?

Un hélicoptère est doté de larges pales qui tournent pour s'élever dans les airs. Il peut décoller et atterrir verticalement, changer rapidement de direction, planer, pivoter et même se déplacer sur le côté ou reculer dans les airs. Moins sûrs et moins rapides que les avions, les hélicoptères peuvent cependant se poser dans des endroits délicats. Ils sont parfaits pour la surveillance et le sauvetage.

CI-DESSUS Les garde-côtes se servent d'hélicoptères pour leurs opérations de recherche et de sauvetage en mer.

Quand fut inventé l'hélicoptère?

En 1907, le *Gyroplane n° 1*, français, est le premier hélicoptère à décoller avec un pilote à bord, mais il s'écrase à l'atterrissage. En 1939, le Russe Igor Sikorsky imagine un engin surmonté d'un rotor à plusieurs pales et équipé d'un petit rotor de queue, à l'arrière. Les hélicoptères actuels s'inspirent de ce modèle.

À DROITE L'hélicoptère *VS-300* d'Igor Sikorsky

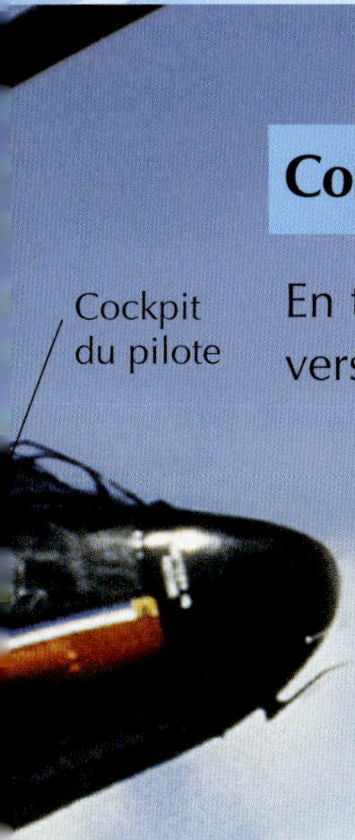

Cockpit du pilote

Comment vole un hélicoptère?

En tournant, les pales repoussent l'air vers le bas, ce qui fait monter l'hélicoptère. Mais cela le fait aussi pivoter sur lui-même. C'est pourquoi la plupart des hélicoptères ont un petit rotor près de la queue, qui tourne en sens inverse et leur évite de faire la toupie. Le pilote dirige l'hélicoptère en inclinant les pales du rotor vers l'avant ou l'arrière, la droite ou la gauche.

LE SAIS-TU ?
Le plus gros hélicoptère du monde est le Mil Mi-26 russe : plus de 40 m de long et huit pales. Il transporte des charges énormes !

À quoi servent les hélicoptères à double rotor?

Les Chinook possèdent un rotor principal à l'avant et un autre à l'arrière de leur long fuselage en forme de boîte. Ces deux rotors tournent en sens inverse afin de se neutraliser, ce qui confère robustesse et stabilité à ces appareils. On peut les charger très lourdement à l'avant comme à l'arrière. Les Chinook entrent dans l'armée américaine en 1962.

À DROITE L'hélicoptère militaire Sea Knight a aussi deux rotors, mais il transporte des chargements moins lourds que le Chinook.

DATES CLÉS DES TRANSPORTS

7000 av. J.-C. Premiers canoës et radeaux	**3500 av. J.-C.** Création du bateau à voiles et de la charrette	**400 apr. J.-C.** Invention du catamaran	**1783** Premier vol de montgolfière	**1825** Mise en service du train à vapeur

Les avions

CI-DESSOUS Le célèbre *Flyer* des frères Wright, en 1903

Quand eut lieu le premier vol en avion?

En 1903, deux frères américains, Wilbur et Orville Wright, construisent le premier avion motorisé capable de voler sur une certaine distance. Le moteur à essence est relié à deux hélices par des chaînes de vélo. En tirant sur des câbles, ils inclinent légèrement les ailes en tissu pour diriger l'engin. Leur vol dure 12 secondes.

CI-DESSUS De nos jours, l'Airbus A380, géant du ciel, peut embarquer 555 passagers.

En quoi consiste un avion à réaction?

L'ingénieur anglais Frank Whittle crée le moteur à réaction en 1937. Mais c'est Ernst Heinkel qui lance le premier avion à réaction en Allemagne, en 1939. La plupart des avions sont équipés de turboréacteurs. Une grande hélice, ou soufflante, aspire l'air dont une partie est dirigée vers une chambre de combustion, où du carburant brûle en produisant des gaz chauds. Ils entraînent la soufflante et sont éjectés à l'arrière, ce qui propulse l'avion – mais l'essentiel de la poussée provient de l'air qui contourne le moteur.

L'intérieur d'un turboréacteur

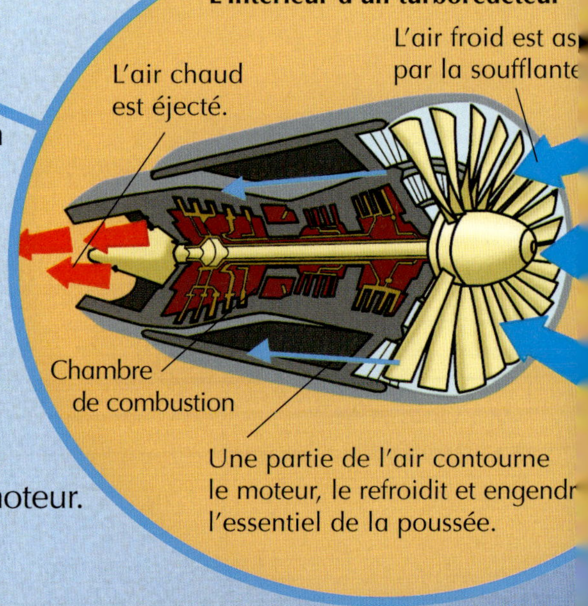

- **1870** Mise au point du grand-bi
- **1885** Conception de la voiture à essence
- **1903** Premier vol réussi en avion
- **1939** Invention de l'hélicoptère moderne
- **1976** Lancement du premier avion supersonique pour passagers

Quel est le principe d'un ADAV ?

Les avions ont besoin d'une longue piste pour décoller, hormis les avions à décollage et atterrissage vertical (ou ADAV), qui s'envolent en se soulevant sur place (sans élan). Le premier ADAV, l'avion britannique de combat Harrier, est conçu en 1966 pour opérer depuis un porte-avions dans l'océan.

CI-DESSUS Une fois dans les airs, les mécanismes de propulsion d'un ADAV s'orientent vers l'arrière pour le faire avancer.

LE SAIS-TU ?
L'Airbus A380 est énorme : sa queue est aussi haute qu'un immeuble de sept étages et on pourrait garer 70 voitures sur ses ailes !

Fuselage aérodynamique pour la vitesse

CI-DESSUS Le Concorde volait à environ 2 160 km/h – presque deux fois la vitesse du son.

Qu'est-ce qu'un avion supersonique ?

Un avion qui dépasse la vitesse du son (1 225 km/h) est appelé supersonique. Le mur du son est franchi en 1947. En 1976, le Concorde conçu par des ingénieurs britanniques et français, est le premier avion supersonique de ligne transportant des passagers. Il cesse de voler en 2003.

LA NAVIGATION

Lorsque l'on voyage sur de longues distances, il est difficile de trouver son chemin sans instruments de navigation. L'astrolabe se sert de la position des étoiles dans le ciel pour déterminer une direction, tandis que le compas utilise le magnétisme de la Terre pour repérer le nord et le sud. Sais-tu qui a inventé le radar et comment il aide les navires à éviter les icebergs ? Découvre le fonctionnement du sonar et de quelle manière on s'en sert pour rechercher des objets sous l'eau – des sous-marins, des épaves, des trésors… Comprends aussi pourquoi les satellites en orbite autour de la Terre sont devenus de précieux instruments de navigation.

1100 apr. J.-C.	1470	1731	1757	1911
Découverte du compas magnétique	Adaptation de l'astrolabe pour les navires	Invention de l'octant pour les navires	Apparition du sextant	Conception du compas gyroscopique

Les instruments

Quels sont les instruments de navigation?

Dans le domaine de la navigation, l'enjeu consiste surtout à savoir où l'on est et dans quelle direction l'on va. Apparu en Grèce vers 200 av. J.-C., l'astrolabe permet aux astronomes de connaître la position du Soleil et des étoiles. Bien plus tard, dans les années 1470, il aide les marins à naviguer. Il mesure la hauteur du Soleil pour déterminer la latitude du navire, c'est-à-dire l'endroit où il se trouve par rapport à l'équateur.

CI-DESSOUS Un astrolabe de marin

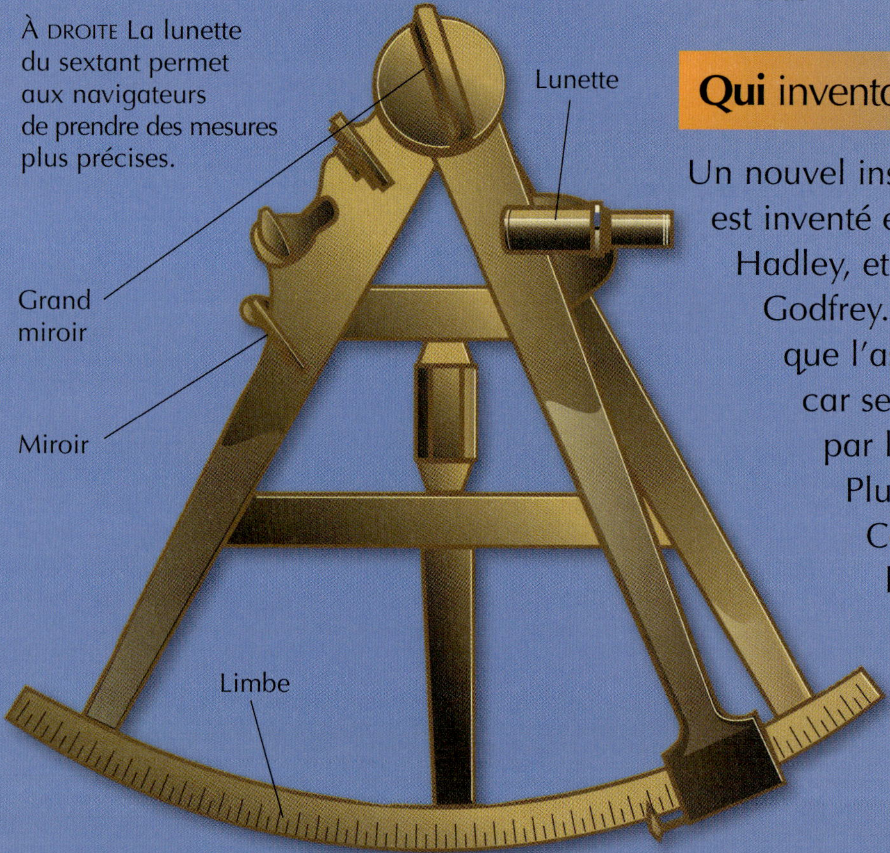

À DROITE La lunette du sextant permet aux navigateurs de prendre des mesures plus précises.

Qui inventa le sextant?

Un nouvel instrument de navigation, l'octant, est inventé en 1731, en Angleterre par John Hadley, et aux États-Unis par Thomas Godfrey. Il se révèle plus fiable que l'astrolabe pour déterminer la latitude, car ses mesures ne sont pas influencées par les mouvements du bateau. Plus tard, en 1757, l'Anglais John Campbell l'améliore et crée le sextant qui, grâce à deux miroirs, permet de mesurer la hauteur angulaire d'un astre – le Soleil, la Lune ou une étoile – au-dessus de l'horizon et d'en déduire la position du navire.

1915
Premier dispositif sonar

1935
Mise au point du radar

1978
Création du GPS, premier système de navigation par satellite

2005
Lancement du réseau de satellites Galileo

Quand le compas fit-il son apparition ?

La Terre agit comme un aimant géant, avec des pôles magnétiques au nord et au sud. C'est pourquoi l'aiguille aimantée d'un compas indique toujours la position nord-sud. Vers l'an 1100, les marins chinois utilisent le compas aimanté, ou compas sec, qui rend enfin possible la navigation en mer sur de longues distances. Les compas modernes possèdent une aiguille aimantée qui pivote librement autour d'un point central dans un récipient rempli de liquide.

À GAUCHE Un compas de poche moderne

LE SAIS-TU ?
Il n'est pas facile de dessiner une carte de notre Terre ronde sur une feuille plane. Pourtant, en 1569, le cartographe flamand Gerardus Mercator relève ce défi, ce qui permet ainsi aux navigateurs de faire le tour du monde.

Qu'est-ce qu'un compas gyroscopique ?

L'Américain Elmer Sperry imagine en 1911 le compas gyroscopique, qui n'a pas besoin du magnétisme pour trouver le nord. En tournant rapidement, sa roue, ou gyroscope, permet à l'aiguille de toujours pointer le nord avec précision, sans se soucier des remous de la mer.

À DROITE De nos jours, les navires se servent d'un compas gyroscopique électronique.

Les radars

LE SAIS-TU ?
Le gouvernement britannique embauche Robert Watson-Watt pour qu'il développe un « rayon de la mort » fonctionnant aux ondes radio, capable de détruire les avions ennemis. Mais il met au point le radar.

Qu'est-ce qu'un radar ?

Le mot radar vient de l'anglais *Radio Detection and Ranging* (détection et estimation de la distance par ondes radio). Un radar permet de localiser un objet lointain (avion, navire, etc.) : il envoie des ondes radio puissantes qui rebondissent sur l'objet, puis analyse l'écho obtenu en retour. Il peut alors déterminer précisément sa position, sa taille, sa forme, sa vitesse et sa direction.

À DROITE Les grandes antennes radar envoient des ondes radio dans le ciel et détectent des avions à des centaines de kilomètres.

Quand apparut le radar ?

Le premier système radar est mis au point en 1935 par le physicien écossais Robert Watson-Watt. Quelques années plus tard, il conçoit un dispositif utilisant les ondes radio pour localiser les orages. Durant la Seconde Guerre mondiale, son système de défense radar permet de détecter les avions ennemis à l'approche et de donner l'alerte.

À GAUCHE Les météorologues se servent d'écrans radar pour suivre les déplacements des perturbations atmosphériques.

1915
Premier dispositif sonar

1935
Mise au point du radar

1978
Création du GPS, premier système de navigation par satellite

2005
Lancement du réseau de satellites Galileo

Comment fonctionne un radar?

Grâce aux radars des aéroports, les avions volent en sécurité. L'antenne du radar, ou réflecteur, diffuse des ondes radio dans le ciel. Si elles rencontrent un obstacle, par exemple un avion, elles reviennent en partie jusqu'à l'antenne. Un transpondeur, un dispositif placé à bord de la plupart des avions, capte le signal radar et envoie un message radio. Au sol, un ordinateur calcule la hauteur, la position et la vitesse de l'avion, en fonction du temps que les ondes mettent à revenir. Les contrôleurs aériens voient l'avion, sous la forme d'un point ou d'une forme, sur un écran radar. Les informations du transpondeur s'affichent à côté.

Qui utilise un radar aujourd'hui?

Le radar est un instrument de navigation très répandu. Il aide les contrôleurs aériens à suivre et à guider le trafic. Les marins s'en servent aussi, surtout par mauvais temps ou la nuit, pour éviter les dangers (navires, rochers ou icebergs). L'armée les utilise pour localiser l'ennemi, et détecter ou tirer des missiles.

À GAUCHE Un écran radar

Les sonars

Quel est le principe du sonar?

Le mot sonar vient de l'anglais *Sound Navigation and Ranging* (navigation par ondes sonores). Grâce aux ondes sonores, le sonar détecte les épaves, les rochers et tous les obstacles représentant un danger potentiel pour les navires. Les hydrographes s'en servent pour dessiner des cartes précises des fonds marins.

À GAUCHE Les sonars aident les navires à détecter les dangers sous-marins, comme la partie immergée des icebergs.

CI-DESSOUS Les bateaux militaires remorquent des sonars pour détecter et suivre les sous-marins ennemis.

Pourquoi le sonar fut-il inventé?

Le physicien français Paul Langevin crée en 1915, pendant la Première Guerre mondiale, un sonar passif d'écoute pour détecter les sous-marins. Sous l'eau, les ondes sonores se déplacent très vite et sur de longues distances. Elles sont idéales pour sonder les profondeurs de l'océan et suivre les vaisseaux ennemis.

1915
Premier dispositif sonar

1935
Mise au point du radar

1978
Création du GPS, premier système de navigation par satellite

2005
Lancement du réseau de satellites Galileo

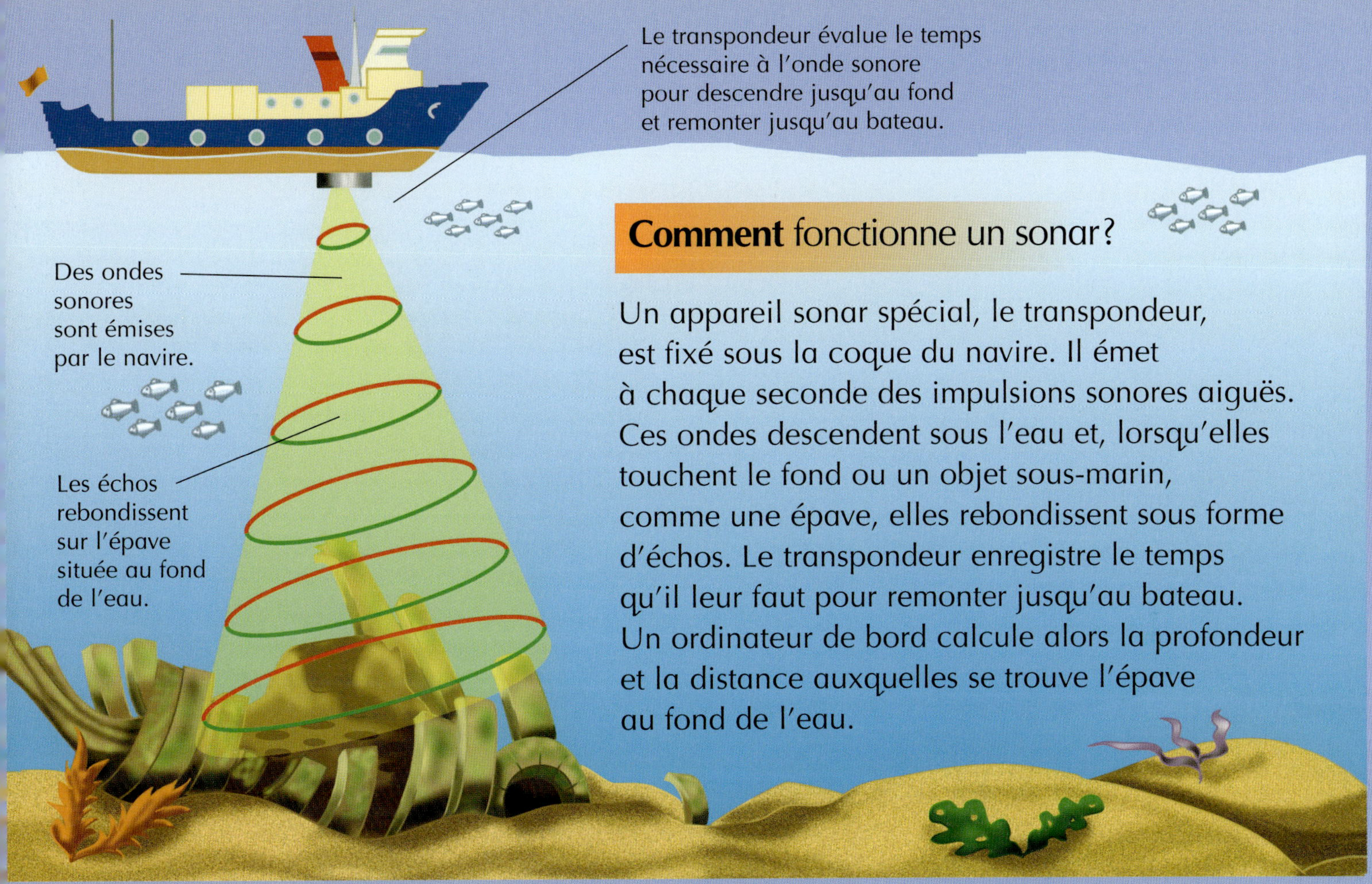

Comment fonctionne un sonar?

Un appareil sonar spécial, le transpondeur, est fixé sous la coque du navire. Il émet à chaque seconde des impulsions sonores aiguës. Ces ondes descendent sous l'eau et, lorsqu'elles touchent le fond ou un objet sous-marin, comme une épave, elles rebondissent sous forme d'échos. Le transpondeur enregistre le temps qu'il leur faut pour remonter jusqu'au bateau. Un ordinateur de bord calcule alors la profondeur et la distance auxquelles se trouve l'épave au fond de l'eau.

LE SAIS-TU ?
En 2003, une équipe de télévision britannique utilise 600 sonars pour sonder le Loch Ness en Écosse. Son objectif? Prouver que le monstre du Loch Ness n'existe pas!

CI-DESSOUS Une image sonar en 3D d'une montagne sous-marine

Qui utilise le sonar?

Le transpondeur envoie les informations transmises par l'écho du sonar à un ordinateur, qui les analyse et les affiche sur un écran de surveillance. Les pêcheurs sont équipés de sonars simples, qui mesurent la profondeur et localisent les bancs de poissons. Les hydrographes se servent pour leur part de sonars à faisceaux multiples, qui envoient des ondes dans toutes les directions, afin de réaliser des cartes en 3D du relief sous-marin.

DATES CLÉS DE LA NAVIGATION

1100 apr. J.-C.	1470	1731	1757	1911
Découverte du compas magnétique	Adaptation de l'astrolabe pour les navires	Invention de l'octant pour les navires	Apparition du sextant	Conception du compas gyroscopique

La navigation par satellite

En quoi consiste la navigation par satellite ?

La navigation par satellite se sert des signaux radio émis par des satellites en orbite autour de la Terre pour définir la position exacte d'un récepteur électronique, où qu'il soit sur la planète. Le système le plus connu est le GPS (*Global Positioning System*, ou système de positionnement mondial). L'armée de l'air américaine le met au point en 1978 pour tirer ses missiles avec précision. Le ministère de la Défense des États-Unis contrôle toujours ce réseau, mais chaque État peut l'utiliser gratuitement. En 2005, l'Union européenne lance ses propres satellites GPS pour former un nouveau réseau baptisé Galileo.

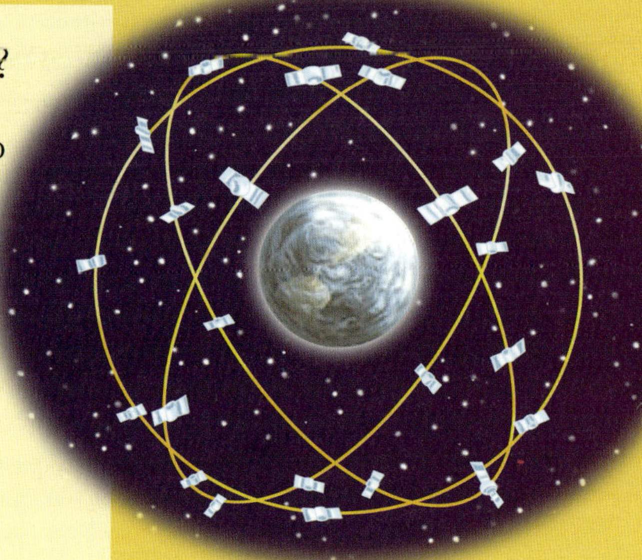

Depuis l'espace, chaque satellite transmet des signaux radio indiquant sa position et l'heure exacte d'envoi du signal.

LE SAIS-TU ?

Certains téléphones portables équipés d'un GPS peuvent afficher sur leur écran un itinéraire vers la destination de son choix. Il suffit alors de suivre les instructions.

Le GPS : comment ça marche ?

Le réseau GPS utilise 24 satellites solaires en orbite autour de la Terre à une distance d'environ 19 300 km. Ces satellites, équipés d'horloges atomiques de très haute précision, transmettent des signaux radio, captés par les antennes des récepteurs GPS sur Terre. Un récepteur calcule le temps nécessaire aux signaux émis par quatre satellites différents pour l'atteindre, ce qui lui permet de localiser sa position exacte.

1915	1935	1978	2005
Premier dispositif sonar	**Mise au point du radar**	**Création du GPS, premier système de navigation par satellite**	**Lancement du réseau de satellites Galileo**

Qui utilise le GPS ?

La navigation par GPS est très utilisée pour voyager en voiture, en bateau et en avion. Le GPS de navigation routière indique au conducteur l'itinéraire à suivre grâce à une carte informatisée affichée sur un écran du tableau de bord. Le GPS portatif est idéal pour guider les alpinistes et les randonneurs dans les zones isolées. Des systèmes GPS sont également développés pour aider les aveugles dans leurs déplacements.

À DROITE Les flèches sur la carte en mouvement indiquent la position de la voiture et l'itinéraire à suivre par le chauffeur.

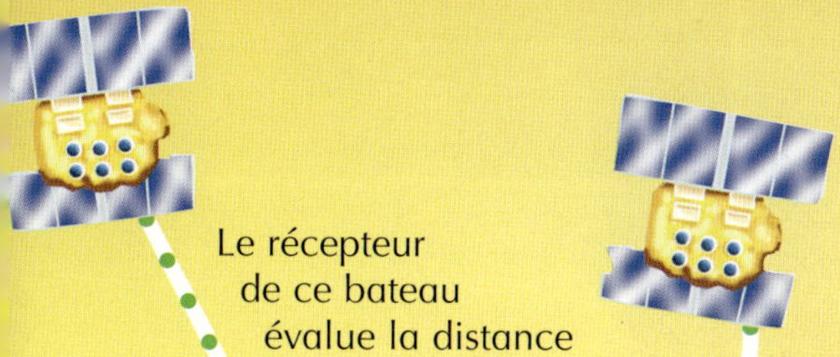

Le récepteur de ce bateau évalue la distance le séparant de quatre satellites pour calculer sa position.

Pourquoi les pêcheurs utilisent le GPS ?

De nombreux pêcheurs étudient cartes et graphiques pour déterminer les itinéraires de migration des poissons. Grâce au GPS, ils peuvent désormais se diriger sans risque malgré le mauvais temps ou le brouillard. S'ils repèrent un bon site de pêche, ils enregistrent ses coordonnées avec leur équipement GPS, au lieu de placer des bouées de marquage qui alerteraient leurs concurrents.

À GAUCHE Le GPS permet de localiser et d'enregistrer sa position afin de la retrouver ultérieurement.

L'ESPACE

Des premières observations du ciel aux lunettes astronomiques et aux voyages dans l'espace, les inventions permettent d'en apprendre toujours plus sur l'Univers qui entoure notre planète. Découvre où se trouve le télescope *Hubble*, comment volent les fusées et pourquoi les satellites se maintiennent en orbite autour de la Terre. Pars à la rencontre des astronautes en apesanteur et suis-les dans leur station spatiale, où ils passent parfois plusieurs mois. Enfin, plonge dans l'inconnu, dans le sillage des sondes spatiales qui explorent l'Univers.

Les télescopes

À GAUCHE Galileo Galilei (Galilée) observe les étoiles.

Qui fut l'inventeur de la lunette astronomique

L'opticien hollandais Hans Lippershey conçoit la première lunette d'approche en 1608. En regardant à travers deux verres placés à chaque extrémité d'un tube, il s'aperçoit que les objets éloignés sont grossis. En 1609, le scientifique italien Galilée la perfectionne et étudie le ciel nocturne grâce à sa lunette astronomique. Il dresse la carte de la surface de la Lune et découvre les quatre lunes de la planète Jupiter.

LE SAIS-TU ?
Certains des plus grands télescopes se trouvent sur l'île de Hawaii (États-Unis). Les télescopes jumeaux Keck, de 10 m de diamètre, sont à plus de 4 000 m au sommet du Maua Kea, un volcan éteint.

Quel est le principe du télescope?

Un télescope est constitué de miroirs qui donnent aux astronomes une vision plus précise des étoiles et des planètes lointaines. Le savant anglais Isaac Newton conçoit le premier télescope en 1668. Cet instrument recueille les rayons du Soleil reflétés sur un miroir incurvé placé à son extrémité. Ce miroir répercute les rayons sur un second miroir plat, positionné de biais, pour former une image. Une lentille grossit cette image dans l'oculaire.

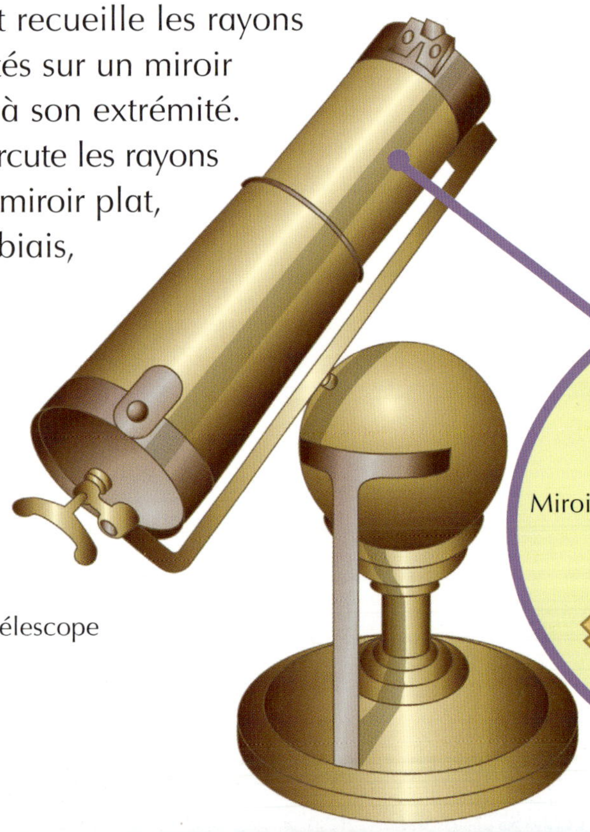

À DROITE Le télescope de Newton

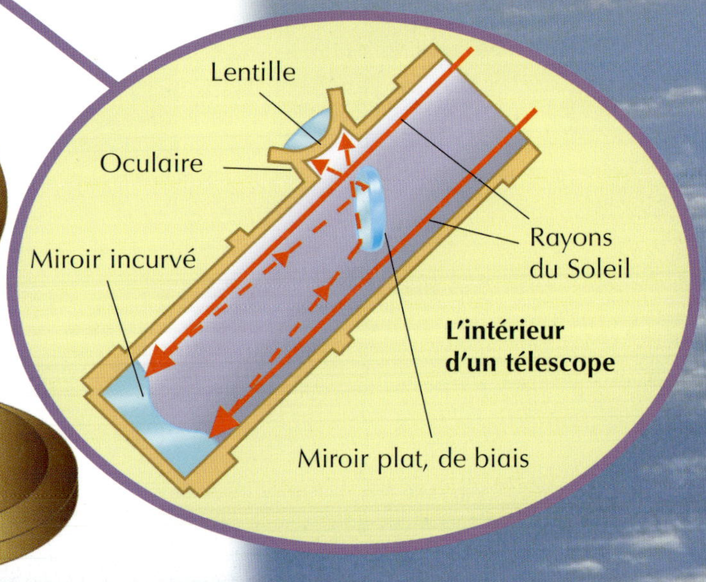

L'intérieur d'un télescope

1969 Premier vaisseau spatial sur la Lune | 1971 Envoi de la première station spatiale | 1981 Premier vol de la navette spatiale | 1983 Première sonde à quitter le système solaire | 1990 Lancement du premier télescope spatial

Qu'est-ce qu'un radiotélescope?

Un radiotélescope relié à des ordinateurs capte les ondes radio émises par des objets éloignés dans l'espace et en crée une image. Les objets spatiaux comme les trous noirs et les galaxies émettent aussi des rayons gamma, infrarouges, ultraviolets et des rayons X, que l'on ne voit pas. Des télescopes spéciaux savent les détecter. L'atmosphère bloquant la majorité de ces ondes, on les repère surtout à partir de satellites en orbite autour de la Terre.

CI-DESSUS Le radiotélescope d'Arecibo, à Porto Rico, a une seule antenne géante. Elle capte les ondes radio de l'espace et les dirige vers un récepteur.

CI-DESSUS Le télescope spatial *Hubble*

Quel est le rôle du télescope *Hubble*?

En 1990, l'immense télescope *Hubble* est lancé à 600 km dans l'espace; il est toujours en orbite autour de la Terre. S'il fonctionne comme les télescopes terrestres, il fournit néanmoins des images beaucoup plus claires : comme il est positionné au-delà de l'atmosphère, il peut prendre des photographies précises de l'Univers à plus de 12 milliards d'années-lumière. Il permet ainsi aux astronomes de faire des découvertes incroyables sur les trous noirs et la vie des étoiles.

À DROITE Une galaxie spiralée vue par *Hubble*

Les fusées

À GAUCHE Les fusées transportent dans l'espace des astronautes, des satellites ou de l'équipement.

La tour de lancement soutient la fusée jusqu'à son décollage.

Quand apparut la première fusée?

Il y a mille ans, les Chinois fabriquent les premières fusées à la poudre de canon (issue de feux d'artifice ou d'armes). En 1926, le scientifique américain Robert Goddard conçoit une fusée réglable à propulsion liquide, utilisant un mélange d'essence et d'oxygène.

Qu'est-ce qu'une fusée spatiale?

Une fusée spatiale est un moteur à grande vitesse de forme cylindrique, assez puissant pour surmonter la force de l'attraction terrestre et transporter des objets dans l'espace. Elle consomme d'énormes quantités de combustible qui, en brûlant, produisent un jet de gaz chauds la faisant décoller. La première fusée à atteindre l'espace est une arme inventée par l'ingénieur allemand Wernher von Braun en 1942.

CI-DESSOUS Dès 1944, le missile *V2* de von Braun, sans pilote, bombarde la Grande-Bretagne.

Comment vole une fusée ?

Si tu gonfles un ballon et que tu le lâches sans le nouer, il est propulsé par le jet d'air qui s'en échappe. C'est le même principe pour une fusée dans l'espace. Son moteur brûle un combustible contenant de l'oxygène liquide pour produire un jet puissant de gaz très chauds. Ils jaillissent sous la fusée et la propulsent très vite dans les airs.

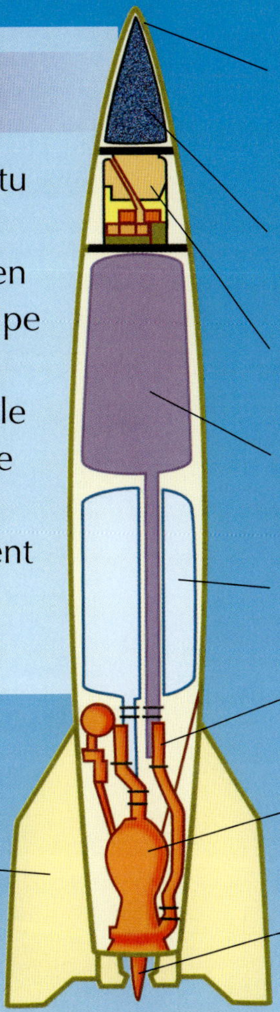

LE SAIS-TU ?
Le vaisseau américain *Apollo* est lancé vers la Lune par l'imposante fusée *Saturn V* : haute comme un immeuble de 30 étages et aussi puissante que 150 avions gros-porteurs.

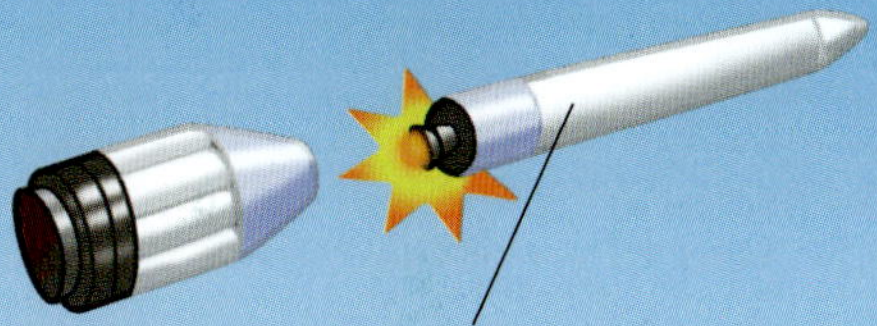

Le 3e étage transporte la charge à mettre en orbite. Une fois le satellite ou le vaisseau spatial lancé, le travail de la fusée est terminé.

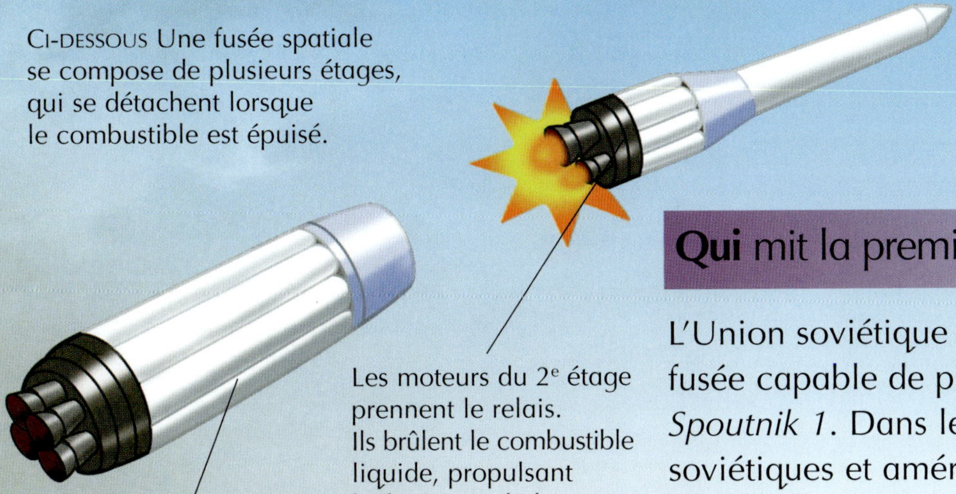

CI-DESSOUS Une fusée spatiale se compose de plusieurs étages, qui se détachent lorsque le combustible est épuisé.

Les moteurs du 2e étage prennent le relais. Ils brûlent le combustible liquide, propulsant la fusée vers le haut.

Le 1er étage renferme les propulseurs à carburant solide, qui servent au décollage.

Qui mit la première fusée en orbite ?

L'Union soviétique lance en 1957 la première fusée capable de placer un objet en orbite : *Spoutnik 1*. Dans les années 1960, les scientifiques soviétiques et américains mettent au point des fusées à plusieurs étages. Elles mettent en orbite autour de la Terre des vaisseaux spatiaux habités. Chaque étage ou dispose d'un moteur et d'un réservoir de combustible et d'oxygène, pour voyager plus avant dans l'espace.

Les satellites

LE SAIS-TU ?

Les vieux satellites et les débris de fusées flottent à la dérive dans l'espace. Selon les scientifiques, 70 000 déchets spatiaux sont en orbite autour de la Terre.

Quand fut lancé le premier satellite?

Un satellite désigne tout objet qui orbite, ou tourne, autour d'un objet plus grand dans l'espace, comme la Lune en orbite autour de la Terre. Le premier satellite artificiel, *Spoutnik 1*, est créé par les Soviétiques en 1957. Une fois en orbite, il mesure la température de l'atmosphère terrestre et renvoie les informations par signaux radio.

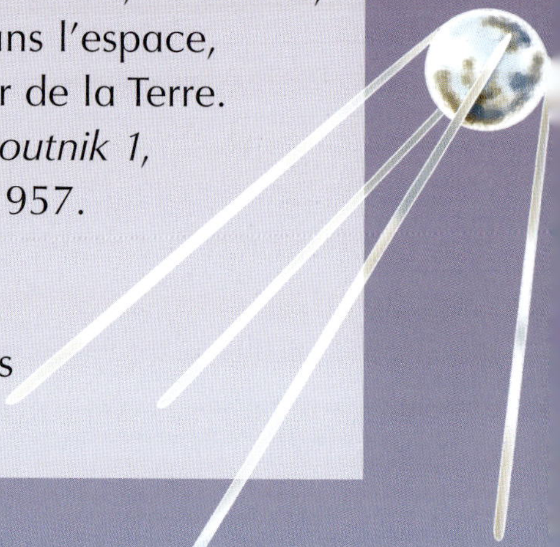

CI-DESSUS Le satellite *Spoutnik 1*

CI-DESSOUS La vitesse du satellite en mouvement compense la force de gravitation terrestre afin de le maintenir en orbite.

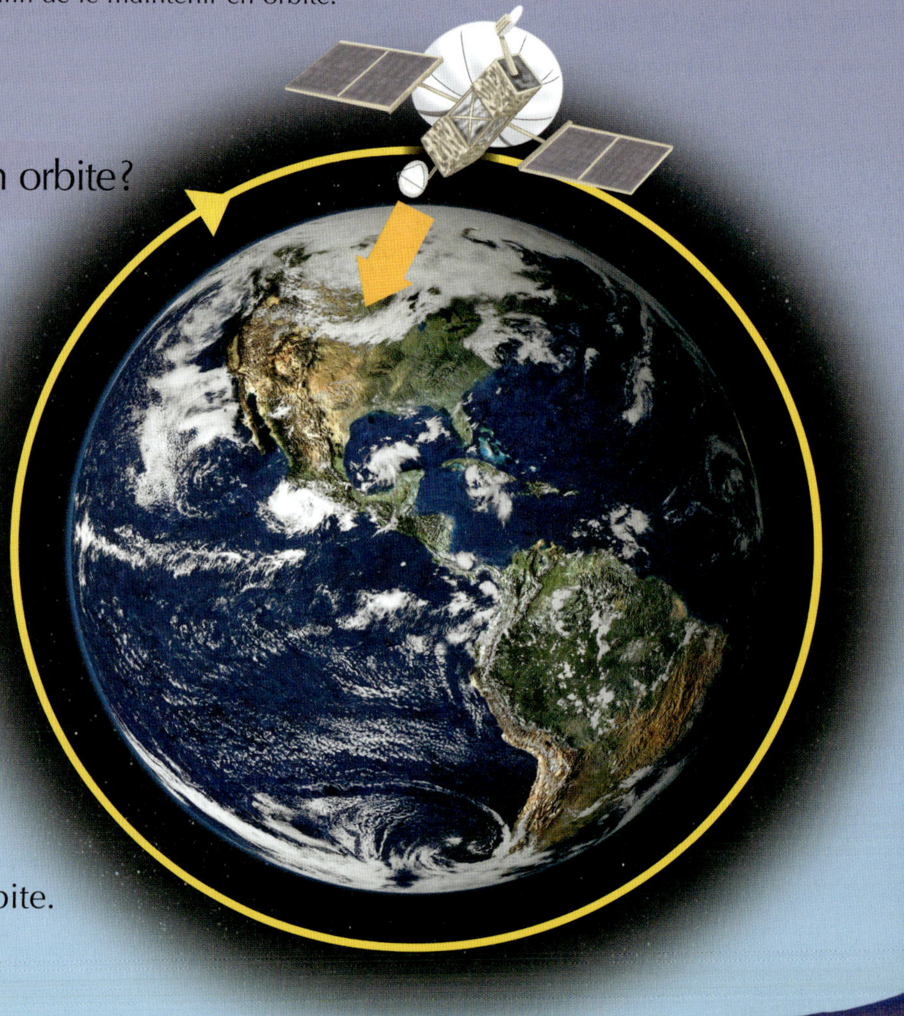

Pourquoi les satellites restent en orbite?

La plupart des satellites suivent des orbites circulaires à quelques centaines de kilomètres au-dessus de la Terre. Pourtant, ils sont en permanence attirés vers le centre de la Terre du fait de la pesanteur – presque aussi forte à cette distance qu'à la surface du globe. Mais, en raison de leur vitesse de déplacement et de la courbure de la Terre, ils orbitent à la même hauteur. Même à des milliers de kilomètres, un satellite se maintient ainsi en orbite.

1969 Premier vaisseau spatial sur la Lune | **1971** Envoi de la première station spatiale | **1981** Premier vol de la navette spatiale | **1983** Première sonde à quitter le système solaire | **1990** Lancement du premier télescope spatial

Qu'est-ce qu'un satellite?

La plupart des satellites sont équipés de panneaux solaires, qui convertissent la lumière du Soleil en électricité. Celle-ci alimente les propulseurs qui font avancer le satellite. Des capteurs vérifient leur bonne orientation. L'électricité alimente également les récepteurs et les émetteurs radio pour les échanges avec les stations terriennes, ainsi que les instruments spécifiques à la mission.

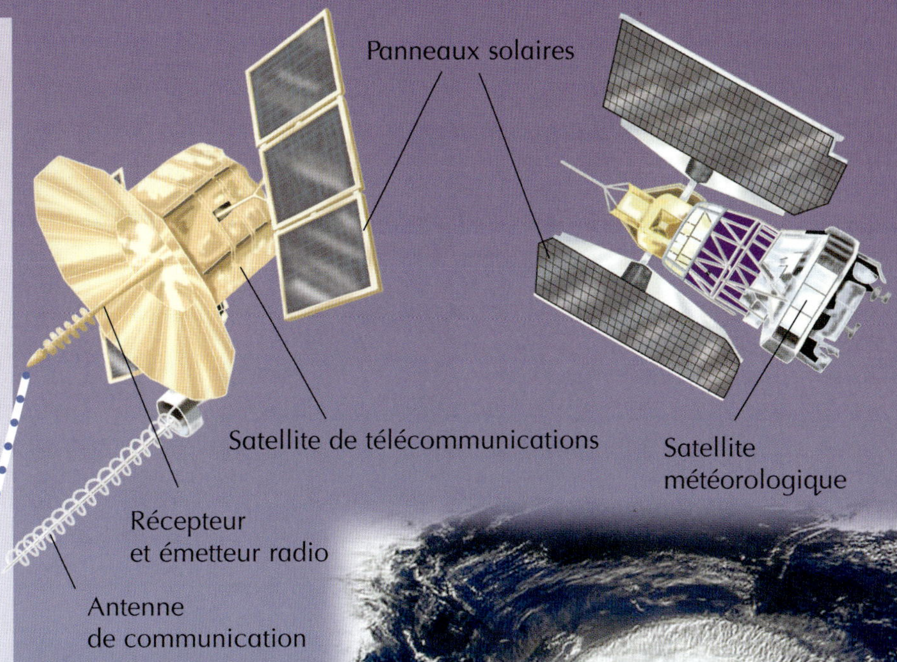

À DROITE Les appareils embarqués sur un satellite météorologique photographient les formations nuageuses, comme cet ouragan. Ces images sont envoyées aux stations météos sur terre.

CI-DESSOUS Les stations terriennes émettent et reçoivent des signaux grâce à des antennes paraboliques orientées vers les satellites spatiaux.

À quoi sert un satellite?

Dans l'espace, plusieurs types de satellites remplissent des missions spécifiques. Il y a les satellites météorologiques et ceux de télécommunications, qui transmettent des signaux pour la télévision et le téléphone dans le monde entier. Certains envoient des photographies, pour réaliser des cartes. D'autres donnent des informations sur la Terre et l'Univers, pour la recherche scientifique. Les satellites de navigation aident à se repérer en localisant un point du globe avec précision.

Les vaisseaux spatiaux

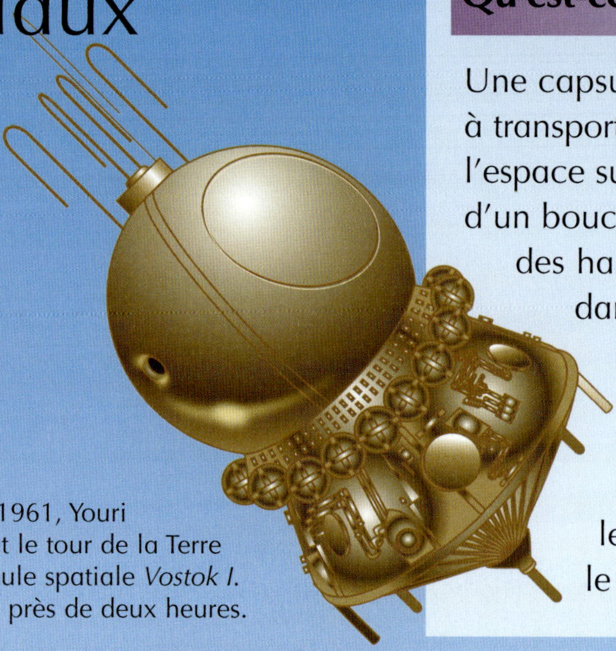

À DROITE En 1961, Youri Gagarine fait le tour de la Terre dans la capsule spatiale *Vostok I*. Son vol dure près de deux heures.

Qu'est-ce qu'une capsule spatiale?

Une capsule spatiale est un engin destiné à transporter des astronautes. Elle est lancée dans l'espace sur une fusée. Pour le retour, elle est équipée d'un bouclier thermique, qui protège les astronautes des hautes températures lorsqu'ils entrent dans l'atmosphère terrestre à grande vitesse. La capsule est équipée de parachutes pour ralentir avant d'atterrir ou d'amerrir. L'Union soviétique lance la première capsule en 1961, avec à son bord le cosmonaute Youri Gagarine. Il est le premier à admirer la Terre depuis l'espace.

Qui fit le premier pas sur la Lune?

En 1969, le vaisseau spatial *Apollo 11* emporte des astronautes américains jusqu'à la Lune. Neil Armstrong et Edwin « Buzz » Aldrin quittent le vaisseau en orbite autour de la Lune et se posent sur l'astre dans un petit module.

CI-DESSOUS Armstrong et Aldrin sont les premiers humains à marcher sur la Lune.

LE SAIS-TU ?

Les astronautes des navettes spatiales revêtent une combinaison de protection spéciale pour sortir dans l'espace. Ils les portent lorsqu'ils réparent les satellites ou le télescope spatial *Hubble*.

1969	1971	1981	1983	1990
Premier vaisseau spatial sur la Lune	**Envoi de la première station spatiale**	**Premier vol de la navette spatiale**	**Première sonde à quitter le système solaire**	**Lancement du premier télescope spatial**

L'orbiteur de la navette emmène l'équipage et la cargaison dans l'espace, puis les ramène sur terre. Il effectue plusieurs missions.

Le réservoir extérieur se désintègre et ne peut être réutilisé.

Deux propulseurs d'appoint à carburant solide servant au décollage sont ensuite recyclés pour effectuer d'autres missions.

Pourquoi la navette spatiale fut inventée?

La navette spatiale se distingue des autres engins du fait qu'elle est réutilisable. Une capsule spatiale transportée par une fusée ne peut servir qu'à un seul voyage; mais une navette transporte astronautes et équipements scientifiques pour faire des recherches ou lancer des satellites, puis elle revient sur Terre et recommence. Les États-Unis lancent la première navette, *Columbia*, en 1981.

CI-DESSOUS La navette est lancée comme une fusée. Dans l'espace, elle se comporte comme un vaisseau spatial, avant d'atterrir sur Terre de la même façon qu'un avion.

Comment la navette spatiale peut-elle être réutilisée?

À chaque mission, la navette est équipée de nouveaux réservoirs de carburant. Deux propulseurs d'appoint à carburant solide font décoller l'orbiteur. Une fois le carburant épuisé, ils retombent en parachute dans l'océan, puis ils sont récupérés et réutilisés. Le réservoir de carburant liquide se détache plus tard et se désintègre dans l'atmosphère. La navette emmène les astronautes et les équipements en orbite autour de la Terre. À son retour, elle atterrit comme un avion géant.

Les stations spatiales

LE SAIS-TU ?
Une station spatiale est en apesanteur. Les astronautes doivent manger et boire en se servant dans des sacs spéciaux fermés, sinon leurs aliments se mettent à flotter autour d'eux !

Qui conçut la première station spatiale ?

En 1971, l'Union soviétique lance la première station spatiale, *Saliout 1*. Ce laboratoire de recherche est destiné à rester dans l'espace, en orbite autour de la terre. Trois cosmonautes la rejoignent dans le vaisseau spatial *Soyouz II*. Ils passent 22 jours à bord, ce qui constitue un séjour record dans l'espace. Au bout de cinq mois, la station se désintègre dans l'atmosphère en retombant sur Terre.

CI-DESSOUS *Soyouz II* s'arrime à *Saliout 1*.

Combien existe-il de stations spatiales ?

De 1971 à 1982, les Russes mettent en orbite avec succès six stations *Saliout*. Les Américains lancent *Skylab* en 1973. En 1986, les Russes lancent une très grande station, *Mir*. Depuis, toutes ces stations sont retombées sur Terre ou ont quitté leur orbite à la fin de leur mission.

À DROITE
La navette spatiale américaine *Atlantis* s'amarre à la station spatiale russe *Mir*.

Ci-dessus La *SSI* doit être achevée en 2010. Elle sera la plus grande station spatiale de l'histoire.

Quels sont les secrets de la *SSI*?

En 1998, plusieurs pays décident de collaborer à la construction de la *Station spatiale internationale* (*SSI*). Elle est composée de différents modules assemblés dans l'espace. Ses immenses panneaux solaires en forme d'ailes captent l'énergie du Soleil pour faire fonctionner tous les appareils à bord. Un générateur fournit de l'oxygène aux astronautes pour respirer et ils disposent d'un appareil pour purifier l'eau. Le vaisseau spatial qui amène équipages, provisions et équipements est relié à la *SSI* par des sas d'amarrage.

À droite Les scientifiques de différents pays font des expériences dans les laboratoires de recherche de la *Station spatiale internationale*.

Ci-dessous Un astronaute « marche dans l'espace ».

À quoi sert une station spatiale?

Les astronautes mènent des recherches scientifiques dans des laboratoires à bord des stations spatiales. Depuis l'espace, il est plus facile d'étudier l'Univers et les phénomènes météorologiques. Certains étudient les effets de l'apesanteur sur le corps humain : les astronautes et les objets flottent à l'intérieur de la station. D'autres testent des matériaux qui serviront peut-être un jour à fabriquer des navettes afin de rallier d'autres planètes, comme Mars.

Les sondes spatiales

Qui mit au point la sonde spatiale?

En 1959, les Russes lancent la première sonde spatiale, *Lounik 1* ; mais elle n'atteint pas son objectif, la Lune. Une sonde spatiale est un vaisseau non habité envoyé très loin dans l'espace afin de recueillir des informations sur les planètes, en les observant depuis leur orbite ou en explorant leur surface. En 1962, la sonde américaine *Mariner 2* parvient à proximité de Vénus.

Vénus

À DROITE La sonde spatiale *Mariner 2* enquête sur la planète Vénus.

À quoi servent les sondes?

Les sondes spatiales regorgent d'équipements technologiques et d'instruments scientifiques pour collecter des données sur les planètes lointaines. Lorsque la sonde atteint la planète ciblée, les appareils se mettent en marche : ils photographient, mesurent et rassemblent des données pour réaliser des cartes, qu'ils envoient à la Terre. Toutes les planètes de notre système solaire ont désormais été explorées à l'aide de sondes.

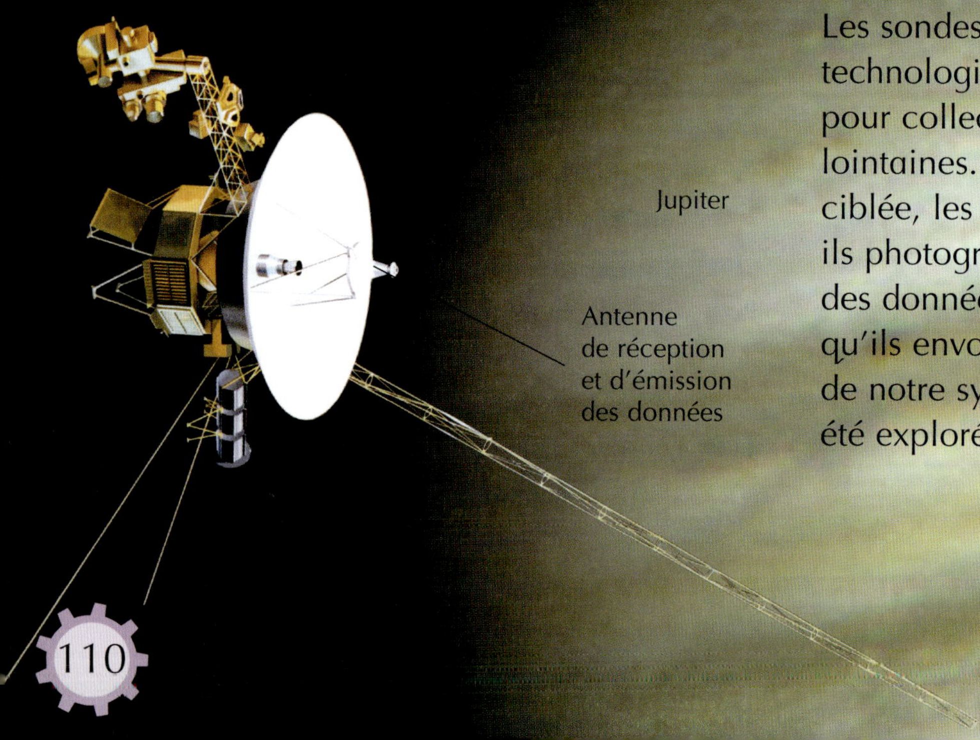

À GAUCHE La sonde *Voyager 2* est la seule à être passée près de quatre planètes : Jupiter, Saturne, Uranus et Neptune.

1969 **Premier vaisseau spatial sur la Lune**

1971 **Envoi de la première station spatiale**

1981 **Premier vol de la navette spatiale**

1983 **Première sonde à quitter le système solaire**

1990 **Lancement du premier télescope spatial**

Qu'est-ce que la sonde *Cassini-Huygens* ?

La sonde *Cassini-Huygens* est lancée en 1997 pour explorer la planète Saturne. Elle atteint son orbite en 2004. Le module *Cassini* entame une étude de Saturne – son atmosphère, ses anneaux et ses nombreuses lunes –, qui prendra fin quatre années plus tard. *Huygens*, module plus petit, se pose sur Titan, la plus grande lune de Saturne.

CI-DESSOUS La sonde *Cassini-Huygens* est l'une des plus grandes du monde. Elle a la taille d'un bus de trente places.

Neptune

Comment voyagent les sondes ?

La première sonde à quitter le système solaire est *Pioneer 10*, en 1983. Comme il n'y a pas d'astronautes à bord, les scientifiques peuvent prendre le risque d'envoyer ces sondes explorer des parties inconnues de l'Univers. Elles parcourent pendant des années des millions de kilomètres dans l'espace, à la recherche d'informations.

LE SAIS-TU ?

En janvier 2006, *Stardust* est la première sonde spatiale à recueillir et rapporter de la poussière d'une comète. Selon les savants, ces minuscules fragments sont âgés de 4,5 milliards d'années !

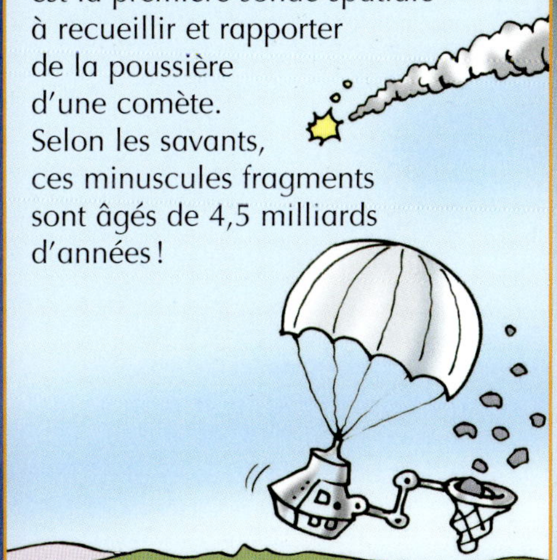

Uranus

L'ARMEMENT

Depuis l'invention des arcs et des flèches, les armes ont beaucoup évolué. Pour se défendre en cas de conflit, l'homme a mis au point des armements, des équipements et des machines, tels que les mitrailleuses et les missiles guidés au laser. Sais-tu quand fut inventé le gilet pare-balles et comment des bombes peuvent empêcher une inondation ? Découvre les chars de combat équipés de chenilles, les avions de guerre sans pilote, les immenses porte-avions et la technologie de pointe qui permet aux torpilles de localiser leur cible.

DATES CLÉS DE L'ARMEMENT

1400 av. J.-C. Premières armures pour soldats	**400 av. J.-C.** Invention de l'arbalète en bois	**1250 apr. J.-C.** Apparition de l'arc droit	**1350** Découverte des canons à main	**1500** Création des voiliers de guerre

Les arcs et les flèches

CI-DESSUS Le bras d'une catapulte romaine propulse des rochers.

À quoi servirent les premières armes?

Les armes servent d'abord à chasser. Vers 400000 av. J.-C., en Europe, l'homme taille des lances pointues en bois pour chasser les énormes mammouths. Vers 30000 av. J.-C., en Afrique, les chasseurs inventent l'arc et la flèche pour tuer des animaux hors de portée de leurs lances. L'une des premières armes de guerre est une catapulte géante, en bois, équipée d'une corde d'arc, qui projette des rochers au lieu de tirer des flèches. Vers 400 av. J.-C., les soldats grecs et romains étaient capables d'envoyer ces rochers sur les rangs ennemis à une distance de 300 m.

Où fut mis au point l'arc droit?

L'arc droit, ou arc long anglais, apparaît au pays de Galles, au XIIIe siècle. Plus longs et plus puissants que les arcs traditionnels, ces arcs peuvent tirer des flèches jusqu'à 200 m. Au cours des batailles, les archers assaillent leurs ennemis d'une pluie de flèches.

À GAUCHE Un archer tire avec la réplique d'un arc droit en bois aussi grand que lui.

1624
Test du premier sous-marin

1915
Mise en service de l'avion de chasse spécialisé

1916
Conception du char de combat

1945
Utilisation de la bombe atomique

1981
Lancement de l'avion furtif

LE SAIS-TU ?
Au cours d'une bataille, lorsque les flèches pleuvent, les soldats romains forment une carapace avec leurs boucliers pour se protéger. Cette tactique s'appelle « la tortue ».

Quand fut inventée l'arbalète ?

Les premières arbalètes, en bois, sont fabriquées en Grèce vers 400 av. J.-C. Pour tirer, les arbalétriers posent une extrémité de l'arme sur le sol. Depuis le XVe siècle, l'arbalète s'épaule comme un fusil. Les arbalètes modernes sont souvent conçues en fibre de verre et elles tirent des flèches en aluminium, appelées des carreaux.

À DROITE L'arbalète est une arme puissante de grande portée.

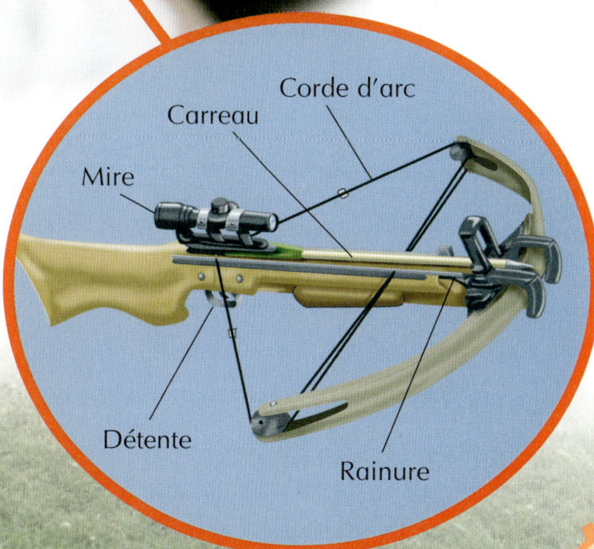

Quel est le principe d'une arbalète ?

Une arbalète fonctionne comme un arc à l'horizontale. Lorsque la corde est tendue vers l'arrière, elle emmagasine de l'énergie, afin de propulser le carreau. Une fois la corde tendue et verrouillée, l'arbalétrier place le carreau dans la rainure. Puis il regarde dans la mire pour viser et presse la détente pour libérer la corde, qui propulse le carreau sur la cible.

DATES CLÉS DE L'ARMEMENT

- **1400 av. J.-C.** Premières armures pour soldats
- **400 av. J.-C.** Invention de l'arbalète en bois
- **1250 apr. J.-C.** Apparition de l'arc droit
- **1350** Découverte des canons à main
- **1500** Création des voiliers de guerre

Les armes à feu

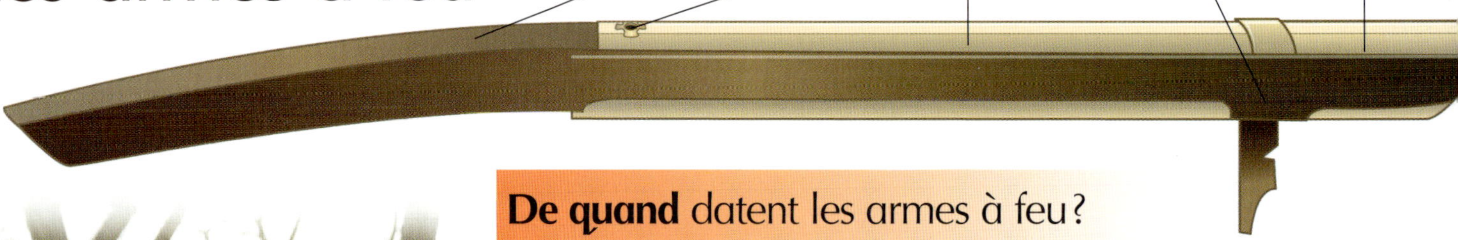

De quand datent les armes à feu ?

Les premiers fusils, appelés canons à main, apparaissent en Europe vers 1350 – après la découverte de la poudre à canon en Chine en 950 apr. J.-C. Bien que transportables, ces armes se révèlent néanmoins lourdes et peu maniables car il faut poser la bouche du canon sur un support pour tirer. On les charge en mettant de la poudre dans le canon, puis en poussant à l'intérieur une pierre ronde ou une bille de plomb. Le soldat allume la poudre en insérant un fil chauffé dans l'ouverture du canon, appelée la lumière, ce qui fait jaillir le projectile.

Qu'est-ce qu'un fusil ?

Un fusil est une arme à feu au canon allongé que l'on appuie sur son épaule pour tirer. Les rayures en spirale gravées à l'intérieur du canon font tourner la balle et lui donnent une trajectoire plus stable. Le fusil est inventé au XVe siècle. L'idée de rayer l'intérieur du canon provient des archers qui tordent les plumes à l'extrémité de leurs flèches pour mieux atteindre leur cible.

À GAUCHE Les fusils sont d'abord réservés à l'usage militaire. De nos jours, ils servent à la chasse et aux compétitions de tir.

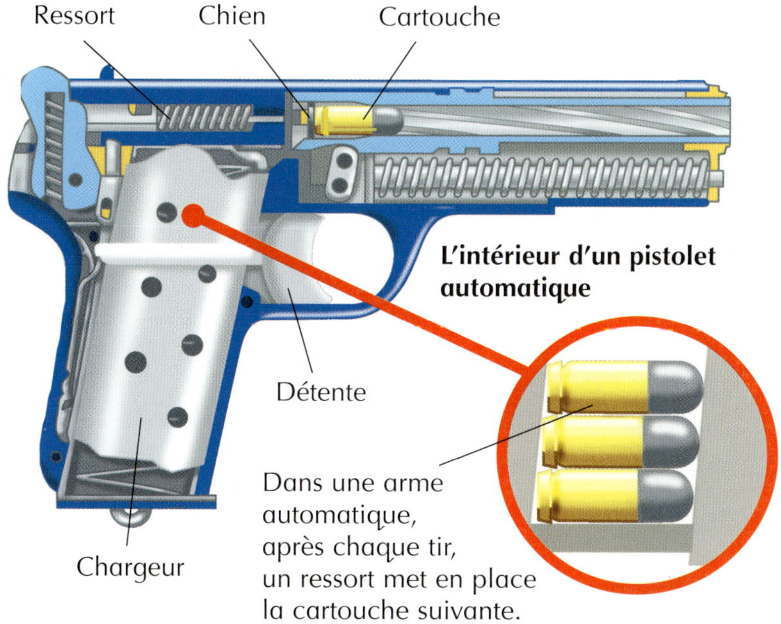

L'intérieur d'un pistolet automatique

Comment fonctionne une arme à feu ?

Les armes à feu comme ce pistolet automatique tirent plusieurs cartouches stockées dans un chargeur amovible. Une cartouche est une capsule contenant la balle et la poudre explosive. Lorsque l'on presse la détente, cela libère un ressort, qui propulse un chien qui, à son tour, vient heurter, tel un marteau, la partie de la cartouche contenant la poudre. Celle-ci s'enflamme, explose et fait jaillir la balle à grande vitesse.

Qui fut l'inventeur de la mitrailleuse ?

La mitrailleuse refroidie à l'eau est conçue en 1884 par Hiram Maxim aux États-Unis. Son innovation bouleverse le déroulement de la Première Guerre mondiale. Cette arme meurtrière exploite l'énergie du recul consécutive au tir pour éjecter la cartouche utilisée et charger la suivante. Comme elle se recharge automatiquement, les soldats peuvent tirer des balles en continu en gardant le doigt sur la détente. Une mitrailleuse est généralement alimentée par une longue chaîne de munitions, appelée le ceinturon. Une fois la balle tirée, la cartouche vide tombe par terre.

LE SAIS-TU ?

Les pistolets à impulsion électrique permettent aux policiers de maîtriser les suspects en leur administrant une décharge électrique. Mais ils sont parfois mortels…

Les armures

LE SAIS-TU ?
L'armure d'un chevalier est très lourde (30 kg environ) et donne souvent extrêmement chaud au combattant qui la revêt.

Dans quel but l'armure fut-elle créée?

Dès l'Antiquité, les soldats portent des armures pour se protéger des coups d'épées, de lances et de flèches. À partir de 1110 av. J.-C., les soldats chinois utilisent des armures en épaisse peau de rhinocéros. Au XIVe siècle, les chevaliers du Moyen Âge, en Europe, portent des casques en métal et de lourdes armures constituées de plaques métalliques modelées, fixées à l'aide de lacets de cuir ou de boucles. Les espaces entre les plaques sont protégés par une cotte de mailles, un vêtement formé de centaines de petits anneaux métalliques.

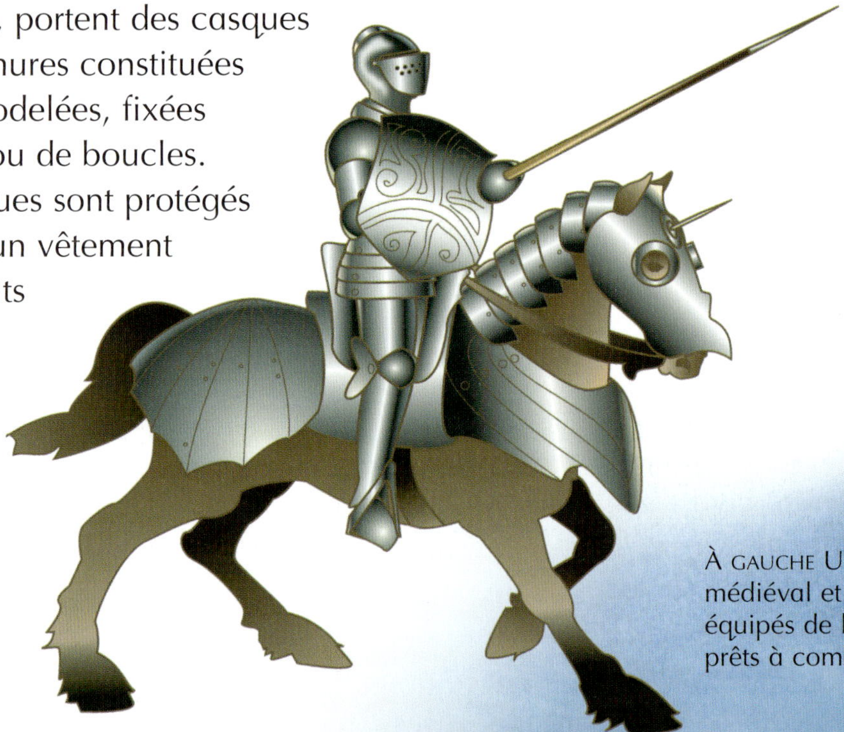

À GAUCHE Un chevalier médiéval et son cheval équipés de leurs armures, prêts à combattre.

CI-DESSOUS Les balles sont aplaties et ralenties en traversant les couches du gilet pare-balles, renforcé par des plaques de métal ou de céramique.

Quand fut conçu le gilet pare-balles?

L'armure corporelle est lourde et encombrante. Mais, en 1971, l'industrie chimique DuPont met au point un matériau spécial, le Kevlar, une sorte de plastique souple, cinq fois plus résistant que l'acier. Il est utilisé pour fabriquer les gilets pare-balles qui protègent policiers et soldats des coups de couteau et des tirs. Si cela leur évite de tomber sous les balles, leur impact engendre tout de même quelques hématomes.

Comment se protège-t-on des attaques chimiques?

Les soldats revêtent des combinaisons spéciales pour se protéger des attaques chimiques ou biologiques, ou de gaz toxiques. Ces combinaisons couvrent tout le corps et elles sont fabriquées dans un matériau léger qui empêche l'infiltration de produits chimiques ou de gaz. Les soldats doivent aussi porter un masque antigaz : l'air qu'ils respirent est ainsi débarrassé des émanations dangereuses.

À GAUCHE En cas de menace d'attaque chimique ou biologique, les soldats disposent de combinaisons de protection complètes.

CI-DESSOUS Après un attentat, des pompiers de l'armée de l'Air en combinaison ignifugée tentent d'éteindre un avion en feu.

Qu'est-ce qu'une combinaison ignifugée?

Les combinaisons ignifugées (résistantes au feu) sont conçues pour protéger ceux qui luttent de près contre les incendies. Couvrant tout le corps, elles empêchent les flammes et la chaleur de brûler la peau. Un masque protège le visage des fumées et des vapeurs. Ces vêtements parfois encombrants compliquent toutefois la tâche des pompiers qui doivent grimper sur des échelles, porter des blessés et tenir de lourds tuyaux.

Les bombes

Qu'est-ce qu'une bombe?

Une bombe est un contenant empli de matière explosive et doté d'un dispositif (un détonateur ou une amorce), pour la déclencher. Larguée par avion, elle explose en touchant le sol. L'Autriche largue les premières bombes aériennes depuis des montgolfières sans pilote, en 1849. Plus de 50 ans après, durant la Première Guerre mondiale, les forces allemandes bombardent l'Angleterre depuis des dirigeables zeppelin.

CI-DESSUS Les bombardiers zeppelin ratent souvent leurs cibles militaires.

CI-DESSOUS Les missiles modernes sont guidés pour atteindre des cibles précises.

Quand furent inventés les missiles guidés?

À la fin de la Seconde Guerre mondiale, l'Allemagne utilise des missiles V2. Le V2 monte jusqu'à la limite de l'atmosphère avec l'espace, puis il coupe son moteur et retombe en poursuivant sa trajectoire. Les missiles guidés ressemblent à de petits avions sans pilote. Un ordinateur de bord les dirige vers leur cible. Depuis les années 1960, on produit des lance-missiles mobiles et de petite taille. Grâce à des capteurs infrarouges, le missile détecte la chaleur du moteur de l'avion ennemi, qu'il suit pour l'abattre.

Qui conçut la bombe atomique?

Durant la Seconde Guerre mondiale, une équipe de savants américains et britanniques crée une bombe atomique, sous la direction de J. Robert Oppenheimer, physicien nucléaire américain. La première bombe atomique est larguée sur la ville japonaise d'Hiroshima le 6 août 1945, tuant 80000 personnes. Trois jours plus tard, une seconde touche Nagasaki, faisant environ 70000 morts. Des dizaines de milliers d'habitants de ces deux villes mourront plus tard de cancers et de maladies engendrées par les radiations. Cette arme de destruction massive met fin à la guerre, mais à quel prix…

À DROITE Un nuage en forme de champignon se forme après l'explosion d'une bombe atomique.

LE SAIS-TU ?
On largue parfois des bombes sur les barrages de glace qui bloquent les fleuves en hiver afin d'empêcher d'éventuelles inondations.

Quel est le mécanisme d'une bombe?

Les bombes intelligentes, notamment guidées au laser, sont conçues pour frapper précisément et réduire ainsi le risque de tuer des civils. Les pilotes de l'avion bombardier ou des soldats au sol projettent un rayon laser sur la cible pour guider les missiles vers la bonne destination. Une fois le laser positionné, le missile peut localiser sa cible et même suivre une cible en mouvement.

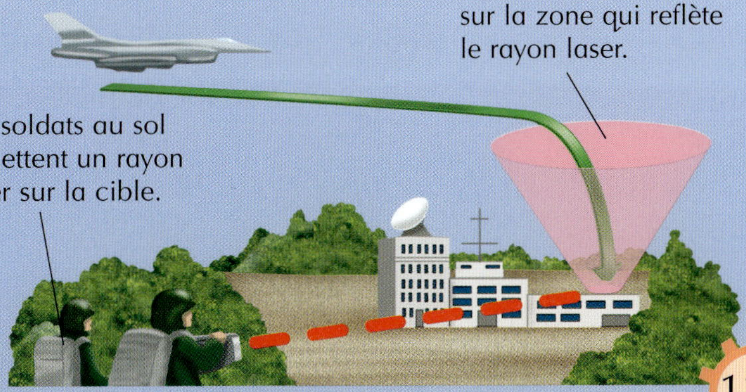

Les chars

LE SAIS-TU ?
Dans les premiers chars, les soldats étaient tellement secoués qu'ils devaient porter des vêtements rembourrés pour ne pas être blessés.

Quand apparurent les chars blindés ?

En 1916, durant la Première Guerre mondiale, les Britanniques mettent au point une arme secrète : le char de combat. Les ouvriers qui les fabriquent croient produire des véhicules destinés à approvisionner l'armée en eau et ils les surnomment *tanks*, qui signifie « citernes ». Les premiers chars sont recouverts de plaques de fer assemblées par des rivets et équipés de moteurs de tracteurs, très lents. Grâce à leurs chenilles, ces lourds véhicules blindés, dotés de puissants fusils, peuvent rouler en terrain accidenté.

CI-DESSUS Le premier char est appelé le « mille-pattes ».

À quoi servent les chars ?

Avec l'apparition de la mitrailleuse durant la Première Guerre mondiale, les fantassins (les soldats à pied) deviennent des cibles faciles. Les chars blindés sont donc destinés à combattre cette nouvelle arme meurtrière. L'équipage d'un char peut évoluer en sécurité en territoire ennemi, franchir les tranchées, écraser les barbelés et détruire les postes de mitrailleuses, ouvrant la voie aux fantassins qui le suivent.

À DROITE Les chenilles en métal peuvent franchir tous les obstacles.

Comment sont les chars modernes ?

Les chars de combat actuels sont des véhicules blindés, lourds, dotés de moteurs puissants. Ils roulent jusqu'à 100 km/h sur tous types de terrain. Un acier épais les protège des tirs et des mines ennemis ; ils sont assez robustes pour enfoncer des barricades. Ils sont équipés d'un canon puissant qui tire des missiles ou d'un lance-flammes qui envoie des jets de liquide enflammé.

CI-DESSOUS Les soldats avancent à l'abri des balles dans un VTT.

Que sont les VTT ?

Les Véhicules de transport de troupes (VTT) peuvent emmener jusqu'à dix soldats en zone de combat. Ces véhicules blindés légers et sécurisés traversent terrains accidentés et cours d'eau. La plupart ne sont armés que d'une mitrailleuse lourde, car ils ne sont pas destinés à l'attaque.

Le chargeur gère le canon principal et les communications radio.

Le canon principal tirant des missiles et la mitrailleuse sont fixés sur une tourelle pivotante.

Le conducteur est assis dans le char, sous la tourelle.

Les avions militaires

Quand apparut l'avion de combat ?

Le premier avion de combat, le Fokker E. I, apparaît en 1915. Construit par l'Allemagne durant la Première Guerre mondiale, il est armé de mitrailleuses. Il est conçu pour que les balles passent entre les pales en rotation de l'hélice. Le Fokker D. VII de 1918 se manœuvre bien mieux.

CI-DESSUS
Un avion de combat Fokker D. VII

LE SAIS-TU ?
Le plus gros bombardier du monde est le Boeing B-52 Stratofortress américain. Cet énorme avion longue distance possède huit turboréacteurs. Il peut transporter un chargement qui fait une fois et demie son poids.

À quoi sert un avion de combat ?

Les avions de chasse sont destinés à attaquer d'autres avions dans les airs et les bombardiers à tirer sur des cibles au sol. Durant la Seconde Guerre mondiale, le puissant Spitfire britannique et le Messerschmidt à réaction allemand jouent un rôle déterminant dans les combats. Assez petits, les chasseurs actuels manœuvrent et changent de direction très rapidement. Les meilleurs dépassent la vitesse du son.

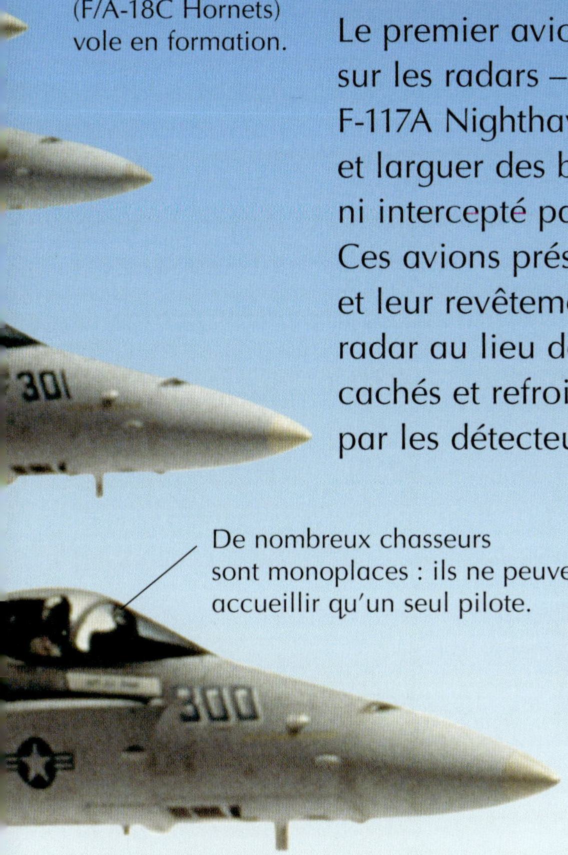

À GAUCHE Un groupe d'avions de chasse américains (F/A-18C Hornets) vole en formation.

De nombreux chasseurs sont monoplaces : ils ne peuvent accueillir qu'un seul pilote.

Un chasseur est souvent armé de missiles et utilise un radar pour localiser sa cible.

Quel est le secret de l'avion furtif?

Le premier avion furtif – invisible sur les radars – vole en 1981. Le Lockheed F-117A Nighthawk, américain, peut voler et larguer des bombes sans être détecté ni intercepté par les appareils ennemis. Ces avions présentent une forme aplatie et leur revêtement spécial absorbe les ondes radar au lieu de les réfléchir. Leurs moteurs cachés et refroidis ne sont pas repérés par les détecteurs de chaleur.

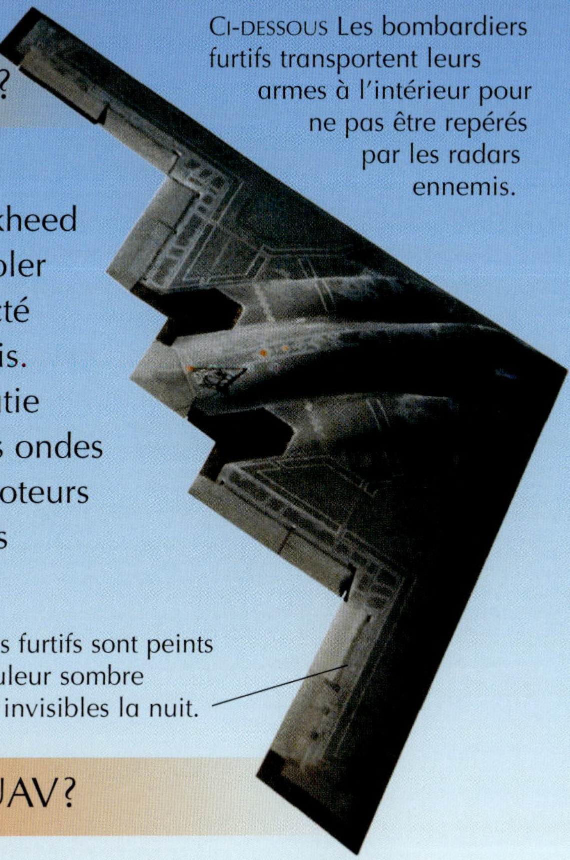

CI-DESSOUS Les bombardiers furtifs transportent leurs armes à l'intérieur pour ne pas être repérés par les radars ennemis.

Les avions furtifs sont peints d'une couleur sombre pour être invisibles la nuit.

Qu'est-ce qu'un UAV?

Les avions sans pilote (ou UAV, pour *Unmanned Aerial Vehicles*) sont des appareils militaires autonomes ou radiopilotés à distance depuis des stations au sol. Ils utilisent des cartes informatisées et la navigation par satellite pour atteindre leur cible. Dans les années 1950, les premiers UAV effectuent des missions de surveillance avec appareils photos, capteurs et systèmes de communication. Les engins actuels servent aussi au combat et transportent des bombes et des missiles.

À GAUCHE L'UAV américain Global Hawk est lancé dès 1998. Il peut voler 35 heures sans se réapprovisionner en carburant.

Les navires de guerre

CI-DESSUS Le navire de guerre *HMS Victory*

Quand le premier navire de guerre fut-il créé?

Les navires de guerre apparaissent vers 3000 av. J.-C. : ces galères voguent grâce à des dizaines de rameurs, mais aussi à des voiles. Au XVIIIe siècle, les navires de guerre sont en bois, avec le plus souvent trois grands mâts et des voiles carrées, tel le *HMS Victory* britannique de l'amiral Nelson. Ce « vaisseau de haut bord » de 1765 est armé de cent canons répartis sur trois ponts. Dès 1860, apparaissent les cuirassés, avec coques en acier et moteurs à vapeur.

Qu'est-ce qu'un cuirassé?

Avant l'apparition des porte-avions, les cuirassés sont les navires de guerre les plus imposants : 65 000 t, plus de 250 m de long et un équipage de 3 000 marins. Leurs immenses canons peuvent bombarder des cibles sur la côte ou des bateaux ennemis jusqu'à 40 km.

Un cuirassé américain fait feu de tous ses canons.

LE SAIS-TU ?
Le premier cuirassé, le *Warrior*, est conçu par la marine britannique en 1860. Sa coque en fer de 11,5 cm d'épaisseur le protège des boulets de canon.

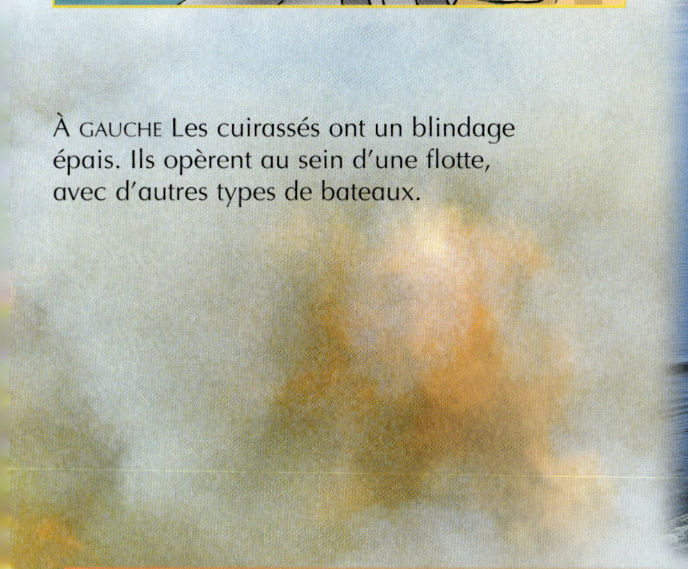

À GAUCHE Les cuirassés ont un blindage épais. Ils opèrent au sein d'une flotte, avec d'autres types de bateaux.

À quoi sert un porte-avions ?

En 1914, l'armée britannique conçoit des porte-avions pour transporter par mer des avions et du carburant. Aujourd'hui, ils fonctionnent comme d'énormes bases aériennes flottantes. Les avions de chasse décollent et atterrissent sur de courtes pistes, la tour de contrôle guide les pilotes et des mécaniciens entretiennent les avions.

CI-DESSOUS Les porte-avions actuels accueillent jusqu'à cent avions en même temps.

Quel est le secret d'un dragueur de mines ?

Les dragueurs de mines sont des navires qui détruisent, neutralisent ou enlèvent les mines explosives déposées en mer par l'ennemi. Certains remorquent un dispositif qui coupe les câbles d'un ancrage, pour les faire remonter à la surface et les détruire. D'autres utilisent un équipement qui émet des signaux et déclenche l'explosion. Ils sont aussi équipés de torpilles à courte portée pour détruire les mines.

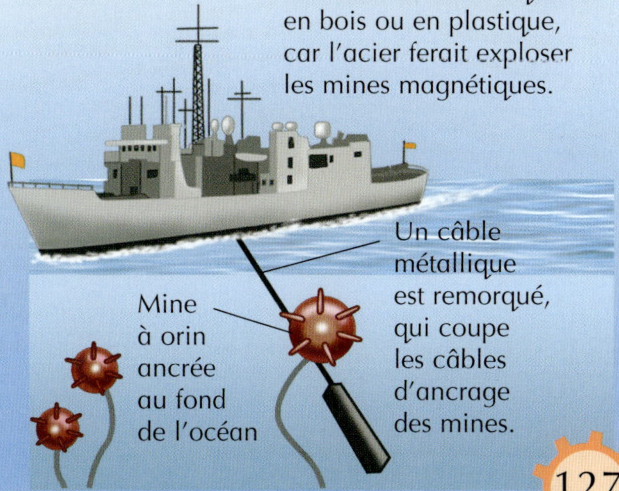

CI-DESSOUS Les dragueurs de mines ont des coques en bois ou en plastique, car l'acier ferait exploser les mines magnétiques.

Les sous-marins

À DROITE
Les sous-marins peuvent détruire des navires ou d'autres sous-marins.

Un sous-marin a une coque fuselée pour fendre l'eau facilement.

Quand le premier sous-marin fut-il créé?

Le premier sous-marin est conçu en 1624 pour le roi d'Angleterre Jacques Ier. Imaginée par le Hollandais Cornelius Drebbel, sa structure en bois est recouverte d'un cuir graissé étanche. Grâce à douze rameurs installés dans le vaisseau, il remonte le cours de la Tamise, à Londres. Des schnorkels, des tubes acheminant de l'air, émergent à la surface et permettent au sous-marin de demeurer plusieurs heures sous l'eau.

Quel est le secret du sous-marin?

Le premier sous-marin militaire moderne est équipé de moteurs Diesel et électriques. L'inventeur irlandais John P. Holland le met au point en 1901. Bien des sous-marins fonctionnent encore selon le même principe. En surface, le sous-marin est propulsé par un moteur Diesel qui actionne l'hélice. Pour les opérations sous l'eau, un moteur électrique prend le relais. Depuis 1954, de nombreux engins sont équipés de moteurs nucléaires. Ils peuvent ainsi rester sous l'eau pendant des mois sans avoir besoin de se ravitailler en carburant.

LE SAIS-TU ?
Les submersibles, petits sous-marins non militaires, servent notamment à explorer les épaves ou à étudier la vie sous-marine.

Comment fonctionne un sous-marin?

De nos jours, les sous-marins sont en acier pour résister à la forte pression de l'eau. Pour plonger, on remplit d'eau les ballasts, des réservoirs situés de chaque côté de la coque. Alourdi, le sous-marin coule. Pour refaire surface, de l'air comprimé est injecté dans les ballasts, qui chasse l'eau. Un sous-marin comprend deux ou trois étages divisés en de nombreuses salles, avec des fermetures étanches entre certaines, en cas de fuite dans la coque.

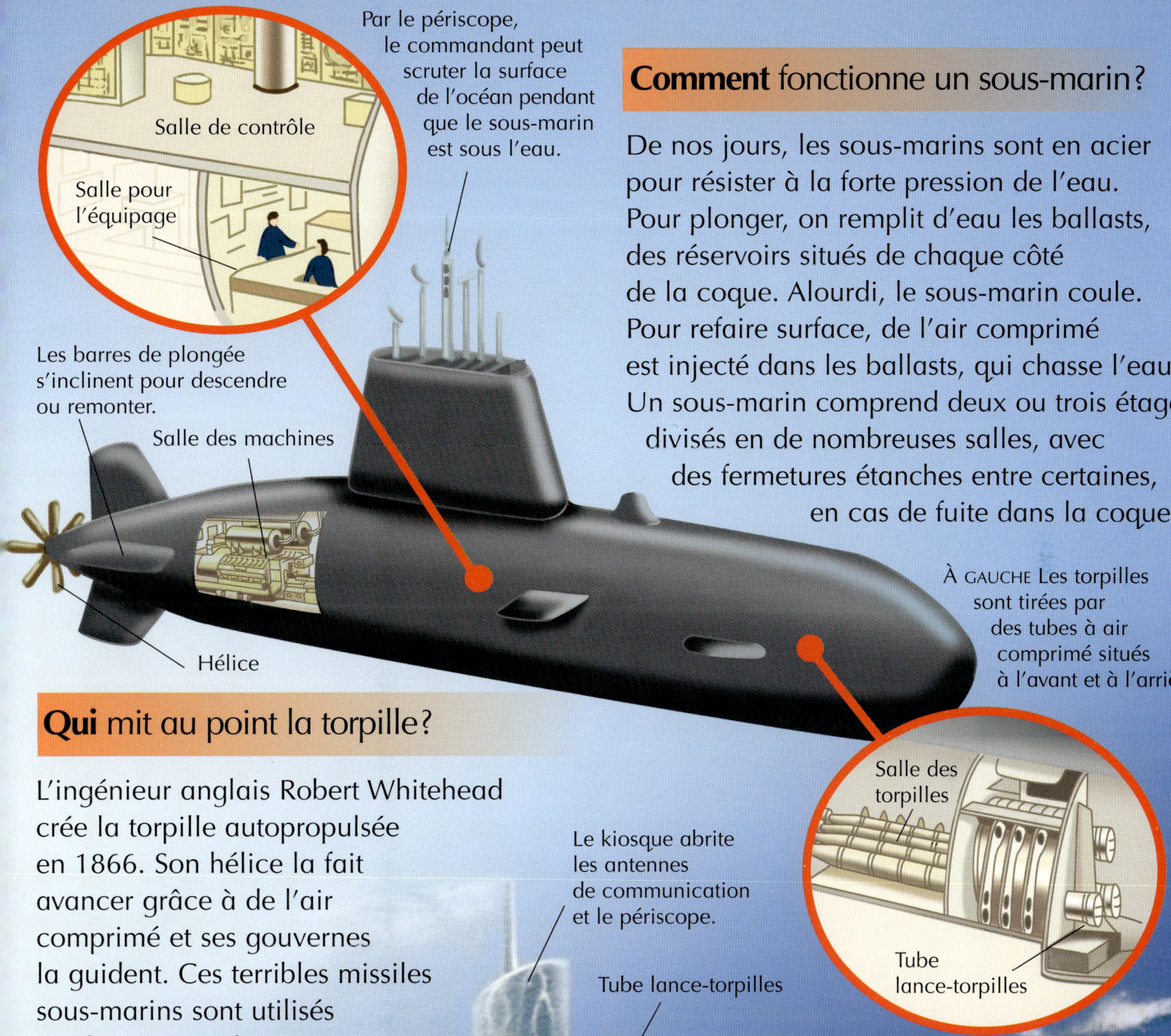

À GAUCHE Les torpilles sont tirées par des tubes à air comprimé situés à l'avant et à l'arrière.

Qui mit au point la torpille?

L'ingénieur anglais Robert Whitehead crée la torpille autopropulsée en 1866. Son hélice la fait avancer grâce à de l'air comprimé et ses gouvernes la guident. Ces terribles missiles sous-marins sont utilisés par les navires de guerre puis par les sous-marins pour couler les bateaux ennemis.

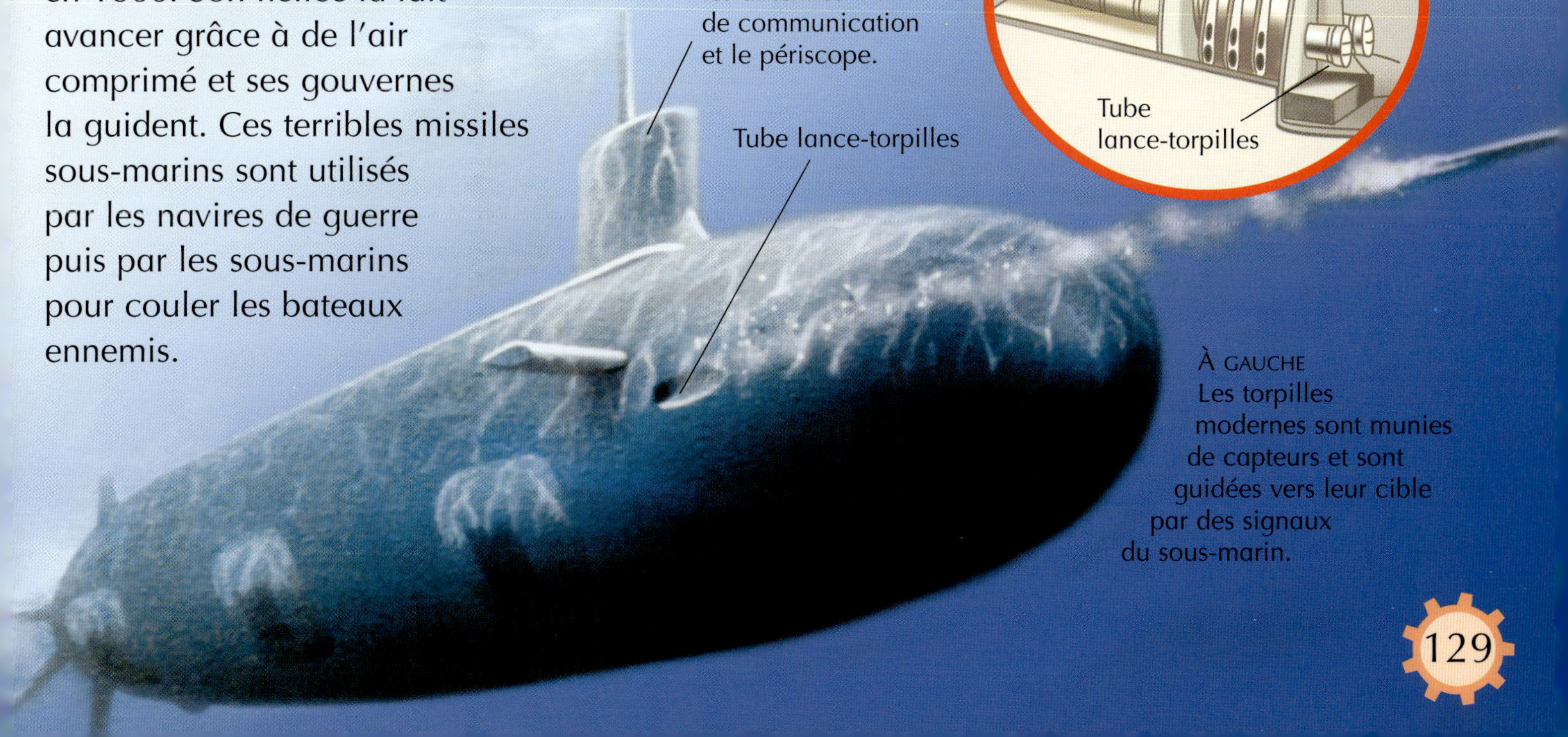

À GAUCHE Les torpilles modernes sont munies de capteurs et sont guidées vers leur cible par des signaux du sous-marin.

LA MÉDECINE

Les inventions contribuent largement à améliorer notre santé. Les microscopes grossissent une cellule du corps humain des centaines de milliers de fois et les vaccins aident à lutter contre de nombreuses maladies. Sais-tu qu'ils ont été mis au point avec l'aide d'une vache ? Découvre les premières lunettes de vue et l'équipement qu'une ambulance transporte pour les urgences. Viens voir comment fonctionnent les appareils de survie, qui imitent les battements du cœur, et les scanners qui font des images en 3D de l'intérieur du corps, et suis les chirurgiens qui se servent de caméras miniatures pour opérer.

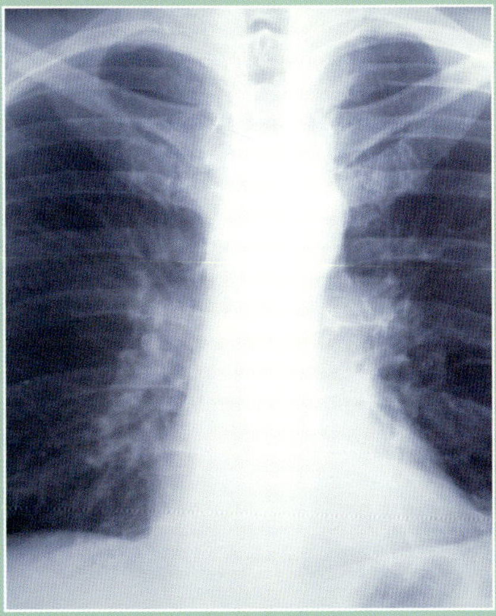

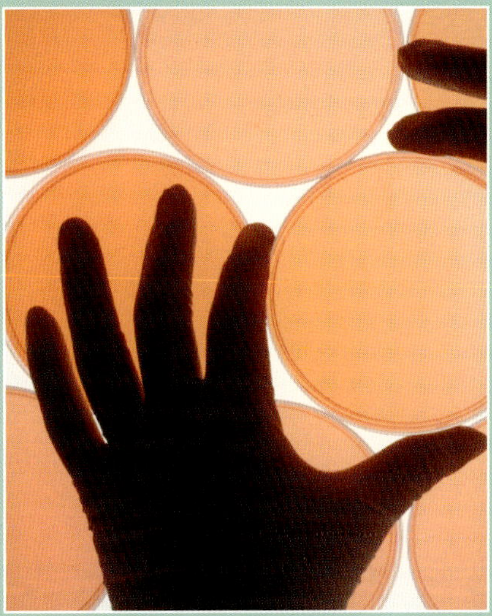

Les instruments médicaux

Qui inventa le stéthoscope?

Le médecin français René Laënnec a l'idée du stéthoscope en voyant des enfants jouer avec une planche de bois. Un enfant gratte la planche d'un côté et l'autre entend le bruit en plaçant son oreille de l'autre côté. Le premier stéthoscope de Laënnec, en 1816, est un simple tube creux en bois. Le médecin en place une extrémité sur la poitrine du patient et écoute le battement du cœur et la respiration à l'autre bout.

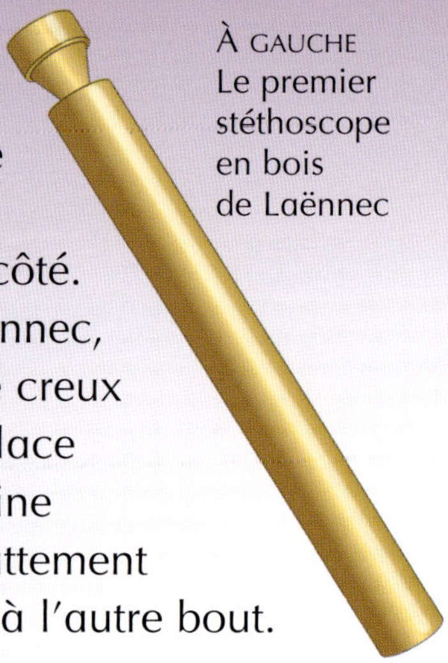

À GAUCHE Le premier stéthoscope en bois de Laënnec

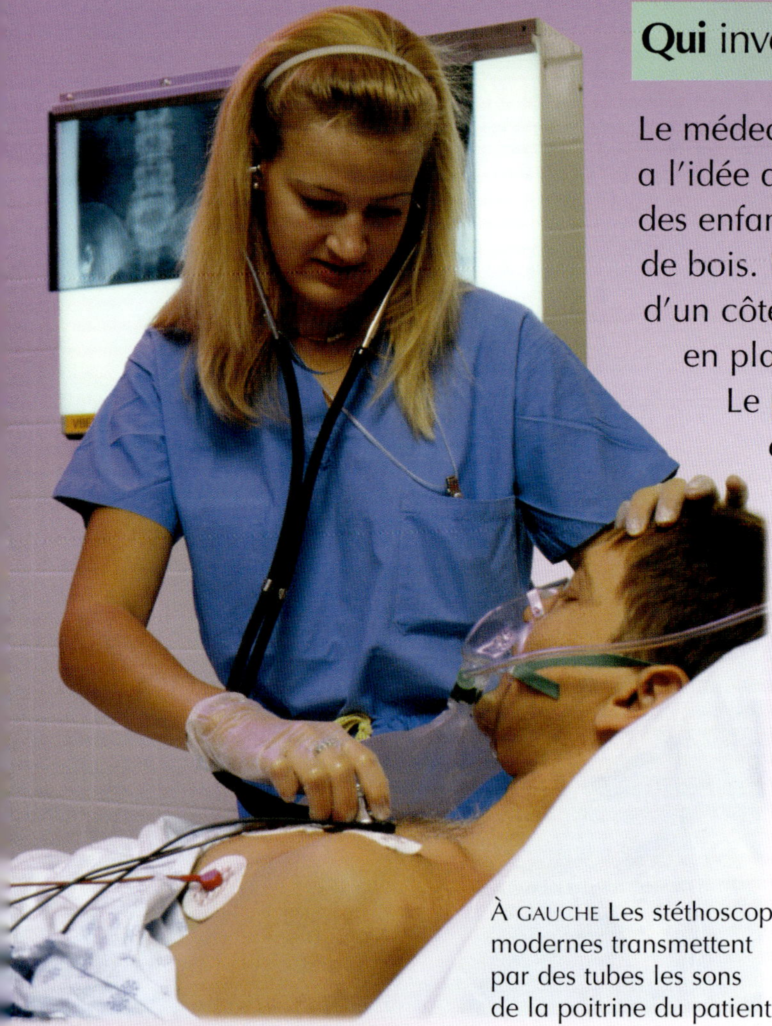

À GAUCHE Les stéthoscopes modernes transmettent par des tubes les sons de la poitrine du patient aux oreilles du médecin.

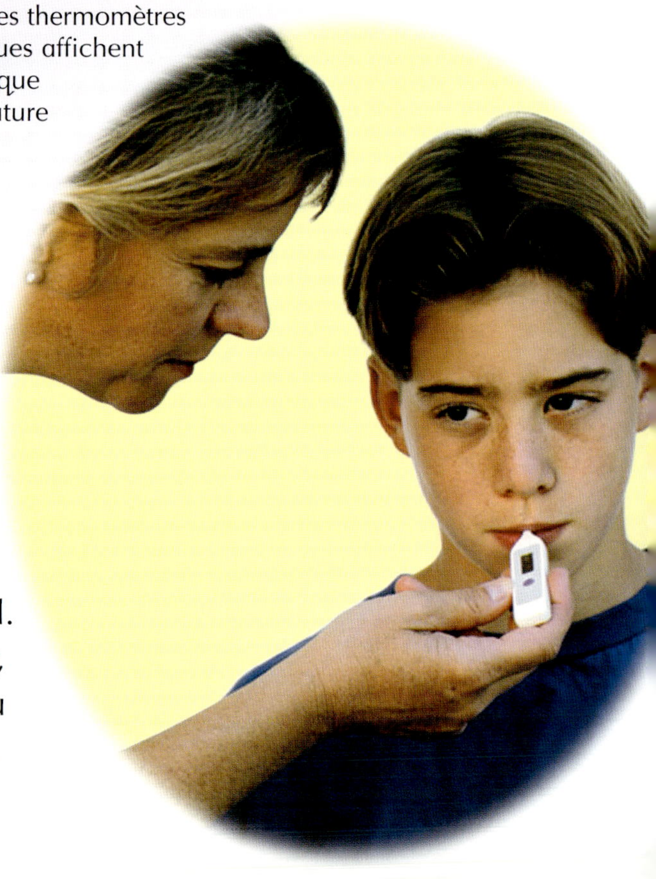

À DROITE Les thermomètres électroniques affichent en numérique la température du corps.

Quand apparut le thermomètre?

Le savant italien Galilée crée en 1592 un thermomètre pour mesurer la température. En 1714, le physicien allemand Gabriel Fahrenheit en invente un plus précis : il s'agit d'un tube en verre fermé contenant de l'alcool. Le liquide se dilate et monte sous l'effet de la chaleur, puis se contracte et descend une fois refroidi. Le niveau du liquide dans le tube indique donc la température.

Qu'est-ce qu'un tensiomètre?

Le tensiomètre, inventé en 1896, permet de mesurer et d'analyser la pression artérielle, c'est-à-dire la pression du sang dans les artères. Le médecin gonfle puis dégonfle un brassard autour du bras du patient et écoute les bruits du flux sanguin à l'aide de son stéthoscope. Le manomètre mesure la pression du sang.

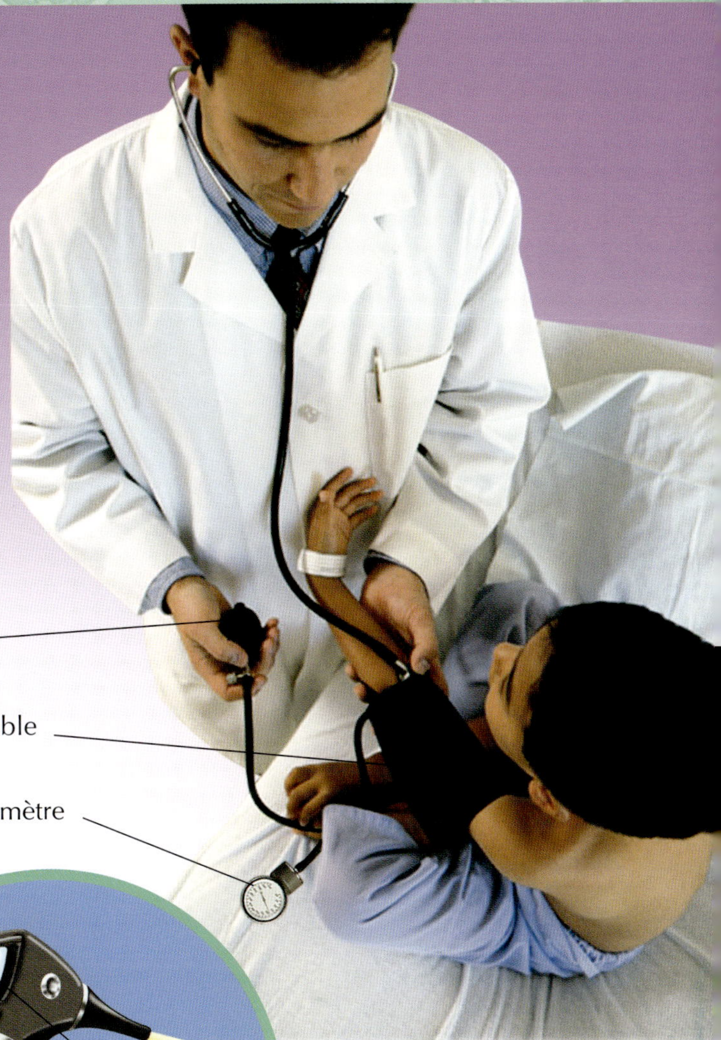

LE SAIS-TU ?
Pendant les guerres de la fin du XIXe siècle et du début du XXe siècle, les médecins sillonnent les champs de bataille équipés de trousses médicales pour soigner les soldats blessés.

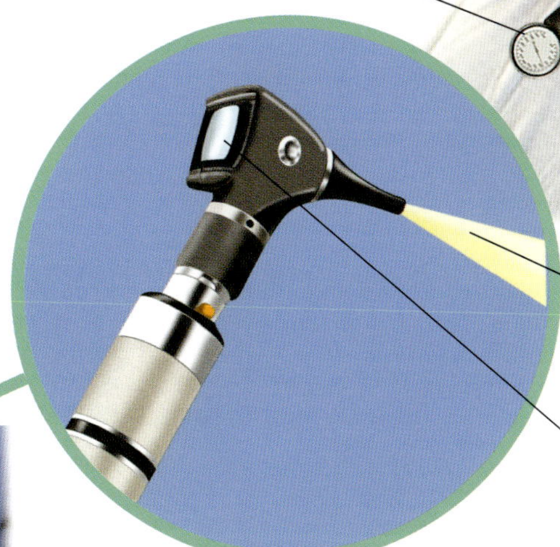

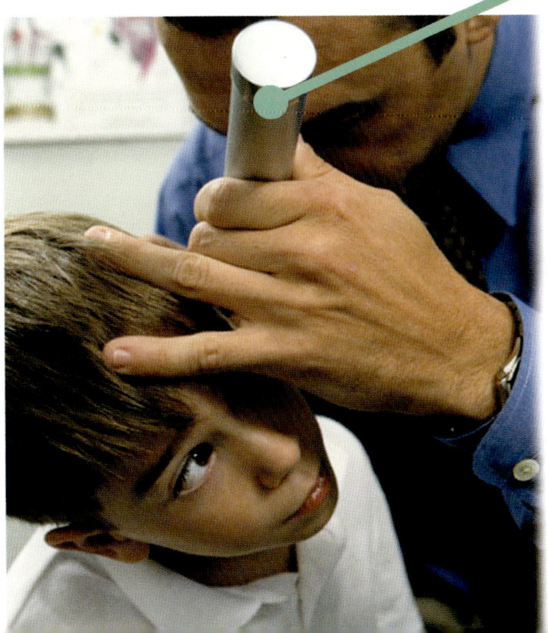

Comment marche un otoscope?

L'otoscope est un petit instrument qui permet au médecin d'examiner l'intérieur des oreilles. Il éclaire d'un étroit rayon de lumière le conduit auditif. En regardant à travers une loupe située à l'arrière, le médecin détecte sur le tympan les signes d'infection ou de maladie.

Les microscopes

LE SAIS-TU ?
Les microscopes optiques grossissent les objets entre 100 et 2 000 fois. Mais les microscopes électroniques, plus puissants, les grossissent plusieurs millions de fois !

Quand fut inventé le microscope?

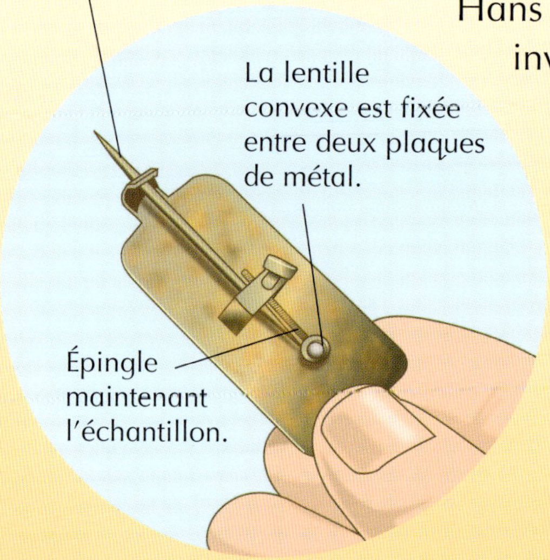

Un microscope grossit les objets minuscules pour montrer en gros plan des détails invisibles à l'œil nu. Vers 1590, deux opticiens, Hans Janssen et son fils Zacharie, inventent le premier microscope simple. Il a une seule lentille puissante qui grossit environ 200 fois. En plaçant son œil près de la lentille, le savant Antonie van Leeuwenhoek découvre, étudie et dessine les cellules du sang et les microbes à la fin du XVIIe siècle.

CI-DESSOUS Avec les microscopes binoculaires actuels, les scientifiques observent les échantillons avec les deux yeux.

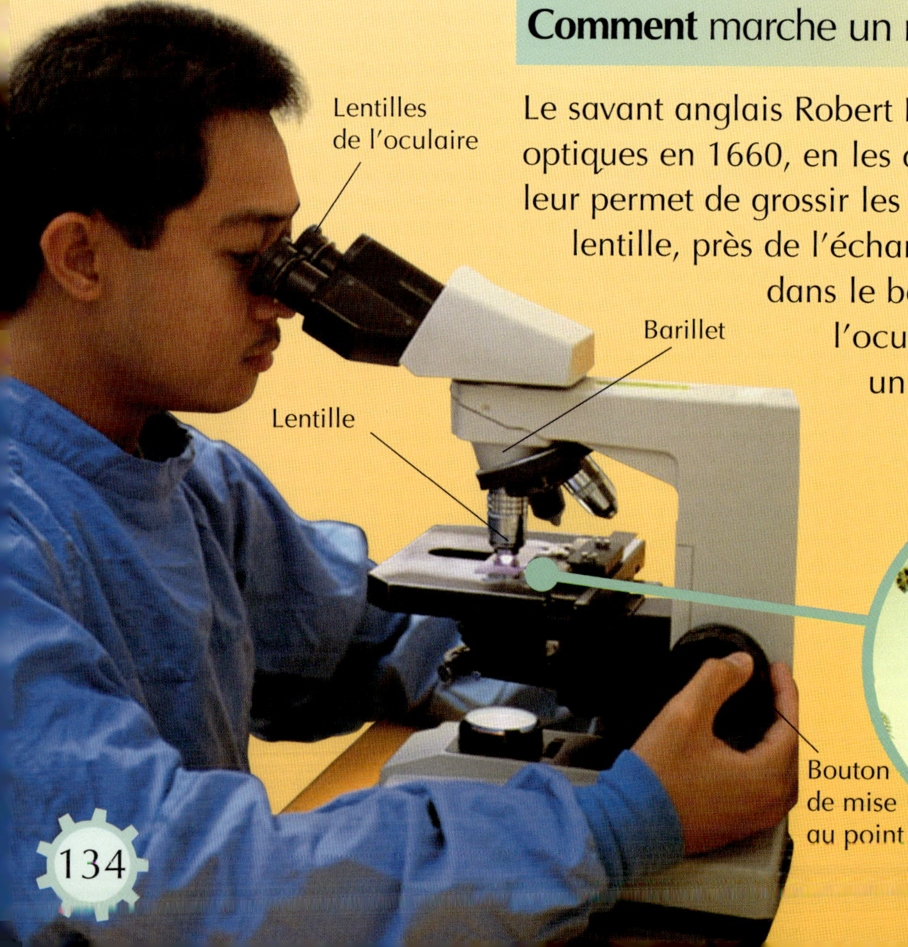

Comment marche un microscope optique?

Le savant anglais Robert Hooke améliore les microscopes optiques en 1660, en les dotant d'au moins deux lentilles, ce qui leur permet de grossir les objets jusqu'à 2 000 fois. La première lentille, près de l'échantillon, crée une image agrandie dans le barillet. La deuxième lentille, dans l'oculaire, élargit cette image pour donner un grossissement plus important.

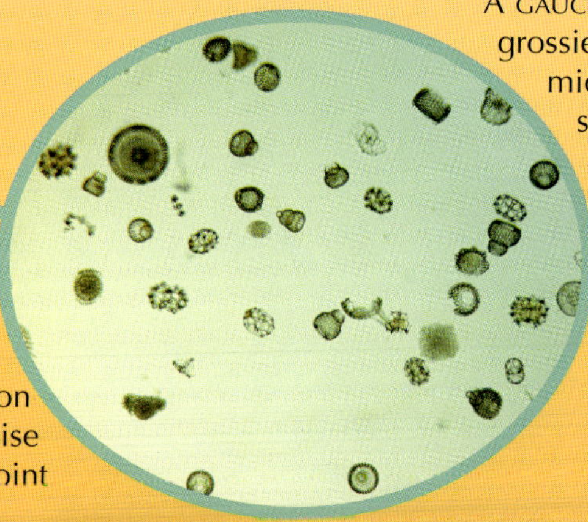

À GAUCHE Image grossie de cellules microscopiques sur une plaque de verre. L'échantillon est éclairé par-dessous.

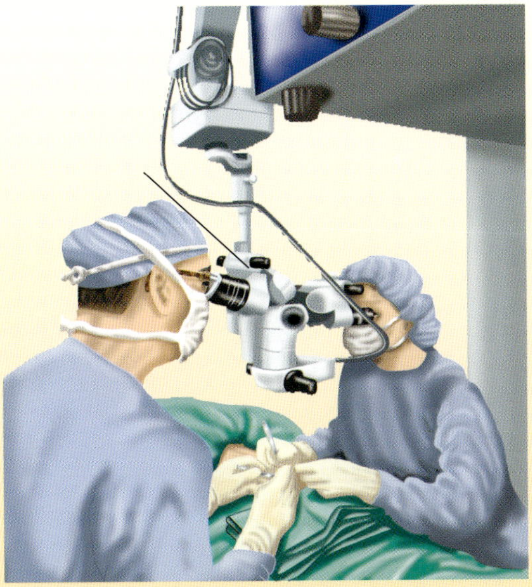

Qu'est-ce que la microchirurgie?

La microchirurgie est la chirurgie pratiquée avec un ou plusieurs microscopes puissants. Ils permettent au chirurgien de voir les minuscules vaisseaux sanguins ou nerfs qui sont abîmés et de les recoudre. L'une des premières opérations de microchirurgie est réalisée aux États-Unis en 1962. Deux médecins recousent avec succès le bras droit d'un jeune garçon, qui avait été coupé dans un accident.

À GAUCHE Grâce aux microscopes, les chirurgiens voient leur travail en très gros plan.

Qui inventa le microscope électronique?

Ernst Ruska fabrique le premier microscope électronique en Allemagne en 1931. Il ne grossit pas grâce à la lumière, mais grâce à un rayon de minuscules particules, les électrons. Conçu dans les années 1960, le microscope électronique à balayage grossit des centaines de milliers de fois : un faisceau d'électrons balaient la surface de l'objet et se reflètent en formant une image détaillée projetée sur un écran d'ordinateur.

Les scientifiques étudient l'image très grossie d'un échantillon sur un écran d'ordinateur.

Les échantillons, comme ces globules rouges, balayés par un faisceau d'électrons apparaissent en plusieurs nuances de gris.

Les vaccins et les antibiotiques

Quand le vaccin est-il apparu ?

Un vaccin introduit dans le corps une forme d'une maladie, pour protéger la personne contre une attaque plus grave de cette maladie. Le médecin anglais Edward Jenner vaccine pour la première fois en 1796 contre la variole. Il se sert de germes du *cowpox*, la variole des vaches, et baptise son procédé « vaccination » en référence au latin *vacca* (vache).

LE SAIS-TU ?
Les bactéries évoluent tout le temps. Beaucoup sont devenues résistantes à la pénicilline, et ce médicament ne peut plus les tuer.

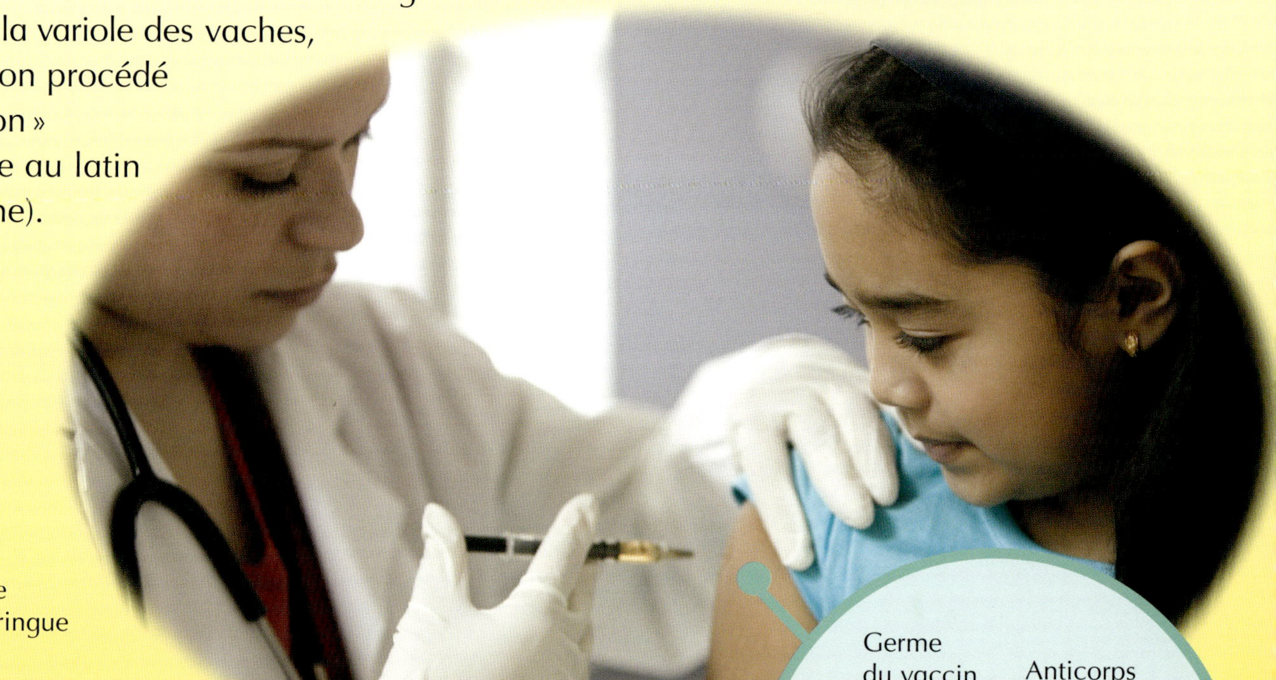

À DROITE Les vaccins sont injectés dans le système sanguin par seringue hypodermique.

Quels sont les effets du vaccin ?

Un vaccin contient une forme affaiblie des bactéries, ou germes, d'une maladie donnée. Quand on l'injecte dans le corps, le système immunitaire produit des anticorps qui attaquent et détruisent ces bactéries. Une fois vaccinés, les gens infectés par cette maladie peuvent mieux la combattre. Les anticorps déjà présents en eux les défendent rapidement et les empêchent d'être gravement atteints.

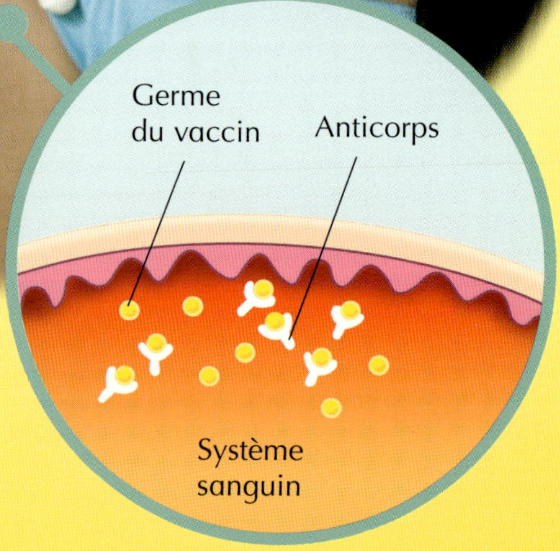

CI-DESSUS Un vaccin stimule le système immunitaire du corps pour produire des anticorps contre les germes responsables de la maladie.

1844	1895	1914	1928	1958
Création des anesthésiques	**Découverte des rayons X**	**Premier rein artificiel**	**Découverte du premier antibiotique**	**Apparition du stimulateur cardiaque**

Qu'est-ce qu'un antibiotique?

Les antibiotiques sont des médicaments qui traitent les infections ou maladies provoquées par des bactéries – minuscules organismes invisibles à l'œil nu. Les antibiotiques ne soignent pas les maladies dues aux virus, comme le rhume, parce que les virus ne sont pas vivants. Chaque antibiotique a sa propre façon de détruire une bactérie précise. Par exemple, un antibiotique peut empêcher une bactérie de se nourrir, pour qu'elle meure avant de se reproduire.

CI-DESSUS La plupart des bactéries ne font pas de mal aux humains. Mais certaines causent des infections ou des allergies.

Qui découvrit les antibiotiques?

En 1928, le scientifique écossais Alexander Fleming s'aperçoit que les taches de moisissure qui se développent dans son laboratoire ont tué la bactérie qu'il étudie. Le premier antibiotique est alors obtenu en extrayant la pénicilline de cette moisissure. Elle sauve bien des vies durant la Seconde Guerre mondiale et prévient depuis de nombreuses maladies et infections dangereuses.

À GAUCHE Les antibiotiques modernes existent sous forme de cachets ou de sirops. Avec l'ordonnance du médecin, le pharmacien donne au patient les bons médicaments.

Les lunettes

Quand les lunettes virent-elles le jour?

La conception des lunettes n'a pas beaucoup changé depuis leur découverte au XIIIe siècle. Les verriers italiens produisent les premiers verres, assemblés sur une monture sans branches. La personne qui les porte doit donc les maintenir en équilibre sur son nez. Ce n'est qu'au XVIIIe siècle qu'apparaît la monture avec des branches posées sur les oreilles.

CI-DESSUS Les lunettes modernes ont des verres organiques (fabriqués à partir de résines chimiques polymérisées) très légers.

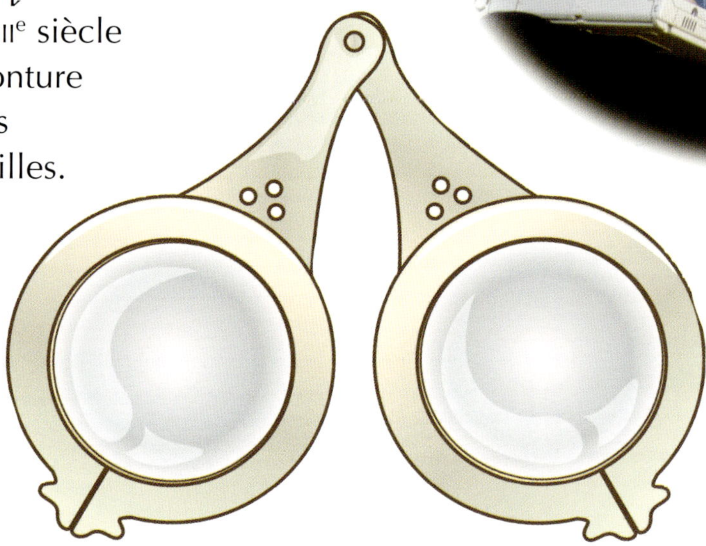

À GAUCHE Lunettes du XVe siècle avec monture en os articulée

Qu'est-ce qu'un ophtalmoscope?

L'ophtalmoscope permet aux ophtalmologues (les docteurs des yeux) d'examiner l'œil. Créé par Hermann von Helmholtz en Allemagne en 1851, il éclaire par un fin rayon lumineux directement dans l'œil du patient. L'ophtalmologue voit à travers la pupille jusqu'au fond de l'œil, et peut déterminer si la rétine est saine.

Qui mit au point les lentilles de contact?

Le savant allemand Adolf Fick met au point les premières lentilles de contact pour améliorer la vision en 1887. En verre lourd et brun, on ne peut les porter que quelques heures d'affilée. Depuis 1938, elles sont en plastique léger. Aujourd'hui, ce sont de petits disques courbes de plastique mou. Placées directement sur la cornée, recouvrant la pupille et l'iris, elles flottent sur les larmes qui gardent les yeux humides.

LE SAIS-TU ?
L'homme d'État Benjamin Franklin invente les lunettes à double foyer en 1784. Sur une même monture, il combine deux verres : un pour lire de près et un pour voir de loin.

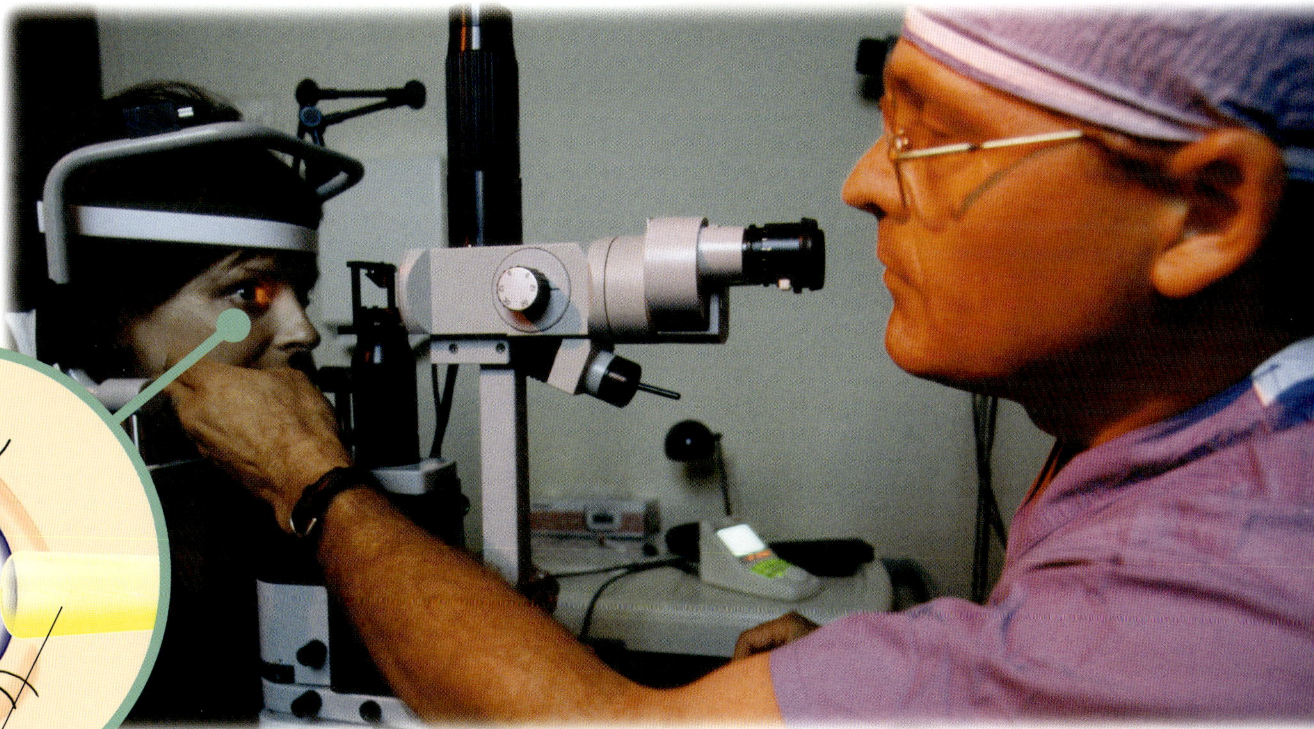

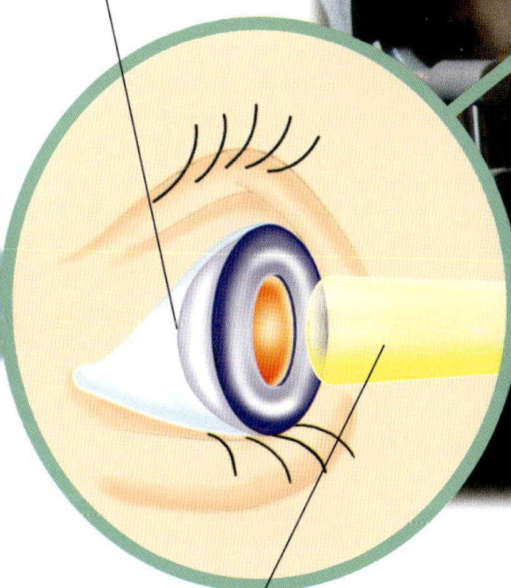

Ci-dessus Les premières opérations de chirurgie de l'œil au laser ont lieu en 1995.

Quel est le principe de la chirurgie au laser?

La chirurgie oculaire au laser change la forme de la cornée – la partie transparente à l'avant de l'œil – en soulevant sa couche externe. Les rayons laser sont ensuite dirigés sur la cornée interne pour la remodeler. Une fois les couches externes remises en place, la cornée peut réfracter ou focaliser la lumière comme il faut, ce qui permet de ne plus voir flou.

Les véhicules d'urgence

Qui inventa l'ambulance?

Le chirurgien militaire français Dominique-Jean Larrey, célèbre pour sa rapidité à soigner les soldats blessés sur le champ de bataille, est l'inventeur de l'ambulance. Au cours des guerres napoléoniennes de 1792, il utilise une roulotte à cheval assez grande pour transporter un médecin, une infirmière, des fournitures médicales et le blessé.

De quoi sont équipées les ambulances?

De nos jours, les ambulances transportent des équipements de premier secours, des bandages et des pansements pour les plaies, et une panoplie de médicaments. Les urgentistes stabilisent l'état du patient pendant le trajet, grâce aux bouteilles à oxygène et aux appareils de surveillance du cœur. Les ambulances allument leurs gyrophares et leurs sirènes pour que les autres véhicules les laissent passer lorsqu'elles emmènent un blessé vers l'hôpital.

CI-DESSOUS Toutes les ambulances ont des civières roulantes pour porter les patients.

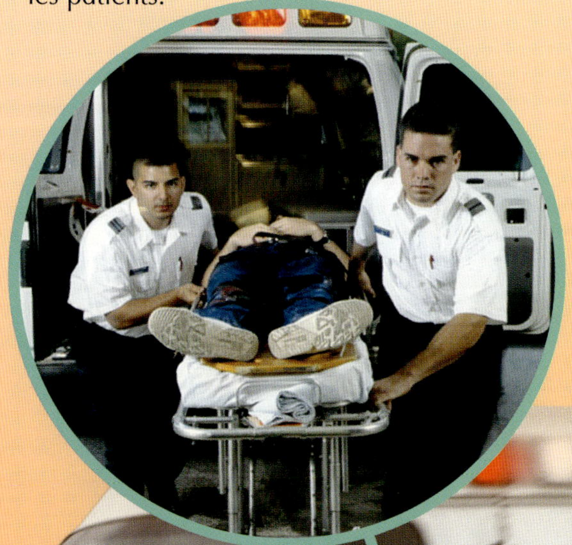

À DROITE Les urgentistes donnent de l'oxygène à un patient qui a du mal à respirer.

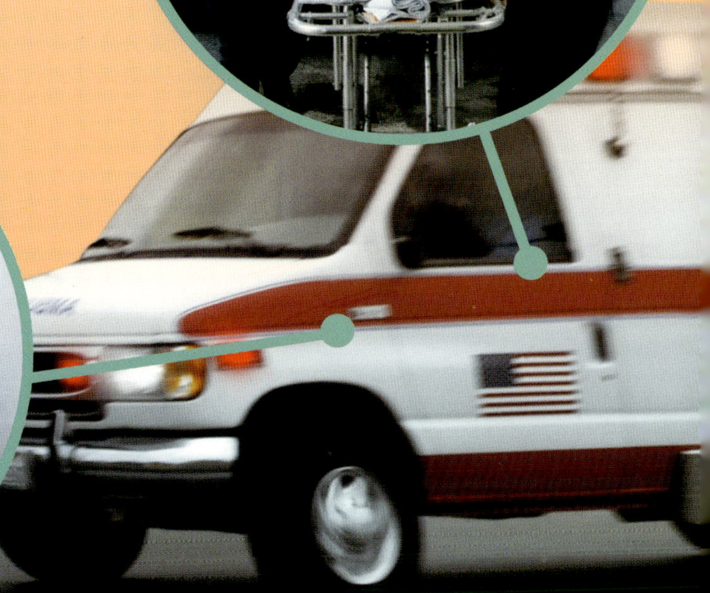

1844 **Création des anesthésiques** | **1895** **Découverte des rayons X** | **1914** **Premier rein artificiel** | **1928** **Découverte du premier antibiotique** | **1958** **Apparition du stimulateur cardiaque**

À DROITE Les avions sanitaires interviennent en cas d'urgence dans des endroits isolés.

LE SAIS-TU ?
Dans certaines villes très peuplées où il est difficile de circuler, les ambulances sont… des vélos, car c'est le seul moyen pour arriver rapidement jusqu'au patient.

De quand datent les premiers secours aériens ?

Deux médecins de l'armée américaine ont l'idée de transporter des blessés ou des malades par avion en 1910, peu après le premier vol réussi des frères Wright. Le capitaine George Gosman et le lieutenant Albert Rhodes construisent le premier avion sanitaire avec leur propre argent. Hélas, il parcourt une petite distance et s'écrase lors du vol d'essai. Plus tard, en 1928, le premier service aérien de secours opère dans le vaste bush australien.

À DROITE Les hélicoptères de secours atterrissent avec leurs patients sur le toit même de l'hôpital.

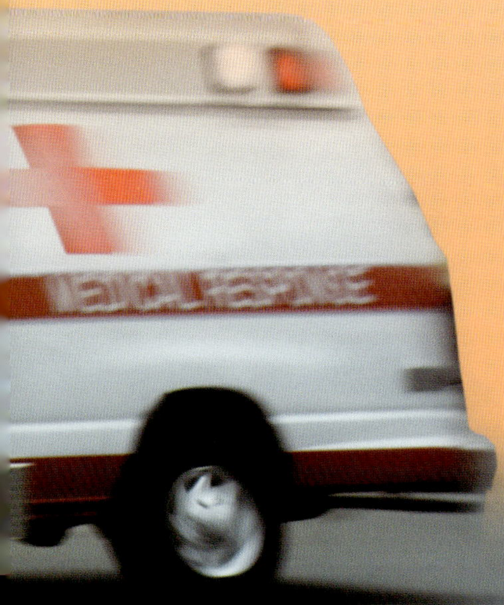

Comment s'organisent les secours aériens ?

Actuellement, les secours aériens sont souvent des hélicoptères qui opèrent dans les grandes villes et peuvent répondre très vite à un appel d'urgence. Ils possèdent un train d'atterrissage spécial pour s'adapter à tous les terrains, et de larges portes pour manœuvrer les civières facilement. Ils transportent deux pilotes, un médecin et un urgentiste, et il reste de la place pour deux patients et tout l'équipement de secours.

Les appareils de survie

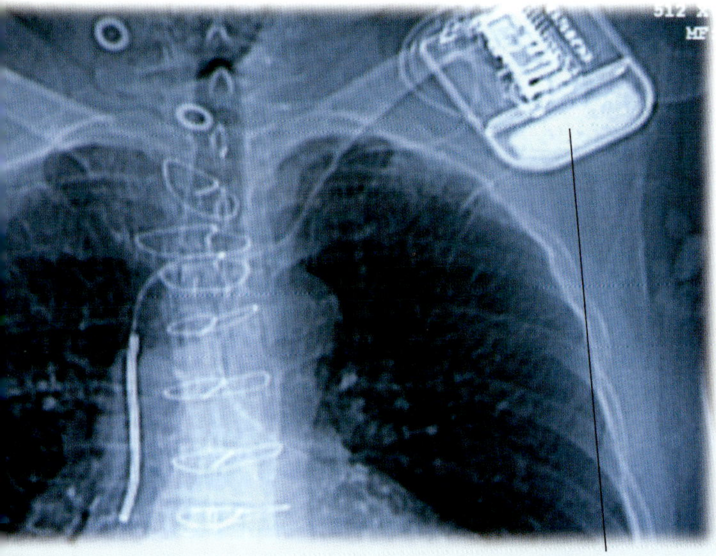

Stimulateur cardiaque implanté

Qui mit au point le stimulateur cardiaque?

Les médecins suédois Rune Elmqvist et Åke Senning inventent le stimulateur cardiaque ou pacemaker en 1958. Ils proposent d'implanter une petite pile électrique dans le corps d'un patient dont le cœur est affaibli, pour lui donner un rythme cardiaque fort et régulier. Ces appareils allongent la vie de milliers de personnes en contrôlant artificiellement les battements de leur cœur.

Qu'est-ce qu'un stimulateur cardiaque?

Un stimulateur cardiaque est un circuit électrique à piles relié au cœur par des électrodes. Il est implanté sous la peau, juste au-dessus de la cage thoracique. Un cœur sain bat en réaction à des impulsions électriques naturelles et fait circuler le sang, ce qui nous maintient en vie. Un cœur affaibli relié à un stimulateur cardiaque bat à chaque fois que les électrodes lui envoient une petite décharge électrique.

À GAUCHE Les impulsions électriques du stimulateur cardiaque contractent les muscles du cœur qui bat alors régulièrement.

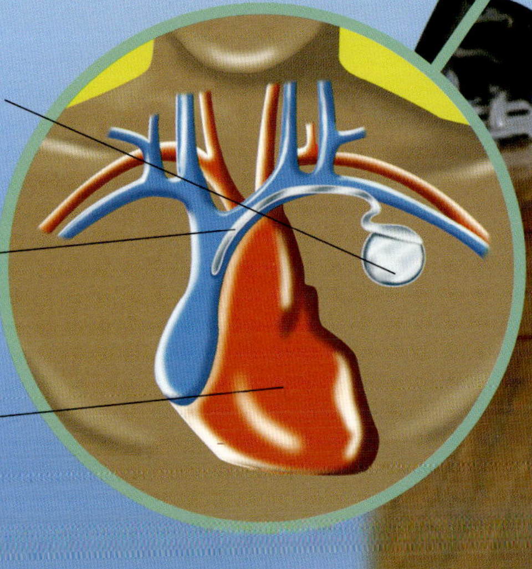

CI-DESSOUS Les parois en plastique de la couveuse protègent le bébé des germes et le gardent au chaud.

De quand datent les couveuses ?

Les premières couveuses apparaissent dans les années 1880 pour tenir au chaud les bébés prématurés. Nés trop tôt, ces bébés très fragiles sont placés dans des berceaux en bois, chauffés par des récipients d'eau chaude placés dessous. Aujourd'hui, les bébés prématurés passent leurs premières semaines dans une couveuse en plastique transparent à température constante. Ils grandissent ainsi à l'abri des infections.

LE SAIS-TU ?
En 1957, le tout premier cœur artificiel est implanté à un chien. Ce cœur en plastique marche à l'air comprimé.

Qu'est-ce qu'un rein artificiel ?

Les reins sont des organes vitaux qui filtrent le sang pour en ôter les déchets qui pourraient empoisonner le corps. En 1914, est inventé un rein artificiel, ou dialyse, capable de filtrer le sang hors du corps et de sauver la vie des personnes aux reins défaillants. Le patient se connecte à la machine : son sang est pompé dans des tubes filtrants et le sang nettoyé retourne ensuite dans son corps.

CI-DESSOUS Les patients qui ont besoin d'une dialyse l'utilisent environ trois fois par semaine.

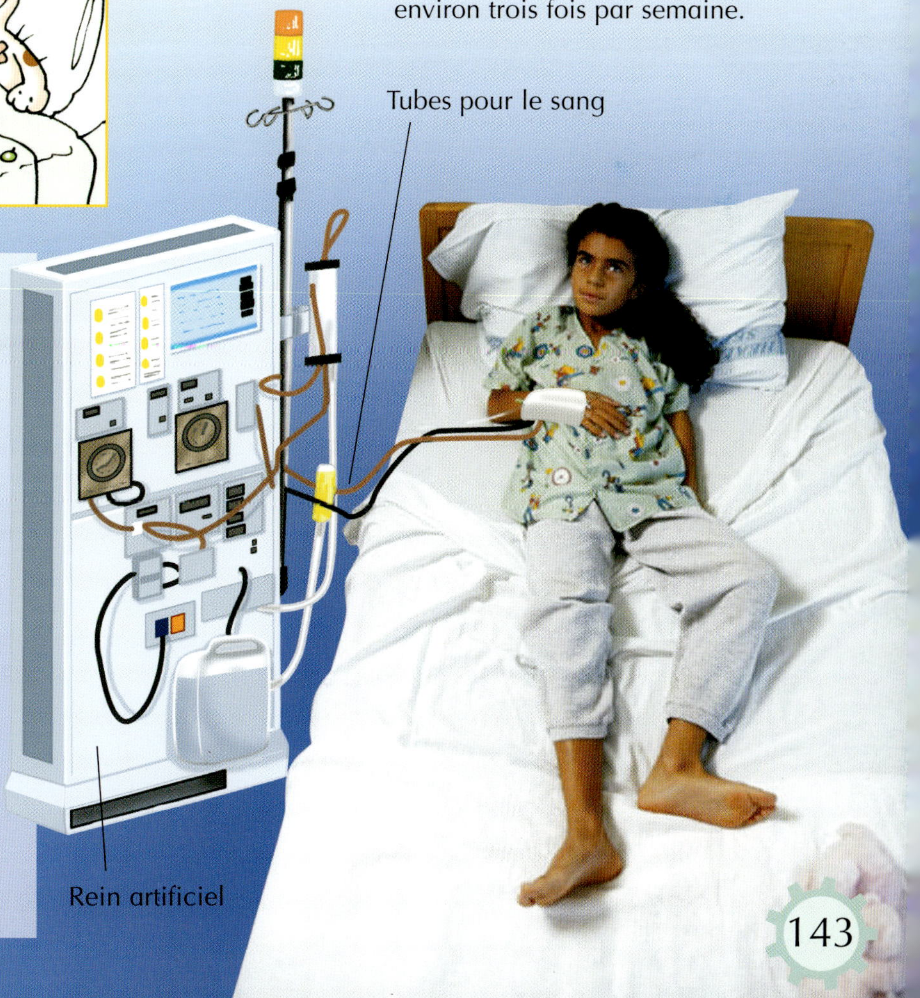

Les rayons X et les scanners

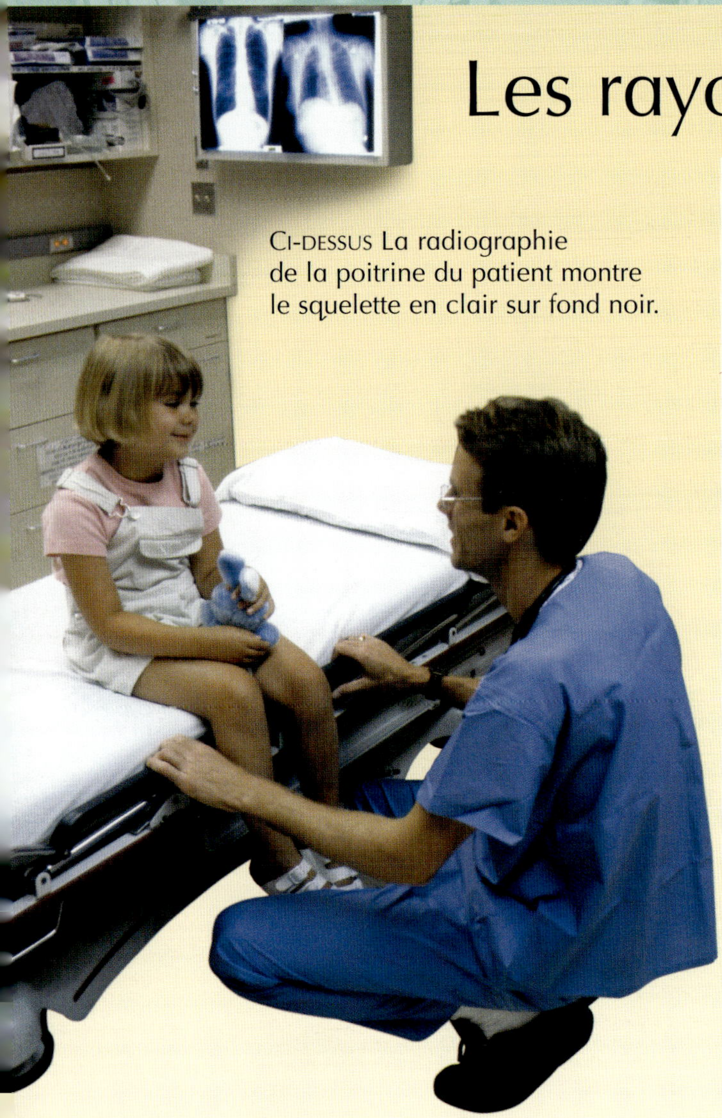

CI-DESSUS La radiographie de la poitrine du patient montre le squelette en clair sur fond noir.

Qui découvrit les rayons X?

Les rayons X sont des ondes d'énergie invisibles. Le physicien allemand Wilhelm Röntgen les découvre en 1895. Il s'aperçoit qu'ils peuvent servir à photographier l'intérieur du corps humain. Dirigés vers le patient, ils traversent les parties molles comme la chair, mais sont bloqués par les parties dures (os, dents). Les ombres des rayons X sont capturées sur un film transparent. Grâce aux appareils de radiographie, le médecin peut voir une blessure interne, comme un os cassé, ou diagnostiquer une maladie sans avoir besoin d'opérer.

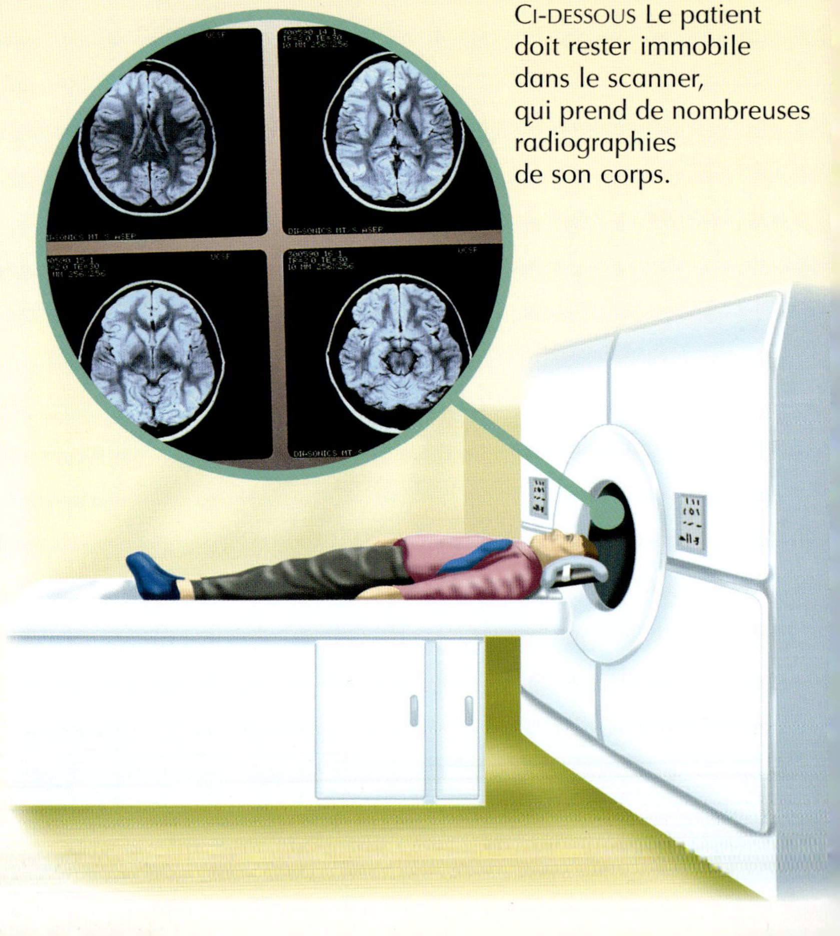

CI-DESSOUS Le patient doit rester immobile dans le scanner, qui prend de nombreuses radiographies de son corps.

Comment fonctionne un scanner?

Un scanner prend des centaines de radiographies en scrutant le corps du patient tranche après tranche. Ces photographies sont rassemblées sur un ordinateur pour former une image finale en 3D. Elle permet d'examiner l'intérieur du corps sous divers angles. Cette technologie, la tomodensitométrie (TDM) s'est développée dans les années 1960.

1844 Création des anesthésiques | **1895** Découverte des rayons X | **1914** Premier rein artificiel | **1928** Découverte du premier antibiotique | **1958** Apparition du stimulateur cardiaque

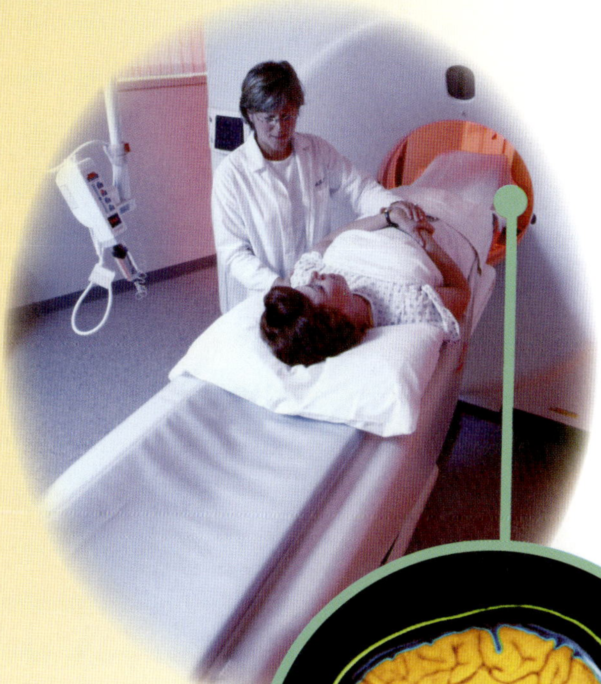

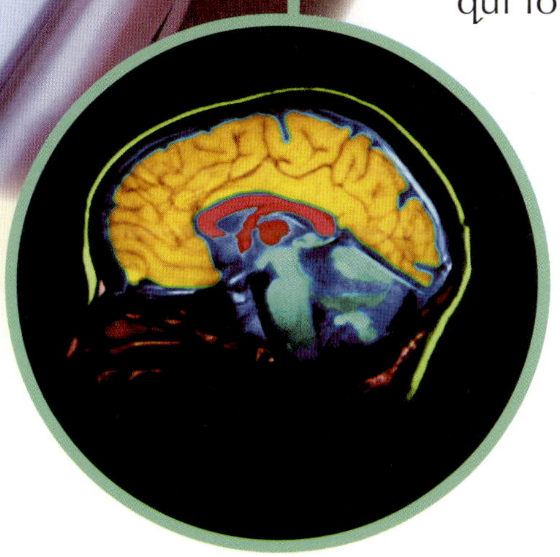

À DROITE Cette IRM colorée montre les différentes parties du cerveau du patient.

Quand furent créés les appareils IRM?

Le premier appareil d'imagerie par résonance magnétique (IRM) est conçu dans les années 1970. Un appareil IRM crée des représentations en 3D des organes internes du patient et permet de repérer les cellules anormales responsables de la maladie. À l'intérieur de l'appareil, le patient est entouré par un champ magnétique et scanné par des ondes radio. Ce sont ces ondes qui fournissent les images.

LE SAIS-TU ?

Avant que les médecins découvrent que les rayons X sont dangereux à forte dose, les vendeurs de chaussures radiographiaient souvent les pieds de leurs clients pour voir leur ossature.

Qu'est-ce qu'une échographie?

Depuis les années 1960, les scanners à ultrasons permettent de contrôler la santé du fœtus qui se développe dans le ventre de sa mère. Des ondes sonores de haute fréquence – trop aiguës pour l'oreille humaine – sont diffusées dans le corps. À l'inverse des rayons X, les ultrasons rebondissent sur les organes mous et reviennent comme des échos, créant une image sur un écran.

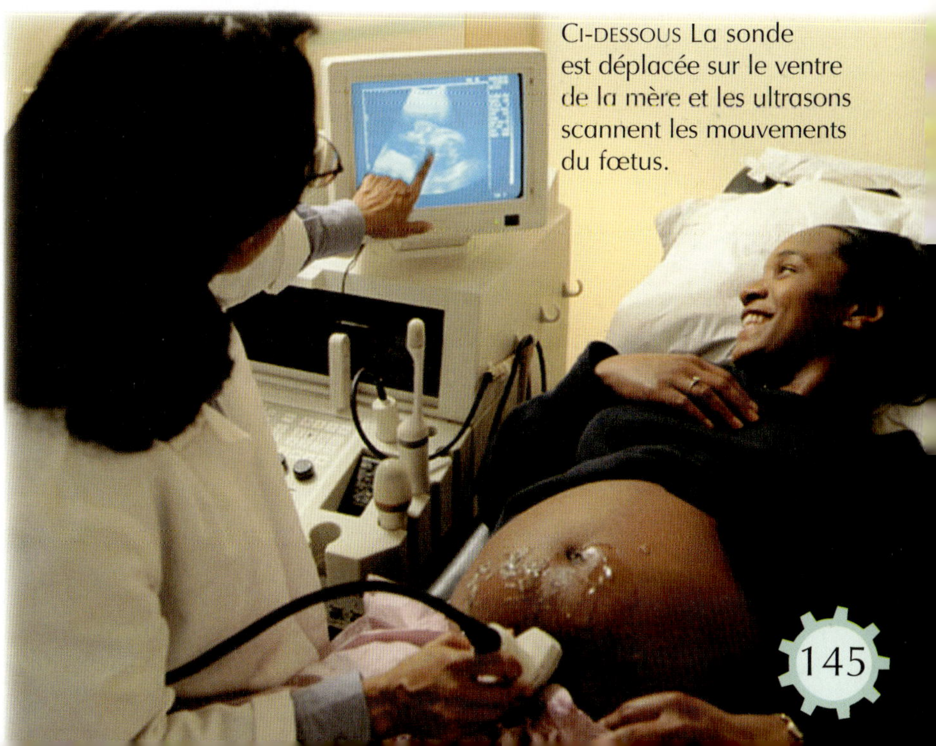

CI-DESSOUS La sonde est déplacée sur le ventre de la mère et les ultrasons scannent les mouvements du fœtus.

DATES CLÉS DE LA MÉDECINE

1286 apr. J.-C.	1592	Vers 1590	1792	1796
Premières lunettes utilisées pour lire	Découverte du thermomètre	Invention du microscope	Premières ambulances sur un champ de bataille	Mise au point du premier vaccin

La chirurgie

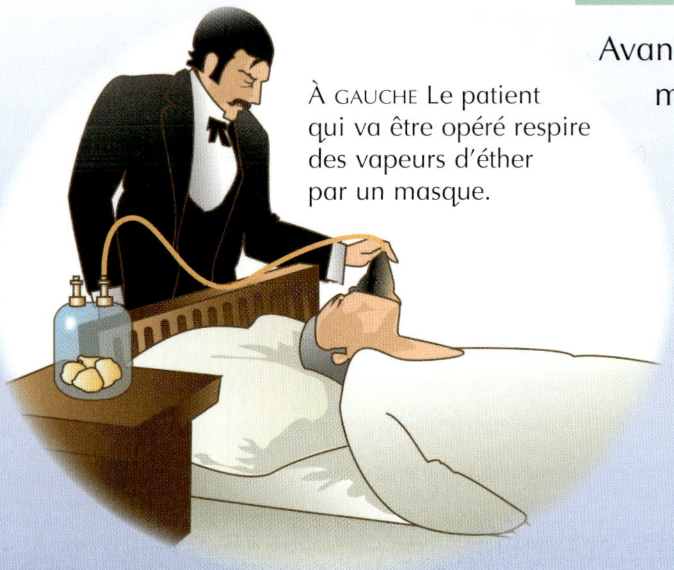

À GAUCHE Le patient qui va être opéré respire des vapeurs d'éther par un masque.

Quand apparut l'anesthésie?

Avant l'apparition des anesthésiques, les patients mordaient un bâton ou s'enivraient pour supporter la douleur de la chirurgie. En 1844, le dentiste américain Horace Wells a l'idée d'utiliser du protoxyde d'azote, ou gaz hilarant, comme anesthésique pour atténuer la douleur lorsqu'il arrache une dent. Un peu plus tard, l'éther, plus efficace, est couramment utilisé pour endormir le patient pendant les opérations.

Qui mit au point les antiseptiques?

En 1865, le chirurgien écossais Joseph Lister vaporise du phénol, un puissant tueur de germes, dans sa salle d'opération. Avant cette époque, de nombreux patients meurent d'infections attrapées pendant l'intervention dans la salle d'opération. La chirurgie antiseptique de Lister ouvre la voie aux blocs opératoires modernes et sûrs.

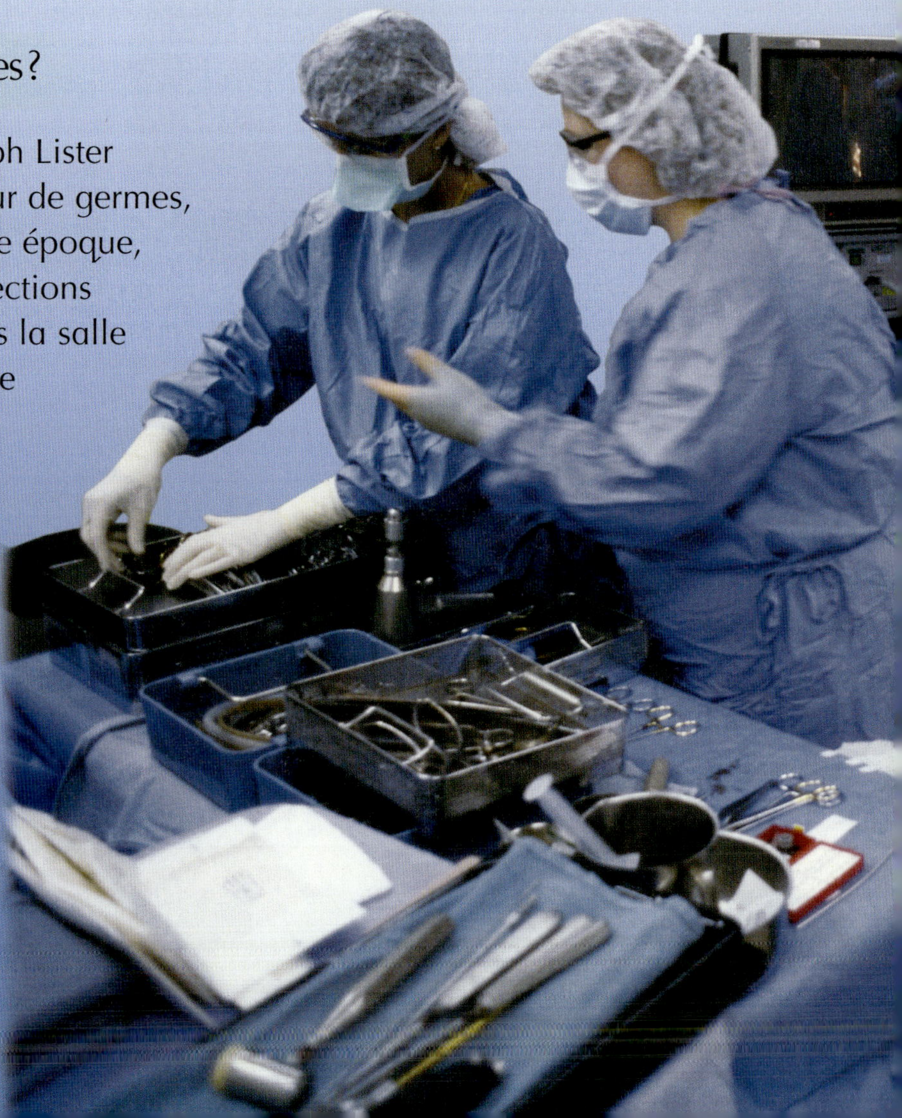

LE SAIS-TU ?

Dans les premières salles d'opération, les étudiants peuvent venir assister au travail des chirurgiens. On les baptise « théâtres d'opération ».

1844	1895	1914	1928	1958
Création des anesthésiques	**Découverte des rayons X**	**Premier rein artificiel**	**Découverte du premier antibiotique**	**Apparition du stimulateur cardiaque**

Qu'est-ce que la chirurgie endoscopique?

La chirurgie endoscopique est une technique opératoire qui ne nécessite pas de larges incisions, ou coupures, pour ouvrir le corps du patient. Les opérations sont pratiquées par de petits trous avec des instruments très fins et les chirurgiens voient ce qu'ils font grâce à une minuscule caméra vidéo introduite dans le corps. Les patients opérés ainsi se rétablissent bien, parce qu'une petite incision guérit plus vite, fait moins mal et laisse une plus petite cicatrice.

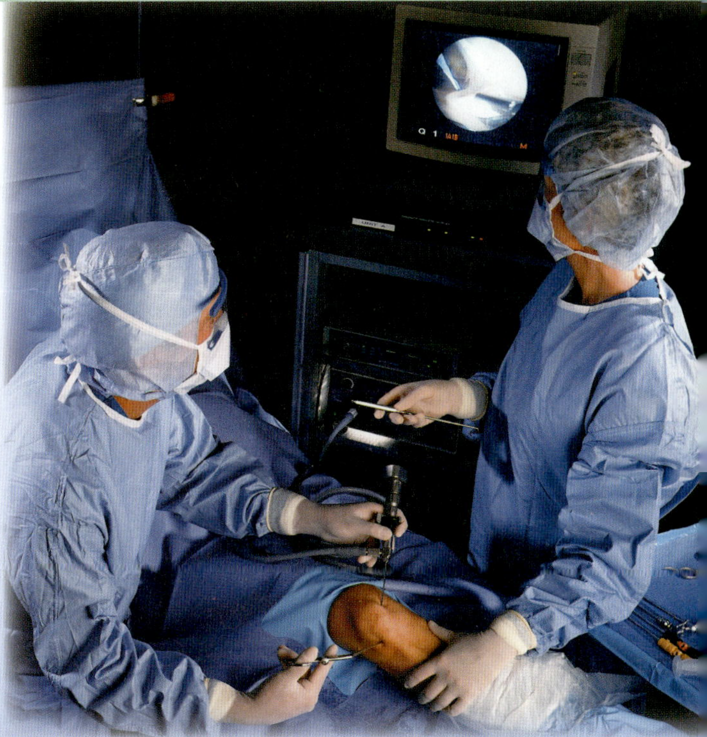

CI-DESSUS Chirurgie endoscopique d'un genou

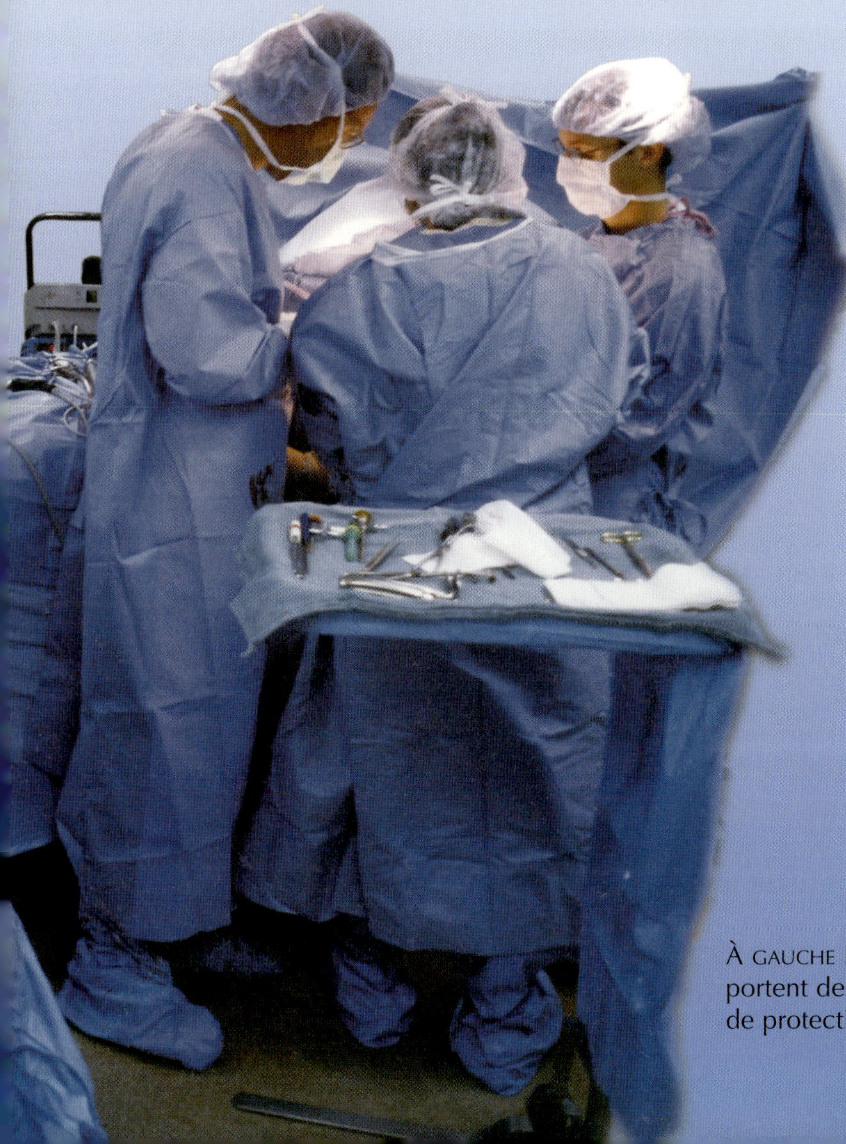

Comment opère-t-on en chirurgie endoscopique?

Lors d'une opération, le chirurgien insère un petit tube métallique, par exemple dans le genou du patient, et injecte un fluide pour dilater la zone malade. Puis il introduit un minuscule télescope et une caméra vidéo miniature pour obtenir des images de l'intérieur du genou sur un écran. Enfin, il opère avec des instruments chirurgicaux spéciaux, tout en regardant ce qu'il fait sur l'écran de surveillance.

À GAUCHE Les chirurgiens se lavent les mains, portent des blouses propres et des masques de protection pour éviter toute infection des patients.

LONDON

LE TEMPS

Pendant des siècles, les scientifiques se sont penchés sur la mesure du temps. L'homme commence à lire l'heure grâce au gnomon, une tige verticale placée au Soleil et dont on observe l'ombre. Les Égyptiens font couler l'eau pour mesurer le temps, d'autres feront couler du sable. Aujourd'hui, les horloges atomiques sont les plus précises de tous les temps. Découvre pourquoi les montres-bracelets sont inventées durant la Première Guerre mondiale et comment fonctionnent les montres à quartz. Suis l'évolution des horloges numériques, si précieuses pour d'autres innovations comme le micro-ondes et le téléphone portable.

DATES CLÉS DU TEMPS

3500 av. J.-C.	1400 av. J.-C.	1000 av. J.-C.	1360 apr. J.-C.	1510
Les gnomons donnent l'heure	Création de l'horloge à eau	Découverte des cadrans solaires	Première horloge mécanique	Conception de l'horloge portable

Les cadrans solaires et les premières horloges

Qu'est-ce qu'un gnomon?

Un bâton dressé sur le sol projette une ombre qui tourne à mesure que le Soleil se déplace dans le ciel. En regardant l'ombre du bâton, les gens peuvent lire l'heure. Les premiers gnomons datent d'il y a environ 5 500 ans.

CI-DESSOUS On pense que les pierres antiques de Stonehenge, en Angleterre, s'alignent sur les directions du lever et du coucher du Soleil et de la Lune. Elles indiquent ainsi le cycle de l'année comme un calendrier « à ombre » géant.

CI-DESSOUS L'ombre du style indique l'heure.

Qui mit au point le cadran solaire?

Les Égyptiens de l'Antiquité inventent le cadran solaire pour mesurer le temps vers l'an 1000 av. J.-C. Comme les gnomons, les cadrans solaires indiquent l'heure grâce à l'ombre projetée par le Soleil. Ils sont orientés pour que leur style (élément porte-ombre) pointe le nord. Son ombre tourne lentement autour du cadran, sur lequel sont marquées les heures.

1657
Invention de la pendule

1841
Création de l'horloge électrique

1955
Mise au point de l'horloge atomique

1968
Première horloge à affichage numérique

1969
Conception de la montre à quartz

Quand apparurent les horloges à eau ?

Les Égyptiens imaginent l'horloge à eau vers 1400 av. J.-C. Son avantage par rapport au cadran solaire, c'est qu'elle mesure le temps de jour comme de nuit. Depuis un premier récipient troué, l'eau s'écoule régulièrement dans un second placé plus bas. À l'intérieur, des graduations gravées indiquent les heures qui passent tandis que l'eau monte. Plus tard, les horloges à eau utilisent le flux régulier de l'eau pour faire tourner une roue mécanique qui indique l'heure.

À GAUCHE Les premières horloges à eau mesurent le temps grâce à l'écoulement régulier de l'eau.

Comment le sable peut-il mesurer le temps ?

Dans un sablier, le passage du temps est contrôlé par du sable qui s'écoule à un rythme régulier. Le sable se vide d'une boule de verre dans une autre en passant par un étroit goulot. De nombreux sabliers mesurent une période de temps fixée à une heure. D'autres, plus petits, se vident en trois minutes et servent à mesurer le temps de cuisson pour les œufs à la coque !

À DROITE
Une fois le sablier vidé, on peut le retourner pour mesurer une nouvelle période de temps.

LE SAIS-TU ?
Le roi Alfred d'Angleterre imagine l'horloge à bougie vers l'an 890. La bougie brûle et les marques faites dans la cire indiquent les heures.

Les horloges

Où fut installée la première horloge mécanique?

Les premières horloges mécaniques sont fabriquées en Europe vers 1360. Elles mesurent les heures, comme les horloges à eau, et carillonnent tous les quarts d'heure. Précises, elles fonctionnent avec un poids dont la descente constante actionne une grande roue d'engrenage à dents. Un engrenage de roues interconnectées de différentes tailles fait tourner les aiguilles sur le cadran.

À GAUCHE Les premières horloges ornent les clochers des églises et des monastères pour indiquer à tous l'heure de la prière.

LE SAIS-TU ?
L'Anglais John Harrison conçoit la montre marine en 1762. Après trois mois en mer, elle ne retarde que de cinq secondes, ce qui permet aux marins de déterminer la position du bateau pendant les longues traversées des océans.

À DROITE Chaque va-et-vient complet du balancier prend exactement le même temps.

Qui inventa la pendule?

Le mathématicien hollandais Christiaan Huygens fabrique la première pendule efficace en 1657. Il utilise le mouvement de va-et-vient régulier d'un balancier pour régler son mécanisme. Elle mesure les heures, les quarts d'heure et même les minutes.

1657	1841	1955	1968	1969
Invention de la pendule	**Création de l'horloge électrique**	**Mise au point de l'horloge atomique**	**Première horloge à affichage numérique**	**Conception de la montre à quartz**

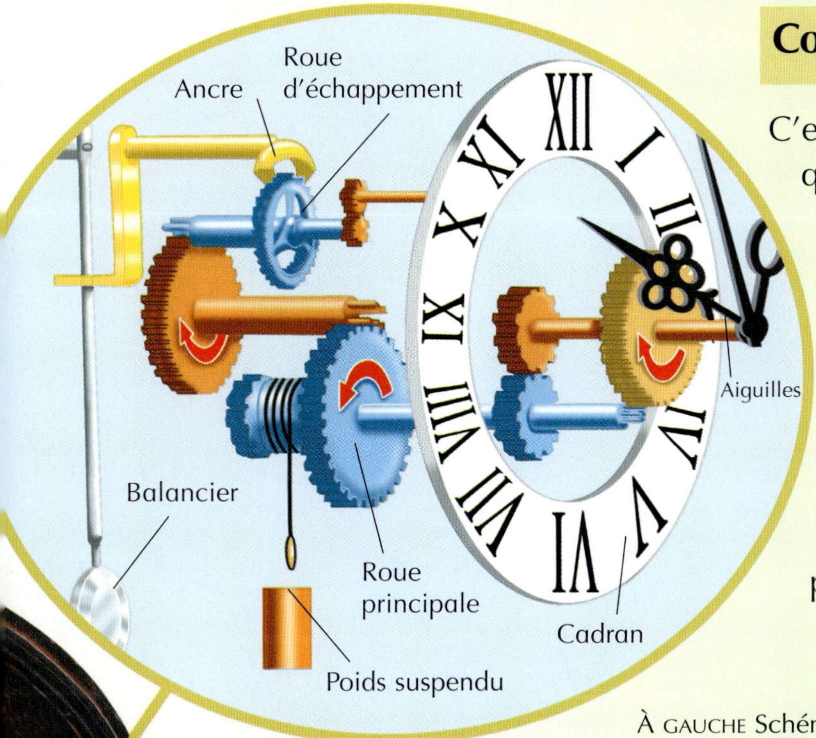

Comment fonctionne une pendule?

C'est le mouvement d'un balancier qui fait marcher les aiguilles d'une pendule. Le balancier oscille de gauche à droite, et impulse un levier appelé ancre. L'ancre se soulève et s'abaisse à un rythme régulier et permet à la roue d'échappement de tourner dent après dent. La roue principale, à son tour, entraîne les aiguilles. Le poids suspendu fournit l'énergie pour que toutes les roues tournent.

À GAUCHE Schéma du mécanisme d'une pendule

Quand fut créée l'horloge électrique?

En 1841, l'horloger écossais Alexander Bain met au point la première horloge électrique. Son moteur électrique fait tourner les aiguilles. Auparavant, les horloges mécaniques marchaient grâce à l'énergie fournie par un poids descendant, ou stockée dans un ressort enroulé. Au début du XXe siècle, les horloges électriques se répandent grâce à l'installation de l'électricité dans les maisons.

À DROITE Ce réveil moderne marche avec des piles.

Les montres

CI-DESSOUS Avec l'apparition de l'horloge portative, on peut emmener avec soi un appareil indiquant l'heure.

Quand l'horloge portable fut-elle conçue?

Peter Henlein, serrurier allemand, invente l'horloge mécanique portable vers 1510. Elle fonctionne grâce à l'énergie d'un ressort enroulé, remonté à l'aide d'une clé. Lorsque le ressort est relâché, il fait tourner l'unique aiguille sur le cadran. Remplaçant les poids, ce ressort permet de fabriquer des horloges plus petites et plus légères, qui ne s'arrêtent pas quand on les transporte.

Les montres à gousset se portent au bout d'une chaîne.

Remontoir

Qu'est-ce qu'une montre à gousset?

Les premières montres à gousset sont actionnées par un ressort moteur. Lorsqu'il est bien remonté, les aiguilles tournent à la vitesse voulue. Le problème est qu'elles ralentissent lorsque le ressort se déroule. En 1675, Christiaan Huygens imagine d'ajouter un ressort spiral, qui prolonge le mouvement constant des aiguilles jusqu'à ce que le ressort moteur soit remonté.

LE SAIS-TU ?

La Première Guerre mondiale assure le succès des montres-bracelets. Dans les tranchées, il est plus facile pour un soldat de regarder une montre à son poignet que de la sortir de son gousset.

- **1657** Invention de la pendule
- **1841** Création de l'horloge électrique
- **1955** Mise au point de l'horloge atomique
- **1968** Première horloge à affichage numérique
- **1969** Conception de la montre à quartz

CI-DESSOUS Le ressort d'une montre automatique stocke assez d'énergie pour la faire marcher pendant une demi-journée, une fois retirée du poignet.

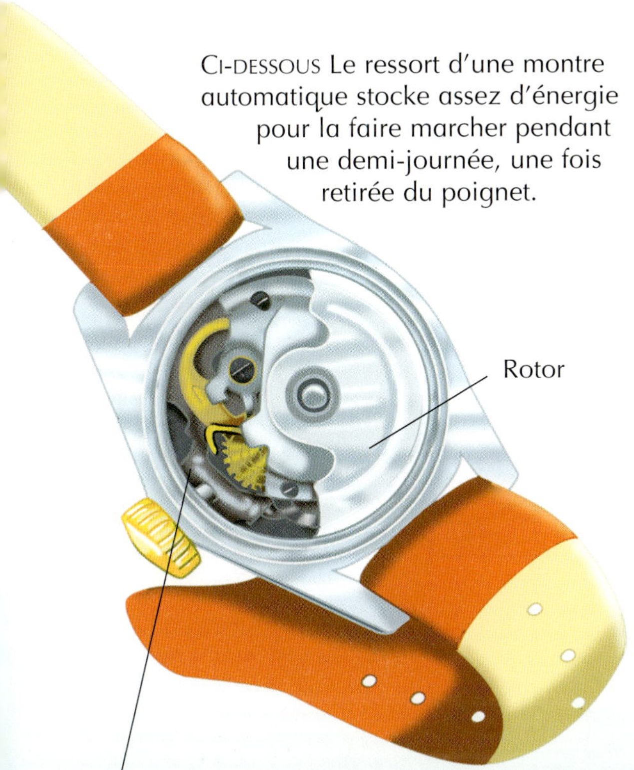

Comment fonctionne une montre automatique?

Une montre automatique possède un ressort moteur qui est remonté par le mouvement du bras de la personne qui la porte. Le mécanisme se compose d'un poids métallique semi-circulaire, le rotor, qui se balance lorsque la montre bouge. Il est relié à des engrenages qui enroulent lentement le ressort. L'horloger John Harwood dépose un brevet sur la première montre-bracelet automatique en 1923.

Qui inventa la montre à quartz?

En 1969, Tsuneya Nakamura et son équipe d'ingénieurs japonais conçoivent la montre à quartz. L'électricité d'une pile fait vibrer un minuscule cristal de quartz à un nombre précis de pulsations par seconde. Ces pulsations permettent l'affichage numérique de l'heure ou, dans une montre à cadran, contrôlent un moteur qui fait tourner les aiguilles. La vitesse constante des vibrations garantit la précision des montres à quartz, qui ne retardent ou n'avancent que de quelques secondes par mois.

Souvent étanches, les montres actuelles ne s'arrêtent pas si elles sont mouillées.

DATES CLÉS DU TEMPS

3500 av. J.-C.	1400 av. J.-C.	1000 av. J.-C.	1360 apr. J.-C.	1510
Les gnomons donnent l'heure	Création de l'horloge à eau	Découverte des cadrans solaires	Première horloge mécanique	Conception de l'horloge portable

Les horloges numériques

Quand est apparue l'horloge à quartz?

La première horloge à quartz, ou numérique, est créée en 1968. Elle affiche l'heure sous forme de chiffres sur un écran électronique – et non avec des aiguilles sur un cadran. Les premières utilisent de petites lumières rouges (LED) et celles d'aujourd'hui des cristaux liquides.

LE SAIS-TU ?
Les horloges parlantes sont introduites aux États-Unis en 1927. Les gens composent un numéro de téléphone et une voix enregistrée leur donne l'heure exacte.

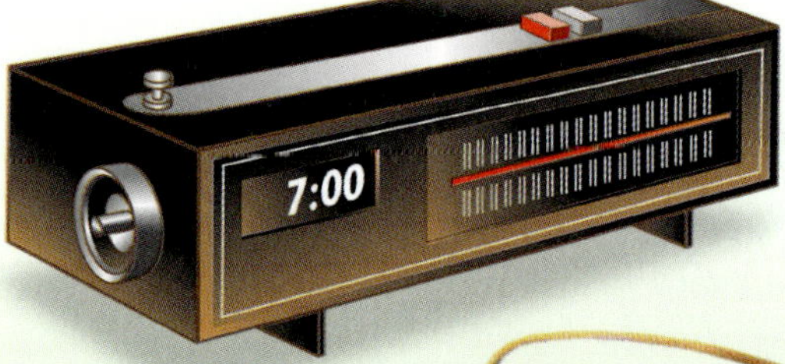

Ci-dessus Premier radio-réveil numérique

Ci-dessous Les montres numériques affichent l'heure précise – heure, minute et seconde – ainsi que le jour, le mois et l'année.

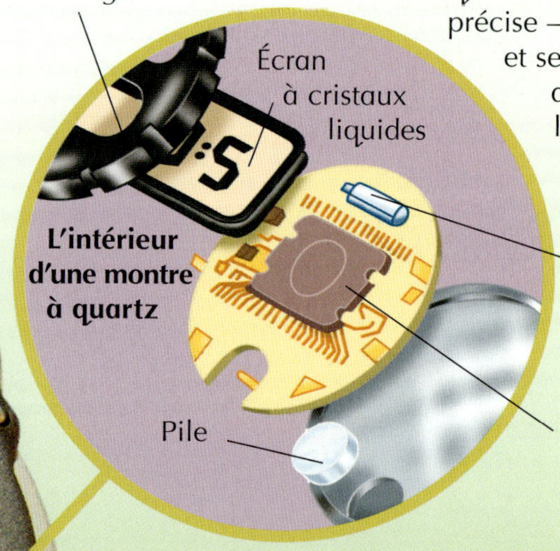

Qu'est-ce qu'une montre à quartz?

Une montre à quartz fonctionne grâce à une pile à très faible consommation, et un cristal de quartz couplé à un oscillateur. Les oscillations naturelles du quartz, très stables et très précises, sont réduites à une par seconde. Elles remplacent le mouvement du balancier des horloges traditionnelles.

1657
Invention de la pendule

1841
Création de l'horloge électrique

1955
Mise au point de l'horloge atomique

1968
Première horloge à affichage numérique

1969
Conception de la montre à quartz

Quel est le principe de l'horloge atomique?

Les horloges atomiques sont les plus précises de toutes : elles ne gagnent ou perdent qu'une seconde sur des centaines de millions d'années. Elles utilisent la vibration régulière des atomes pour mesurer le temps. Inventées en 1955, elles donnent aujourd'hui l'heure qui sert de référence dans bien des pays. Les signaux horaires atomiques émis depuis des satellites servent aux systèmes de navigation pour trouver un endroit précis sur le globe.

CI-DESSOUS Grâce aux horloges atomiques, les scientifiques peuvent mesurer le temps avec une étonnante précision.

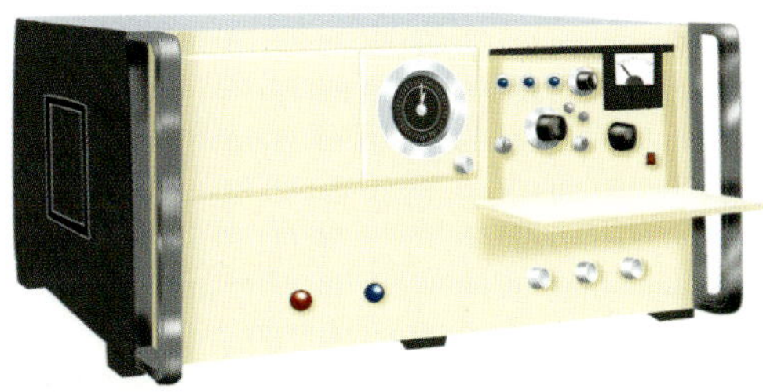

Qu'en est-il de l'horloge numérique aujourd'hui?

De nos jours, l'heure n'est plus affichée seulement sur les montres, mais aussi sur beaucoup d'objets électroniques courants : téléphone, radio, lecteur DVD, four, appareil photo ou ordinateur… Ces horloges peuvent être programmées – par exemple, pour prévoir la durée de cuisson d'un gâteau au four.

CI-DESSOUS Sur l'écran d'un ordinateur, une horloge affiche la date et l'heure. grâce à elle, l'utilisateur peut demander qu'un message lui rappelle ce qu'il doit faire.

L'ÉCONOMIE DOMESTIQUE

Les inventions jouent un rôle essentiel dans notre existence, même si nous n'en avons pas toujours conscience. Apprends comment fonctionne un réfrigérateur, qui a inventé le four à micro-ondes et de quand datent les premiers aspirateurs, allant jadis de maison en maison sur des charrettes tirées par des chevaux. Découvre les innovations qui ont changé notre manière de faire les courses, des premières pièces de monnaie et billets de banque, jusqu'aux achats sur Internet et aux cartes de crédit qu'il suffit de glisser dans une fente. Enfin, tu sauras pourquoi nous devons le Velcro à un chien et comment on fabrique des vestes polaires à partir de vieilles bouteilles recyclées.

L'hygiène

CI-DESSUS Les Romains pompent l'eau chaude de sources thermales souterraines.

Quand fut inventée la baignoire?

Les baignoires font leur apparition à Babylone, il y a plus de 4500 ans. Elles sont remplies d'eau de rivière par des esclaves. Aujourd'hui, l'eau de ton bain provient d'un immense réservoir appelé château d'eau. Elle est filtrée et épurée, puis apportée par des canalisations souterraines jusqu'aux maisons. Un chauffe-eau la chauffe, puis la fait cheminer dans des tuyaux jusqu'au robinet de la baignoire.

Qui conçut les toilettes?

Les toilettes à chasse d'eau sont conçues en 1596 par l'Anglais sir John Harington. Les toilettes privées sont d'abord réservées aux gens très riches. Les autres personnes utilisent des pots de chambre, qu'ils vident dans le caniveau de la rue. En 1832, le choléra fait des millions de morts en Europe et de nouvelles lois incitent les populations à utiliser des W.-C., plus hygiéniques.

À GAUCHE Considérées comme des objets de valeur, les premières toilettes sont souvent très décorées.

À DROITE La poignée de la chasse ouvre une valve qui laisse l'eau s'écouler depuis le réservoir pour remplir la cuvette des toilettes.

L'intérieur d'une chasse d'eau

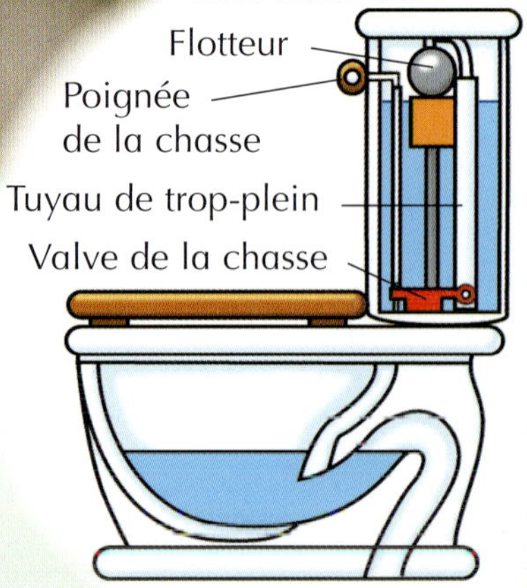

1901	1945	1970	1982
Mise en service de l'aspirateur tiré par des chevaux	Commercialisation des premiers fours à micro-ondes	Première utilisation des codes-barres	Invention de la carte à puce pour les cabines téléphoniques

Comment étaient les premières douches?

On suppose que l'homme a pris ses premières douches en se tenant sous l'eau des cascades. Par la suite, on s'asperge d'eau puisée dans des seaux. L'une des premières douches installées à l'intérieur d'une habitation est haute de 3 m et est intégrée en 1810 dans la salle de bains d'un grandiose manoir anglais.

LE SAIS-TU ?
Dans la Grèce antique, des dentiers sont façonnés avec de fausses et de vraies dents assemblées à l'aide de... fils d'or!

Où fut conçue la brosse à dents?

Avant l'invention de la brosse à dents, on se lave les dents en mâchant un bâtonnet de bois jusqu'à le ramollir. La première brosse à dents à soies est mise au point en Chine en 1498. Ces soies sont faites de poils de porc, de cheval ou de blaireau. Aujourd'hui, la plupart sont en Nylon. Vers 1978 apparaît la brosse à dents électrique.

La brosse à dents électrique possède une tête actionnée par un moteur. En tournant, elle brosse efficacement les dents.

Le chauffage

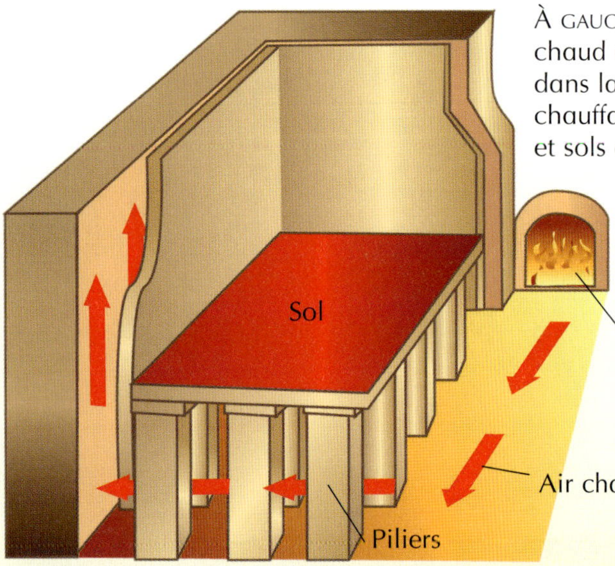

À GAUCHE L'air chaud circule dans la maison, chauffant murs et sols de pierre.

Qui inventa le chauffage central ?

Dans les régions froides ou en hiver, chauffer les maisons constitue toujours un défi. Les Romains mettent au point le premier système de chauffage central, l'hypocauste, vers 400 av. J.-C., grâce à un feu situé dans une pièce extérieure à l'édifice. Les maisons étant bâties sur des piliers et les murs étant creux, l'air chauffé circule partout et répand la chaleur dans toutes les pièces.

Où fut conçue la cheminée à gaz ?

Les premières cheminées à gaz domestiques sont fabriquées par l'ingénieur anglais Sigismund Leoni, en 1881. On tourne une valve ou un robinet pour ouvrir le gaz, puis on l'allume avec une flamme. La chaleur émane du gaz qui brûle doucement. Certaines cheminées sont décorées de faux charbons ou de pierres rougeoyantes.

LE SAIS-TU ?
En Islande, l'eau chauffée sous terre par les roches en fusion jaillit en surface. Des tuyaux l'apportent dans les maisons pour le chauffage et l'eau chaude !

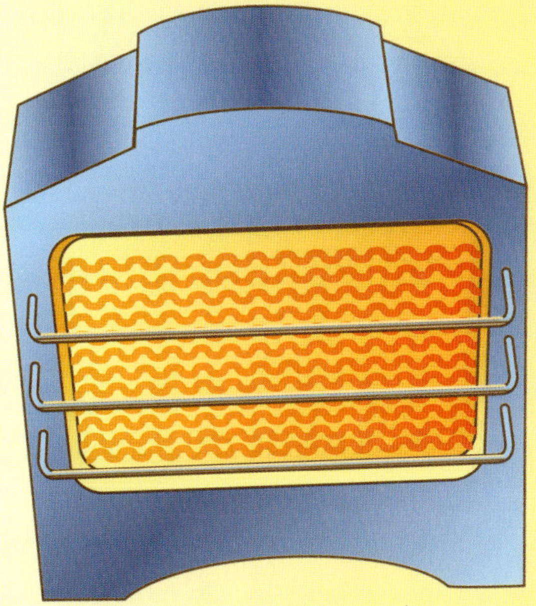

CI-DESSUS Le courant électrique fait chauffer un filament en spirale, qui diffuse sa chaleur alentour.

Quand apparut le radiateur électrique ?

Plusieurs innovations sont à l'origine de la création du chauffage électrique, mais le premier radiateur électrique domestique est breveté, en 1892, par Bell Crompton et Herbert Dowsing, au Royaume-Uni. Dans ce radiateur, l'électricité passe par un élément chauffant qui la convertit en chaleur. Cette dernière se diffuse dans l'air et chauffe la pièce.

Comment fonctionne un radiateur ?

Dans les systèmes de chauffage central actuels, l'eau chaude circule dans des radiateurs métalliques et chauffe ainsi l'air à proximité. Cet air chaud monte et cède la place à de l'air froid. Il s'établit donc une circulation d'air dans la pièce : l'air chaud s'éloigne du radiateur tandis que l'air plus frais revient vers lui.

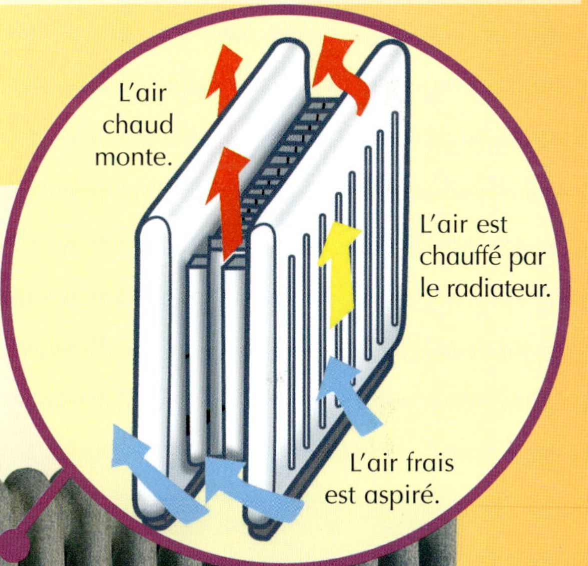

À DROITE Ce type de radiateur à convection est mis au point par Franz SanGalli en 1855.

Les machines à laver

Où fut inventée la machine à laver?

La première machine à laver le linge est fabriquée aux États-Unis en 1874. Il s'agit d'un baquet en bois doté de petits taquets, dans lequel on place les vêtements avec de l'eau savonneuse, puis on les fait tourner à l'aide d'une manivelle. L'Américain Alva J. Fisher invente un modèle électrique avec tambour rotatif en 1907. Dans les années 1960, des modèles entièrement automatiques lavent, rincent et essorent – il suffit désormais d'appuyer sur un bouton.

CI-DESSUS L'eau chaude savonneuse est versée dans un baquet en bois.

CI-DESSOUS Le linge est placé dans le tambour, dont la porte est fermée par un joint étanche.

Comment est conçue une machine à laver?

La plupart des machines à laver font tourner le linge sale avec la lessive et l'eau dans un tambour rotatif afin d'en ôter la saleté. Puis le tambour tourne très vite pour chasser l'eau savonneuse et l'évacuer à travers les trous de drainage. Il suffit d'appuyer sur un bouton pour programmer l'ordinateur dans la machine, qui gère la température et la durée de chaque lavage.

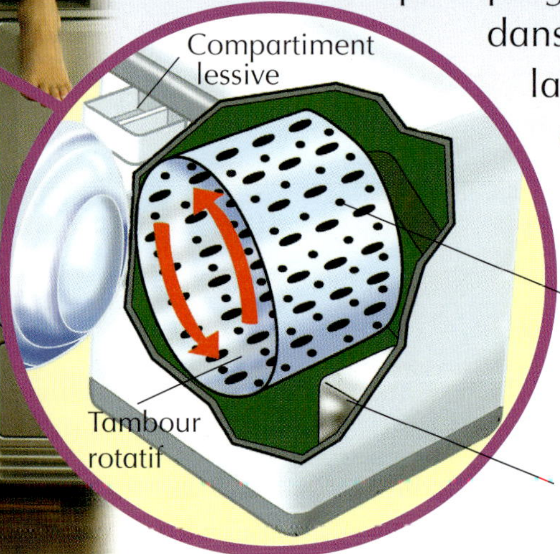

1901
Mise en service de l'aspirateur tiré par des chevaux

1945
Commercialisation des premiers fours à micro-ondes

1970
Première utilisation des codes-barres

1982
Invention de la carte à puce pour les cabines téléphoniques

Quand apparut le lave-vaisselle?

Les premiers lave-vaisselle, apparus aux États-Unis vers 1900, fonctionnent manuellement. Hélas, ils sont lents, lavent peu, et fuient fréquemment. Il faut attendre les années 1940 pour qu'un lave-vaisselle électrique assurant le rinçage soit mis en service en Amérique. En Europe, ils n'arrivent dans les foyers qu'à partir de 1960.

À DROITE
Les lave-vaisselle projettent de l'eau chaude et du détergent sur la vaisselle sale. Puis de l'eau propre rince les résidus de savon.

LE SAIS-TU ?
Le lavage du linge est facilité par les premières machines à laver, mais aussi par l'invention, en 1861, de l'essoreuse, qui retire l'eau du linge après le lavage.

Pourquoi le savon fut-il créé?

Pour des raisons chimiques, l'eau ne lave pas parfaitement. C'est pourquoi le savon est inventé, dès 2800 av. J.-C. Il est obtenu en faisant bouillir de la graisse avec de la cendre de bois. Dans les années 1920, des chimistes américains mettent au point les premiers savons artificiels industriels, ou détergents, pour nettoyer le linge.

Les cuisinières et les réfrigérateurs

CI-DESSUS Les premières gazinières sont en fonte.

Qui inventa la cuisinière?

L'Anglais James Sharp conçoit la gazinière en 1826. L'Américain William Hadaway invente la cuisinière électrique en 1896. Avec une gazinière, les aliments sont chauffés par une flamme ; avec une cuisinière, c'est une bobine de fil électrique traversée par un fort courant qui chauffe la plaque.

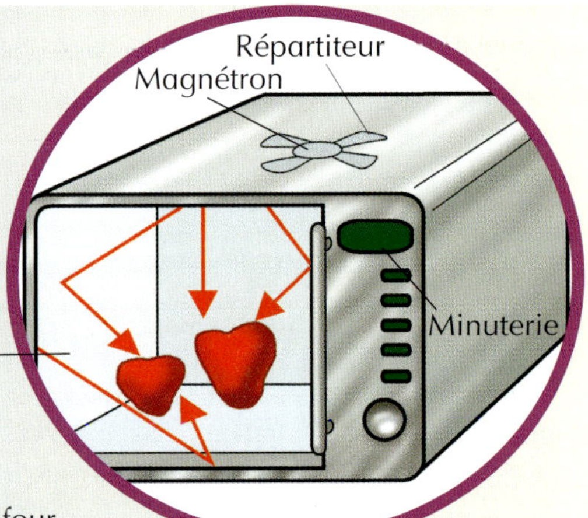

CI-DESSOUS Dans un four à micro-ondes, le magnétron convertit l'énergie électrique en énergie micro-ondes. Le répartiteur tourne pour que les micro-ondes se déploient partout.

Qui mit au point le four à micro-ondes?

Le chercheur américain Percy Spencer découvre les micro-ondes alors qu'il se trouve devant un équipement radar : il s'aperçoit que le chocolat dans sa poche est en train de fondre ! Il est en fait cuit par des ondes électromagnétiques invisibles, les micro-ondes. Son entreprise commercialise le premier four à micro-ondes en 1945 : ces ondes font vibrer à grande vitesse les molécules d'eau présentes dans les aliments, ce qui les chauffe et les cuit.

1901
Mise en service de l'aspirateur tiré par des chevaux

1945
Commercialisation des premiers fours à micro-ondes

1970
Première utilisation des codes-barres

1982
Invention de la carte à puce pour les cabines téléphoniques

Quand apparut le réfrigérateur ?

Les premiers réfrigérateurs sont conçus en Angleterre au XIXe siècle. Ces simples boîtes en bois cerclées de métal et d'un matériau isolant, du liège, contiennent des blocs de glace pour garder les aliments au frais. Les premiers réfrigérateurs semblables aux nôtres datent de 1914. Dans les années 1920, les modèles électriques ont un compartiment congélateur.

LE SAIS-TU ?
Durant des siècles, l'homme cuisine sur des feux ouverts. En 1490, le premier four en brique, qui capture la chaleur d'un feu, est imaginé en France.

CI-DESSUS Les réfrigérateurs expulsent la chaleur de l'intérieur de l'appareil.

Comment fonctionne un réfrigérateur ?

Les réfrigérateurs et les congélateurs fonctionnent grâce à une substance spéciale, le fluide réfrigérant. Sous forme de gaz, il passe par un compresseur, où il se transforme en un liquide chaud. Ce liquide, en circulant dans des tuyaux en zigzag à l'extérieur du réfrigérateur, refroidit à température ambiante. Il est ensuite soumis à une forte pression en passant par une valve : il est ainsi transformé en un gaz froid. Celui-ci chemine dans des tuyaux à l'intérieur du réfrigérateur et garde aliments et boissons au frais. Puis ce gaz repasse par le compresseur… et c'est reparti pour un tour.

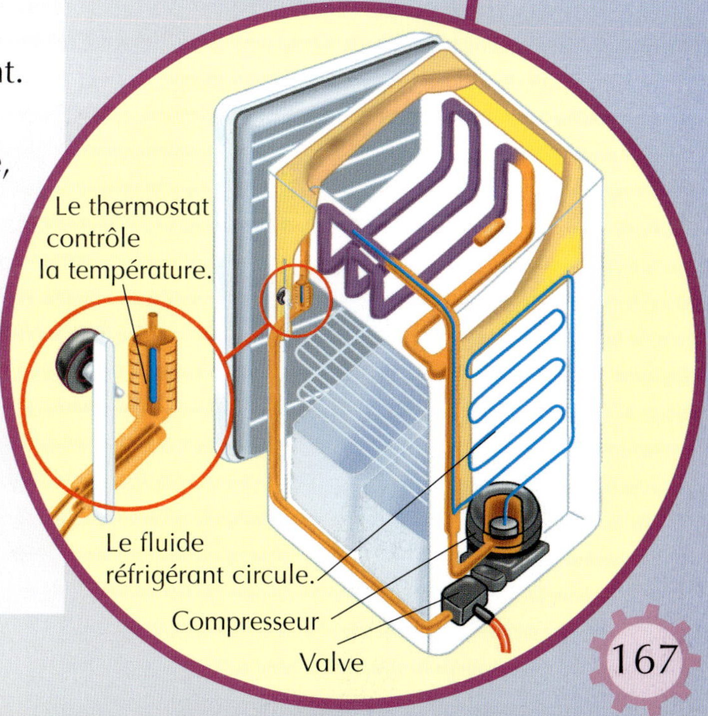

Le petit électroménager

Qui mit au point le fer électrique?

L'Américain Henry W. Seely imagine le fer électrique en 1882 ; c'est l'un des premiers appareils électroménager à fonctionner à l'électricité. À l'intérieur du fer, une résistance fait chauffer la semelle et un thermostat contrôle la chaleur. On parle de « fers » à repasser car les premiers sont fabriqués en fer.

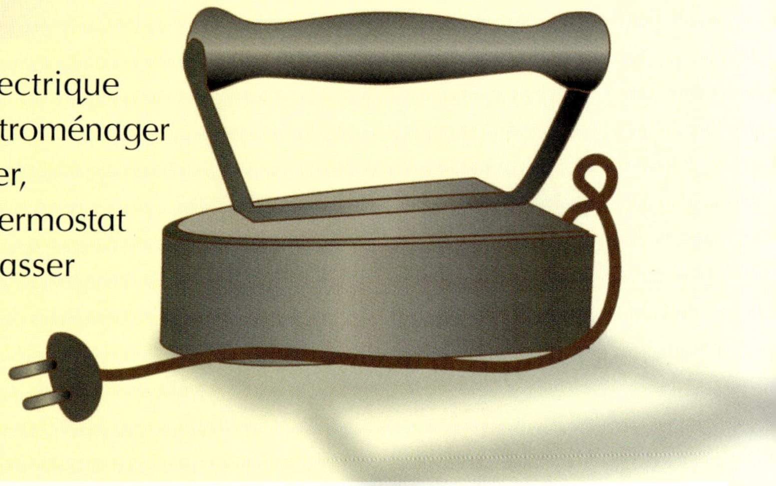

CI-DESSOUS Les premiers fers sont chauffés directement sur la flamme du gaz ou la plaque du four. Le fer électrique se révèle donc bien plus pratique.

LE SAIS-TU ?
Le grille-pain à éjection automatique apparaît dans les années 1930, mais les États-Unis sont en pleine crise économique et peu de gens peuvent s'offrir cet appareil de luxe !

Quand apparut l'aspirateur dans les foyers?

En 1901, l'ingénieur anglais Cecil Booth a l'idée d'un appareil qui aspirerait la poussière au lieu de la balayer. Il fait un test en aspirant de la poussière à travers un mouchoir. Le résultat est concluant. Cette même année, il fait breveter le premier aspirateur, qui fonctionne grâce à un moteur à essence à combustion interne. Son Puffing Billy est si gros qu'il est tracté de maison en maison sur une charrette tirée par des chevaux.

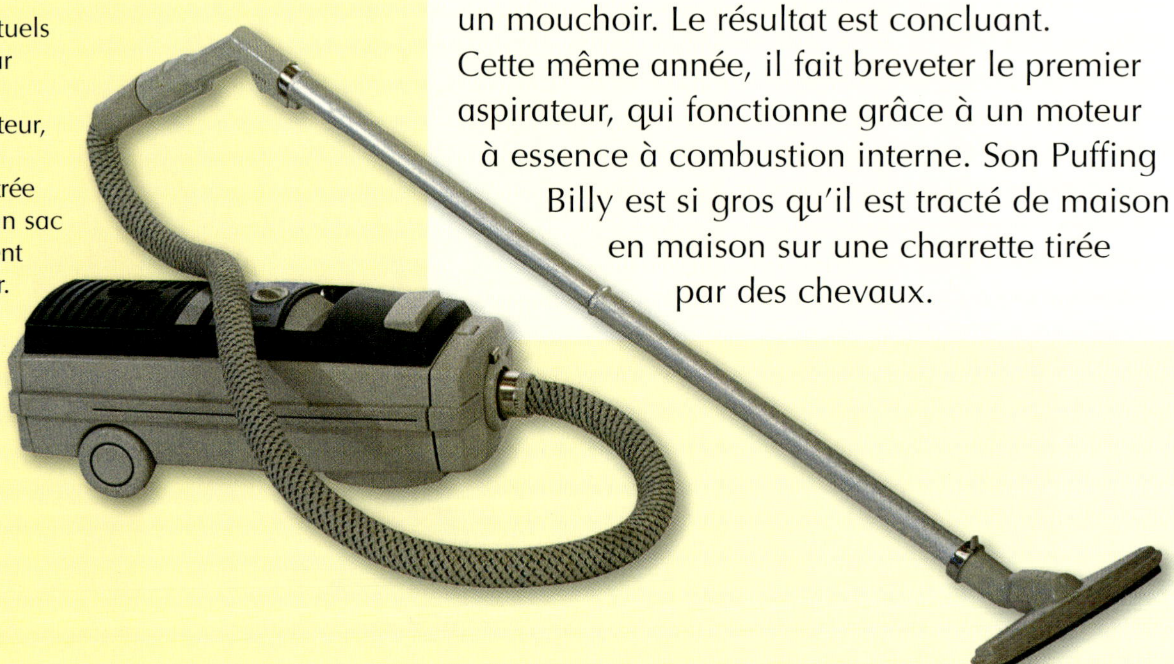

CI-CONTRE Les aspirateurs actuels ont un petit moteur électrique. Il fait tourner un ventilateur, qui aspire l'air et la poussière, filtrée et collectée dans un sac ou un compartiment que l'on peut vider.

1901
Mise en service de l'aspirateur tiré par des chevaux

1945
Commercialisation des premiers fours à micro-ondes

1970
Première utilisation des codes-barres

1982
Invention de la carte à puce pour les cabines téléphoniques

Où fut conçu le sèche-cheveux?

Le sèche-cheveux à main est conçu aux États-Unis en 1920 et, même si son design a évolué, son fonctionnement reste aujourd'hui encore identique. À l'intérieur, des fils métalliques traversés par un courant électrique chauffent l'air propulsé par un ventilateur motorisé. L'air chaud sort de l'appareil et sèche les cheveux en faisant évaporer l'eau.

Quel fut le premier robot ménager?

Le premier robot ménager, mis au point en France, en 1971, est le Magimix. Un robot constitue un véritable gain de temps puisqu'il mélange les aliments, les hache, les coupe en morceaux, ou les transforme en purée ou en soupe. Les robots sont équipés d'un moteur électrique qui actionne des lames ou d'autres ustensiles.

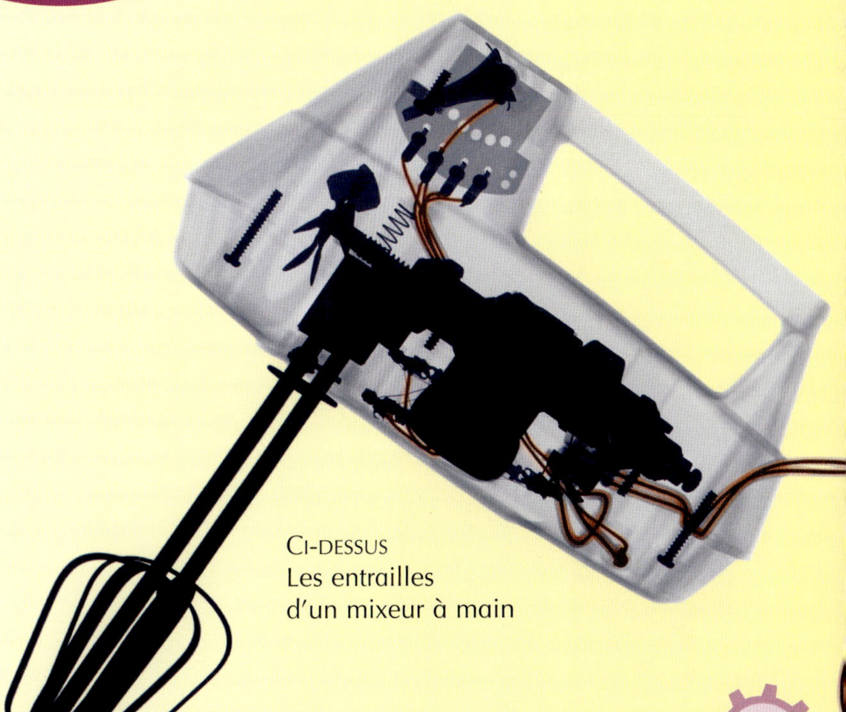

CI-DESSUS
Les entrailles d'un mixeur à main

DATES CLÉS DE L'ÉCONOMIE DOMESTIQUE

- **1000 av. J.-C.** Apparition des pièces en Chine
- **400 av. J.-C.** Invention romaine du chauffage central
- **800 apr. J.-C.** Création en Chine du papier-monnaie
- **1596** Premiers W.-C. à chasse d'eau
- **1893** Conception de la fermeture Éclair

L'argent

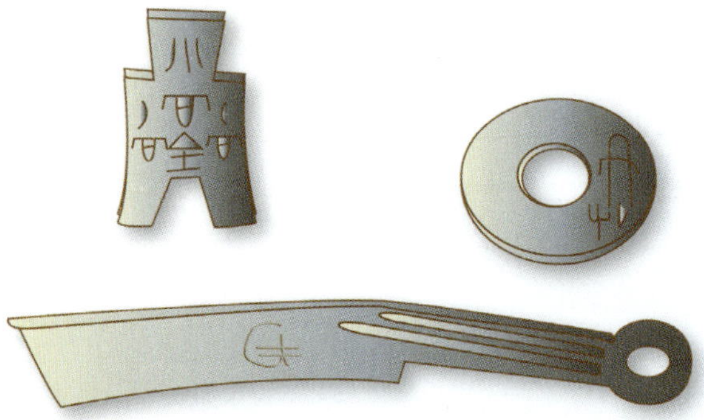

CI-DESSUS Les premières pièces chinoises ont des formes variées.

Quand furent créées les pièces de monnaie?

Avant l'apparition de la monnaie, les gens font du troc ou paient avec des dents de requin, des cauris (coquillages), des plumes, du sel ou des fourrures d'écureuil. En 650 av. J.-C., en Turquie, on pèse des pièces en argent de différentes tailles et on inscrit dessus leur valeur. En Chine, les premières pièces sont façonnées en 1000 av. J.-C., dans un métal grossier. Ailleurs dans le monde, on utilise des morceaux d'argent.

Comment fabrique-t-on des pièces?

Aujourd'hui, les pièces sont en métaux légers et peu chers. Des rouleaux géants de feuilles de métal sont insérés dans des machines puissantes qui les perforent pour obtenir de petits disques vierges. D'autres machines gravent la valeur de la pièce sur chacune de ses faces, ainsi que des mots et des signes indiquant son origine.

CI-DESSOUS Les pièces sont fabriquées dans une usine.

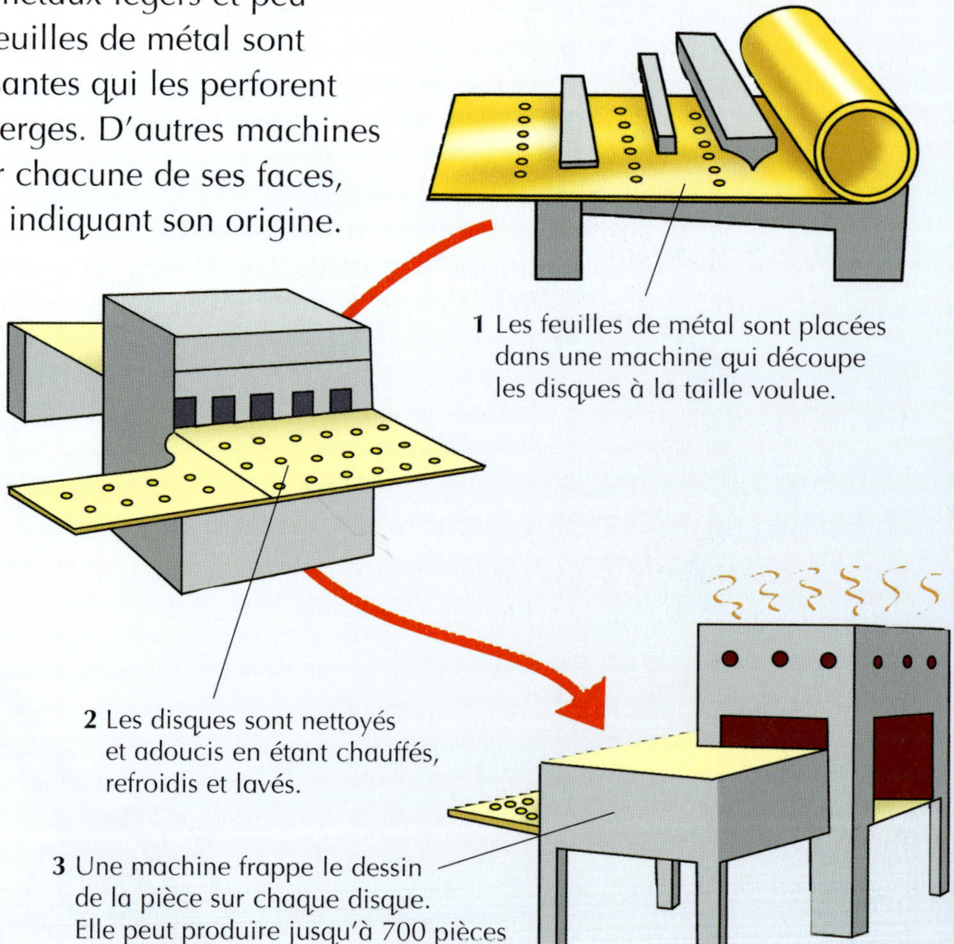

1 Les feuilles de métal sont placées dans une machine qui découpe les disques à la taille voulue.

2 Les disques sont nettoyés et adoucis en étant chauffés, refroidis et lavés.

3 Une machine frappe le dessin de la pièce sur chaque disque. Elle peut produire jusqu'à 700 pièces par minute!

CI-DESSOUS Les pièces neuves sont comptées électroniquement.

1901
Mise en service de l'aspirateur tiré par des chevaux

1945
Commercialisation des premiers fours à micro-ondes

1970
Première utilisation des codes-barres

1982
Invention de la carte à puce pour les cabines téléphoniques

CI-DESSUS
Les dollars américains sont surnommés « billets verts ».

Où apparurent les billets de banque ?

Les pièces d'or et d'argent pèsent lourd. En l'an 800, les Chinois inventent un moyen de paiement plus léger, le papier-monnaie. Les Romains l'utilisent à leur tour vers l'an 1000, mais ce type de monnaie tarde à se répandre. Au XVe siècle, les habitants de certaines régions d'Inde et du Japon l'adoptent ; en Europe il faut attendre les années 1660.

Qu'est-ce qu'une carte à puce ?

De nos jours, nous payons souvent à l'aide d'une carte de crédit à puce, mais ce n'est qu'en 1982 que sont conçues les premières cartes téléphoniques à puce. La puce électronique des cartes de crédit actuelles stocke des informations, par exemple la somme disponible sur notre compte en banque. Quand nous achetons un article, la puce déduit son prix de la somme que nous pouvons dépenser.

LE SAIS-TU ?
Un jour de 1951, l'Américain Frank McNamara oublie son portefeuille… et invente la carte de crédit. Sa Diners Club est la première carte permettant de dîner et de payer ultérieurement.

CI-DESSOUS Les cartes de crédit contiennent des informations codées qui se connectent directement au compte en banque.

Les achats

Quand apparurent les magasins?

Les premières boutiques ouvrent en 650 av. J.-C., en Turquie, dans une région où se sont répandues les pièces en argent. Ce sont des échoppes permanentes – à la différence des étals de marché temporaires – où l'on vend et achète des marchandises. Au XVIIIe siècle se développent les grands magasins, avec différents rayons spécialisés.

LE SAIS-TU ?
Les premiers supermarchés en self-service avec parking apparaissent aux États-Unis dans les années 1930.

CI-DESSOUS À Londres, *Harrods*, l'un des grands magasins les plus célèbres, est illuminé pour Noël.

Qui inventa la caisse enregistreuse?

La caisse enregistreuse mécanique est conçue en 1879 par l'Américain James Ritty, pour empêcher ses employés de voler la monnaie. On additionne les prix des articles en appuyant sur des touches, puis le total s'affiche sur un cadran bien visible. Aujourd'hui, plus besoin de taper les chiffres, la plupart des caisses scannent des codes-barres.

À DROITE La première caisse enregistreuse de James Ritty

Quel est le principe d'un code-barres?

Le code-barres est une étiquette barrée de rayures noires et blanches apposée sur chaque article disponible à la vente. Un lecteur à rayon laser scanne le code-barres et la caisse enregistreuse identifie immédiatement l'article et son prix. Le premier produit étiqueté ainsi est un paquet de chewing-gums dans les années 1970.

CI-DESSUS Le lecteur identifie chaque article grâce au code-barres.

CI-DESSOUS Les achats en ligne sont faciles et rapides.

Comment fait-on ses courses sur Internet?

Aujourd'hui, on peut faire ses courses sur Internet avec un ordinateur, aussi simplement qu'en passant une commande par téléphone. Il faut généralement régler les articles par carte de crédit. Ces derniers sont ensuite livrés à domicile. Le premier site de vente en ligne, lancé par l'informaticien américain Jeff Bezos est Amazon.com, qui commercialise des livres sur Internet depuis 1995.

DATES CLÉS DE L'ÉCONOMIE DOMESTIQUE

1000 av. J.-C.	400 av. J.-C.	800 apr. J.-C.	1596	1893
Apparition des pièces en Chine	Invention romaine du chauffage central	Création en Chine du papier-monnaie	Premiers W.-C. à chasse d'eau	Conception de la fermeture Éclair

Les vêtements

À DROITE Les zips des gilets s'ouvrant jusqu'en bas ont été mis au point dans les années 1960.

Qui mit au point la fermeture Éclair?

En 1893, l'ingénieur américain Whitcomb Judson cherche un moyen plus rapide que les lacets pour fermer ses bottes. Il invente alors la fermeture à glissière, formée de crochets alternés. La première fermeture Éclair est conçue en 1913 et brevetée en 1917 par Gideon Sundback. Ses dents en métal ou en plastique aux bords en arête peuvent s'emboîter ou se désunir à l'aide d'une navette.

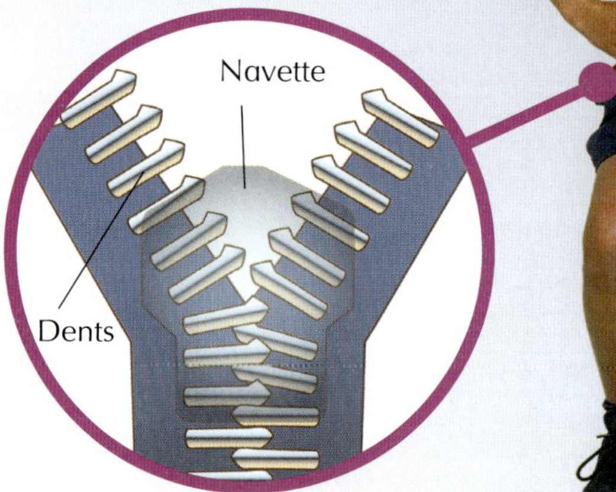

Où furent créés les vêtements imperméables?

Les vêtements imperméables sont inventés en 1823 à Glasgow, une ville d'Écosse au climat pluvieux. Leur concepteur associe caoutchouc et tissu pour produire une matière étanche. Il se nomme Charles Macintosh, c'est pourquoi, au Royaume-Uni, un *macintosh* est un imperméable. Certains sont encore fabriqués à base de caoutchouc et de plastique, mais la plupart sont en fibres synthétiques plastifiées. D'autres sont recouverts d'une substance qui repousse l'eau qui forme alors des gouttelettes et glisse.

CI-DESSUS L'élasthanne est léger, extensible et résistant.

Quand apparurent les tissus synthétiques?

Le premier tissu synthétique, le Nylon, est inventé en 1938 aux États-Unis, par des scientifiques de New York et de Londres, d'où son nom (NY-Lon). En 1959, l'élasthanne est mis au point par Joseph Shivers aux États-Unis. Ces deux tissus synthétiques et bien d'autres (polyester, acrylique, etc.) sont obtenus à partir de fibres de plastique issues du pétrole.

CI-DESSOUS Il faut recycler à peu près 25 bouteilles en plastique de 2 litres pour fabriquer un pull en polaire.

Comment sont faits les habits en polaire?

Les vêtements en polaire sont souvent en polyester mais, le pétrole étant une ressource limitée, certains sont faits à partir de bouteilles en plastique recyclées. Les bouteilles usagées sont hachées en flocons, lavées, séchées, puis fondues. Le plastique fondu est façonné en longues bandes de fibres, qui sont filées, tissées, coupées et cousues pour obtenir un vêtement.

LE SAIS-TU ?
En 1907, Georges de Mestral invente le Velcro grâce à son chien ! Il remarque que les graines de bardane s'agrippent à sa fourrure à l'aide de petits crochets. Les attaches Velcro ont de petits crochets d'un côté qui se fixent à de petites boucles de l'autre côté.

LA COMMUNICATION

Recevoir et transmettre des informations se révèle essentiel dans notre vie quotidienne et nombre d'innovations ingénieuses nous aident à communiquer. Sais-tu où apparut le papier, quel fut l'ancêtre du stylo et quand furent imprimés les premiers livres ? Découvre aussi qui est l'inventeur du téléphone et par quel mystère les ondes radio circulent à travers le monde entier. Suis l'évolution des ordinateurs, si imposants à l'origine, et de la taille d'un livre aujourd'hui.

Le papier et les crayons

Quand fut inventé le papier?

En 3000 av. J.-C., les Égyptiens inventent le papier en assemblant les tiges d'une plante proche du roseau, le papyrus. Ils forment ainsi des feuilles qui, une fois séchées, sont roulées en manuscrits. Le papier « moderne » est fabriqué en Chine vers l'an 105. Un fonctionnaire de la Cour, Cai Lun, broie des plantes ligneuses et les trempe dans l'eau pour obtenir une pulpe. Une fois pressée et séchée, celle-ci donne des feuilles de papier.

CI-DESSUS Avant l'arrivée du papier en Europe, manuscrits et livres sont en vélin, issu de peaux d'animaux.

CI-DESSUS Il faut attendre 1 000 ans avant que l'art de la fabrication du papier, né en Chine, arrive en Europe, vers 1150.

Quel fut l'ancêtre du stylo?

Dans l'Égypte antique, vers 3000 av. J.-C., les scribes écrivent sur des papyrus avec un roseau creux trempé dans de l'encre. Dès le IIe siècle apr. J.-C., les écrivains chinois excellent dans l'art de la calligraphie. Ils dessinent des caractères raffinés à l'aide de pinceaux formés d'une tige de bambou, surmontée d'une touffe de cheveux. De 500 à 1830, on utilise de longues plumes d'oie taillées en pointe avec un canif, puis trempées dans de l'encre. Depuis les années 1880, les stylos plumes sont dotés de plumes en acier et d'une cartouche d'encre intégrée.

À DROITE La pointe creuse de la plume contient assez d'encre pour écrire une phrase.

1876
Conception
du premier téléphone

1896
Invention
de l'émetteur radio

1938
Création
du stylo à bille

1977
Premier ordinateur
personnel

1981
Ouverture d'Internet
au public

Qui mit au point le stylo à bille?

En 1938, deux Hongrois vivant en Argentine conçoivent le premier stylo à bille : le journaliste Ladislao Biro et son frère Georg, chimiste, mettent au point un stylo dont l'encre sèche rapidement. Sa pointe est dotée d'une petite bille de métal mobile. Depuis le milieu des années 1940, il est répandu dans le monde entier.

À GAUCHE Lors de l'écriture, la bille métallique du stylo roule sur elle-même. Elle étale sur le papier l'encre qui se trouve dans la cartouche.

LE SAIS-TU ?
En 2005, on conçoit un revêtement étanche pour le papier. On peut écrire dessus avec un crayon ou de l'encre, qui ne s'efface pas dans l'eau.

CI-DESSOUS Tu peux écrire directement sur un écran tactile avec un stylet. Les mots et les nombres que tu traces à la main sont stockés dans la mémoire du PDA.

Comment peut-on écrire sur un écran?

Avec un stylo spécial, le stylet, on peut écrire des mots directement sur l'écran tactile d'un PDA (*Personal Digital Assistant* ou assistant personnel numérique). Il s'agit de petits ordinateurs de poche servant à enregistrer des coordonnées ou d'autres informations. Le PDA numérise ce que l'on écrit sur son écran tactile avec un stylet. Les premiers PDA à écran tactile sont produits aux États-Unis en 1996.

L'imprimerie

Quand fut inventée la presse à imprimer?

Les premiers livres sont rares et chers, car ils sont écrits à la main. À partir du XVe siècle, l'invention de la presse permet de fabriquer plus rapidement davantage d'exemplaires d'un livre, pour un grand nombre de lecteurs. La première est conçue par l'orfèvre allemand Johann Gutenberg en 1450. Il fabrique des caractères d'imprimerie en façonnant des lettres en relief sur des blocs de bois, qu'il dispose pour former les mots du texte à reproduire. Imbibées d'encre noire, les lignes de caractères sont pressées sur du papier pour obtenir des pages de texte.

CI-DESSUS Il faut deux ou trois personnes pour imprimer une page avec la presse de Gutenberg.

LE SAIS-TU ?
Les premiers livres sont imprimés en Chine vers l'an 868. Les mots et les images sont gravés dans des blocs de bois qui sont ensuite encrés et pressés sur du papier.

CI-DESSOUS Une machine à écrire du début du XXe siècle

Qui conçut la machine à écrire?

La machine à écrire moderne, mise au point par l'Américain Christopher Sholes en 1867, est fabriquée en série et commercialisée par Philo Remington à partir de 1874. Elle permet à des dactylographes d'imprimer des pages de texte propres et lisibles. Cette machine contribue à la diffusion massive de l'information au XXe siècle.

La disposition des touches QWERTY conçue par Christopher Sholes pour les machines à écrire est conservée sur les claviers d'ordinateur anglo-saxons. En France, les touches suivent l'ordre AZERTY.

Qu'est-ce que l'offset?

De nos jours, les livres et magazines sont souvent imprimés en offset. Les fichiers informatiques des pages sont transférés sur des plaques métalliques. Il y a une plaque par couleur primaire – cyan (bleu), magenta (rose), jaune plus une pour le noir. Chaque plaque est enroulée autour d'un cylindre. Lorsqu'il tourne, l'une des quatre couleurs d'encre est appliquée sur la plaque. De l'eau est également appliquée afin que l'encre n'imprègne pas les zones devant rester blanches. La plaque transfère la page encrée sur un cylindre de caoutchouc mou, qui imprime les mots et images sur un rouleau de papier. Une fois séché, le papier passe sous les cylindres des trois autres plaques.

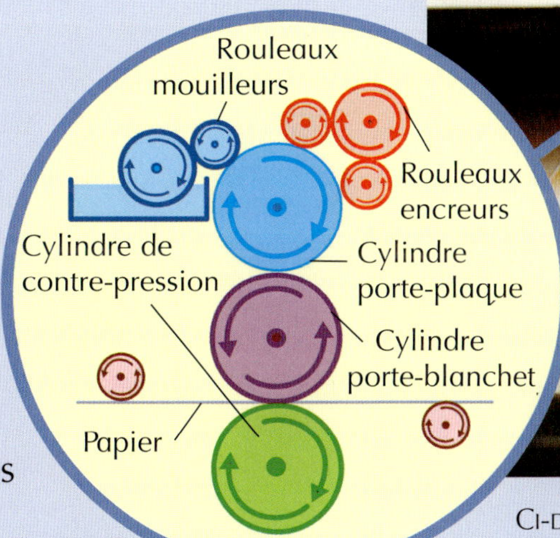

CI-DESSUS Les presses offset automatisées sont très rapides et précises.

CI-DESSUS Les imprimantes laser sont très répandues chez les particuliers.

Qu'est-ce que la PAO?

La publication assistée par ordinateur (PAO) est lancée lorsque des logiciels permettent de créer des documents imprimables depuis leur conception jusqu'au travail de l'imprimeur. Il s'agit de la saisie du texte, du travail sur les images (retouche, recadrage, etc.), de la mise en pages (l'agencement du texte et des images), et de la création de documents qui vont permettre à l'imprimeur d'imprimer très exactement ce qui est demandé. Aujourd'hui, on peut faire de la PAO chez soi, il suffit d'un ordinateur et d'une imprimante.

Le téléphone

LE SAIS-TU ?
Dès les années 1990, le visiophone permet aux interlocuteurs de se voir. Une petite caméra filme les visages, puis les images sont transmises par la ligne téléphonique.

Qu'est-ce que le télégraphe électrique?

Le télégraphe électrique est mis en service en 1844 pour envoyer un message entre les villes américaines de Washington et de Baltimore. Ce système de communication consiste à transcrire les lettres de l'alphabet selon un code de points et de tirets imaginé par les Américains Samuel Morse, Joseph Henry et Alfred Vail, d'où son nom de « code morse ». Ce message en morse est transmis *via* un câble électrique : en tapant sur un manipulateur, on laisse passer ou on interrompt le courant. À l'autre bout de la ligne, un récepteur enregistre les signaux et traduit le code en mots.

À DROITE Le manipulateur du télégraphe permet de taper des messages en morse.

CI-DESSOUS Les premiers téléphones n'ont ni touche ni cadran pour les numéros. C'est un opérateur qui met en relation les interlocuteurs.

Qui mit au point le téléphone?

En 1875, l'inventeur écossais Alexander Graham Bell est le premier à expérimenter un système permettant la transmission de la voix humaine à distance par un câble électrique. Il découvre que la vibration de languettes d'acier à l'extrémité d'une ligne produit un son à l'autre bout de celle-ci. L'année suivante, il fait breveter son invention sous le nom de vibraphone, que n'est autre que l'ancêtre du téléphone.

1876	1896	1938	1977	1981
Conception du premier téléphone	**Invention de l'émetteur radio**	**Création du stylo à bille**	**Premier ordinateur personnel**	**Ouverture d'Internet au public**

Comment fonctionnent les téléphones modernes ?

L'appelant compose un numéro de téléphone, converti en signaux électriques qui cheminent *via* le réseau téléphonique jusqu'à un central. De puissants ordinateurs dirigent l'appel vers la bonne destination, puis le téléphone du correspondant sonne. Le téléphone convertit alors la voix des interlocuteurs en signaux électriques qui transitent par des câbles de cuivre, ou en ondes lumineuses, qui circulent par fibres optiques (fils de verre très fins). Les appels internationaux sont relayés par des satellites sous forme d'ondes radio.

CI-DESSOUS Le réseau téléphonique

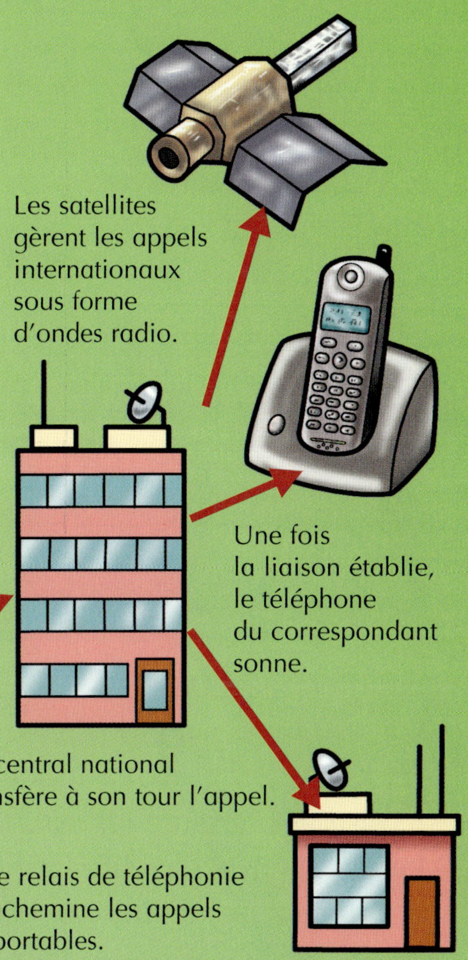
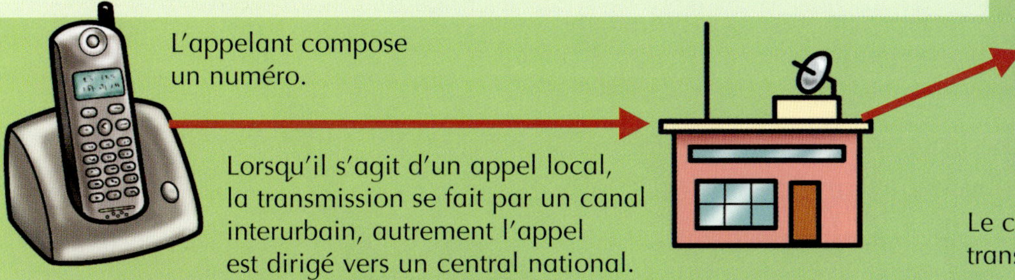

Quand apparut le téléphone portable ?

Le téléphone mobile, ou portable, est conçu en 1973 par l'Américain Martin Cooper. Les premiers modèles sont destinés à être utilisés en voiture. Aujourd'hui, les portables permettent d'appeler et d'être appelé presque partout. Ils émettent et reçoivent des appels sous forme d'ondes radioélectriques invisibles. Celles-ci circulent dans les airs jusqu'à une antenne relais de téléphonie mobile, qui transmet l'appel vers la destination souhaitée.

À DROITE Les informations que contient un téléphone portable sont stockées sur une carte SIM (*Subscriber Identity Module*).

La radiodiffusion

Qui mit au point la radio?

L'ingénieur électricien italien Guglielmo Marconi prend appui sur les idées d'inventeurs précurseurs pour créer le premier système radio en 1896. Un émetteur radio convertit le son en signaux électriques, à leur tour changés en ondes radio. Ces ondes invisibles peuvent parcourir de longues distances à la vitesse de la lumière.

CI-DESSOUS L'émetteur radio de Marconi

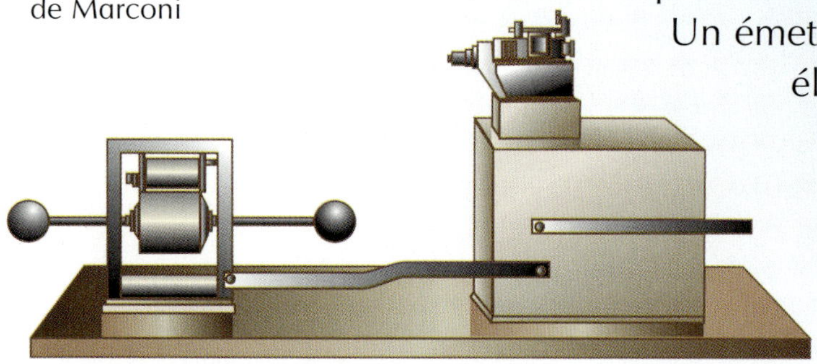

Qu'est-ce qu'une émission de radio?

Les premières transmissions radio sont des messages télégraphiques en morse, souvent à usage militaire. En 1906, l'inventeur canadien Reginald Fessenden réalise la première émission de radio aux États-Unis. Grâce à son émetteur, il diffuse de la musique et une lecture de la Bible. Toutefois, son audience reste limitée, les postes de radio familiaux n'étant pas disponibles à la vente avant les années 1920.

CI-DESSOUS Les transmissions radio sont d'abord appelées TSF (Télégraphie sans fil), car elles circulent sous forme d'ondes invisibles et non *via* des câbles électriques.

LE SAIS-TU ?
L'inventeur britannique Trevor Baylis met au point une radio mécanique en 1991. En tournant une poignée, l'auditeur charge la batterie à l'intérieur.

Quand apparurent les premiers postes à transistors?

Les premiers postes de radio portatifs apparaissent en 1954, grâce à l'invention du transistor. Ce composant minuscule émet des signaux sonores plus élevés que les lourds et volumineux récepteurs à lampe. Les postes à transistors, moins gourmands en énergie, fonctionnent avec de petites piles électriques.

Les signaux radio sont amplifiés par un transistor.

Grâce aux piles, les radios deviennent légères et portables.

CI-DESSUS Un bouton de réglage sur le transistor permet de sélectionner la station de radio souhaitée. Chaque station diffuse ses programmes sur une longueur d'ondes différente.

Une antenne capte les ondes radio diffusées par un émetteur et les redirige vers un récepteur.

Comment fonctionne la radio numérique?

Dès 1995, les radios numériques offrent aux auditeurs un plus grand choix de programmes et une meilleure qualité sonore. Les modèles les plus récents permettent d'enregistrer les émissions. Ce type de poste de radio capte et convertit les sons et les textes émis sous forme d'ondes radio en signaux numériques. Puis un logiciel les décode et les reconvertit en sons et en textes.

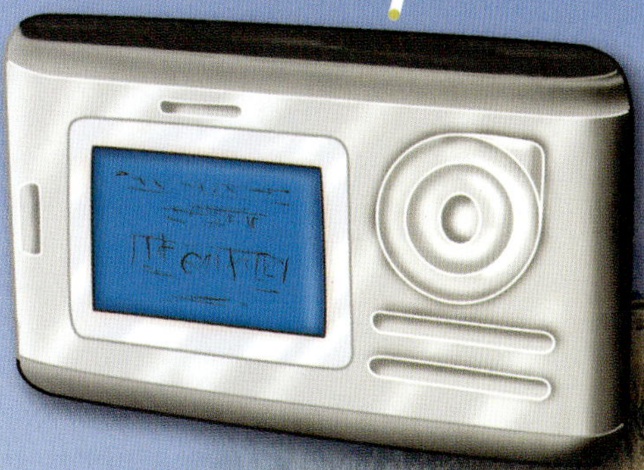

CI-DESSOUS Les radios numériques sont dotées d'un petit écran qui affiche des informations sur l'émission en cours.

Les ordinateurs

CI-DESSUS Le premier ordinateur entièrement électronique, l'ENIAC, réalise des calculs scientifiques pour l'armée des États-Unis.

Qui inventa l'ordinateur ?

Le mathématicien anglais Charles Babbage imagine un ordinateur mécanique à vapeur en 1822. Mais la technologie de l'époque et le manque d'argent ne lui permettent pas de construire sa machine à calculer. En 1946, les Américains John Eckert et John Mauchly conçoivent le premier ordinateur électronique totalement programmable. Cette énorme machine à calculer automatique occupe toute une pièce à l'université de Pennsylvanie.

LE SAIS-TU ?
Les ordinateurs les plus rapides et les plus puissants du monde sont baptisés superordinateurs. En une seconde, ils réalisent des calculs qui prendraient 10 ans à une calculatrice…

Quand apparut le PC ?

Les ordinateurs personnels ou PC (*Personal Computer*) font leur apparition dans les années 1970. Les Américains Steve Jobs et Steve Wozniak mettent au point le premier PC à usage familial en 1977. Leur *Apple II* intègre un écran couleur et un clavier dans un même boîtier. Aujourd'hui, les PC sont programmés pour effectuer de très nombreuses tâches : traitement de texte, calcul, jeu vidéo…

CI-DESSOUS Le micro-ordinateur *Apple II*

1876 Conception du premier téléphone | 1896 Invention de l'émetteur radio | 1938 Création du stylo à bille | 1977 Premier ordinateur personnel | 1981 Ouverture d'Internet au public

CI-DESSOUS L'unité centrale contient les principaux composants électroniques qui font tourner l'ordinateur : le microprocesseur, la mémoire vive, les disques durs et les lecteurs de disques.

Comment fonctionne un ordinateur?

Un ordinateur traite à grande vitesse des données texte, image ou son sous forme binaire (un langage fait de 0 et de 1). Le cœur de l'ordinateur est l'unité centrale (UC), qui contrôle toutes les opérations de l'ordinateur grâce à un microprocesseur – une petite puce de silicone avec divers circuits électroniques. Les données sont stockées sur les disques durs (mémoire morte); pour être exploitées par le microprocesseur, elles doivent être chargées dans la mémoire RAM (*Random Access Memory*), appelée aussi mémoire vive.

Comment est conçu un ordinateur portable?

Dès 1982, sont conçus de nouveaux ordinateurs de petite taille et facilement transportables, qui sont alimentés par une batterie. Cette invention permet aux employés d'entreprises de travailler à distance du bureau, par exemple dans l'avion ou à leur domicile. Un portable est équipé des mêmes composants et a les mêmes capacités qu'un PC. Il est composé d'un clavier et d'un écran intégrés dans un boîtier pliable. Une tablette tactile ou, au besoin, une souris externe, contrôle le curseur.

À DROITE Un ordinateur portable, petit et léger, se transporte partout.

Le courrier

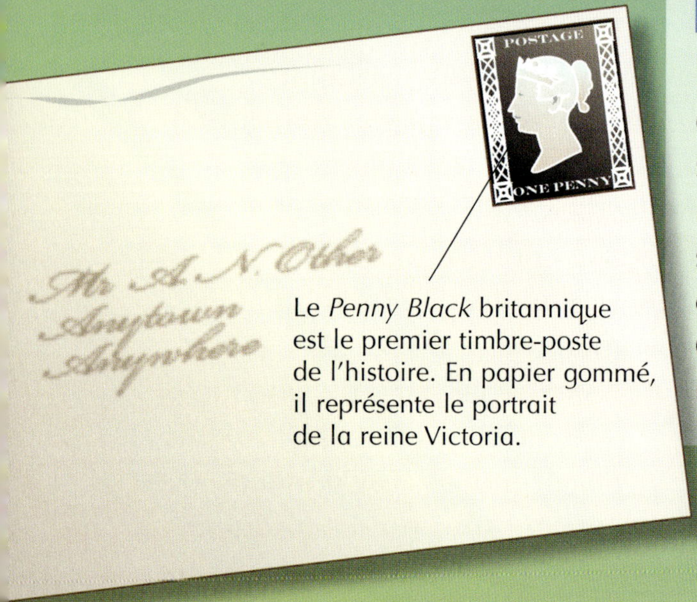

Le *Penny Black* britannique est le premier timbre-poste de l'histoire. En papier gommé, il représente le portrait de la reine Victoria.

Où s'est développé le service postal ?

En 1660, un service postal officiel est mis en place en Angleterre. Il est baptisé *Royal Mail*, car il gère surtout les lettres royales et gouvernementales. Les tarifs varient selon la distance et les lettres sont payées à la livraison. Le timbre-poste prépayé est lancé en 1840 par l'Anglais Rowland Hill. Chaque timbre coûte un penny et permet d'envoyer une lettre n'importe où en Grande-Bretagne.

LE SAIS-TU ?
En comparaison des fax et des courriels qui permettent d'envoyer des messages quasi instantanément, les plis postaux sont de vrais escargots !

CI-DESSUS En 1902, la Grande-Bretagne innove avec des cartes postales dont le recto est imagé. Au verso, on peut écrire un message et l'adresse du destinataire.

Quand apparurent les cartes postales ?

Les premières cartes postales sont imaginées aux États-Unis par John Charlton et imprimées par le papetier Hyman Lipman vers 1861. Ce sont des cartes unies, avec une simple frise sur le contour. Dès 1873, les cartes postales unies prétimbrées inondent toute l'Europe et les États-Unis. Durant les années 1890, des cartes imagées sont créées. Elles sont, au début du XXe siècle, un support très apprécié pour adresser des messages.

CI-DESSOUS Le télécopieur envoie ou reçoit des télécopies (fax).

On insère le document dans le fax, qui le scanne.

Le fax passe par la ligne téléphonique.

Qu'est-ce qu'un télécopieur ?

Le « fac-similé », ou fax, apparaît à la fin des années 1980 et permet d'envoyer rapidement, par voie électronique, des lettres et des images. Le fax scanne l'image d'un document. Il identifie les zones claires et sombres sous forme de milliers de points différents qu'il convertit en signaux électriques et qu'il transmet par une ligne téléphonique au télécopieur destinataire. Celui-ci produit une copie du document original en imprimant des points minuscules correspondant aux zones sombres de la page.

Qui inventa le courriel ?

En 1971, le programmeur américain Ray Tomlinson invente le courrier électronique, ou courriel (en anglais *e-mail*). Son objectif est de faire en sorte que plusieurs utilisateurs d'un même ordinateur puissent s'adresser des messages ; mais il réalise que son innovation peut aussi permettre à plusieurs ordinateurs de communiquer. Avec le courriel, on peut envoyer et recevoir des messages *via* des ordinateurs connectés à Internet, qui exploite le réseau téléphonique pour les relier entre eux. Aujourd'hui, on peut envoyer un courriel à l'adresse électronique d'un ami, où qu'il soit dans le monde.

CI-DESSOUS Avec Internet, on peut envoyer un courriel à plusieurs personnes en même temps, joindre au message des images, de la musique et des vidéos.

Internet

Quand Internet fut-il mis en service?

Le réseau informatique Internet est initié dans les années 1960 par le ministère américain de la Défense, qui souhaite développer une nouvelle forme de communication entre ses grands ordinateurs. Il s'ouvre aux lycéens et aux étudiants en 1981. Aujourd'hui, Internet relie des millions d'ordinateurs, ce qui permet de communiquer et d'échanger des informations dans le monde entier.

À GAUCHE Grâce à une connexion Internet, on peut accéder à des informations provenant du monde entier en quelques secondes.

À GAUCHE Des messages sous forme de texte, de son et de vidéo sont envoyés *via* Internet à une adresse électronique à l'autre bout de la planète en quelques secondes.

Quel est le fonctionnement d'Internet?

Un ordinateur se connecte à Internet *via* un modem (modulateur/démodulateur) qui convertit les données (texte, image, son et vidéo) en un signal électrique. Lorsque l'on saisit l'adresse d'un site Internet, un signal est envoyé par une ligne téléphonique, ou un câble spécial, vers l'ordinateur du fournisseur d'accès à Internet. Puis, il transite *via* des ordinateurs spécifiques, les routeurs, qui le dirigent vers l'ordinateur qui héberge le site. Celui-ci convertit ce signal en données et renvoie une information qui s'affiche à l'écran de l'internaute.

Fournisseur d'accès à Internet

Qui inventa le Web ?

L’informaticien britannique Timothy Berners-Lee invente le Web (la Toile) en 1989. Il s’agit de milliards de fichiers ou de pages d’informations, qui se trouvent sur les ordinateurs des universités, des musées, des gouvernements, des entreprises et des particuliers du monde entier. Tim Berners-Lee développe un protocole capable de relier entre elles toutes ces informations sur Internet. Avec un logiciel de navigation sur un ordinateur connecté à la Toile, il est possible de chercher et de visionner des pages en entrant l’adresse d’un site précédée de « www » (*World Wide Web*).

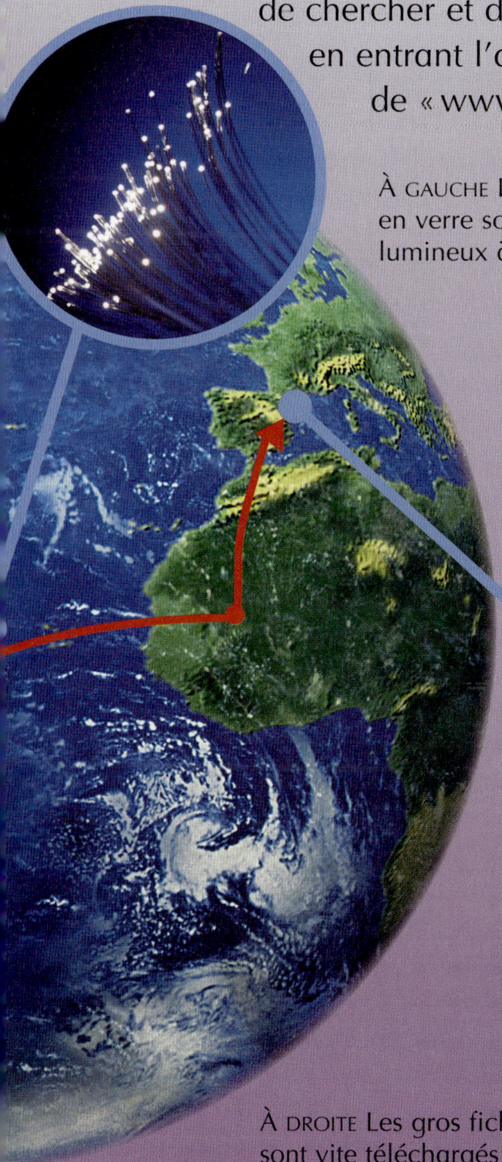

À GAUCHE Les câbles à fibres optiques, en verre souple, transmettent des signaux lumineux à grande vitesse.

LE SAIS-TU ?
Les données envoyées par ordinateur circulent sous forme d’impulsions lumineuses. Elles passent par des fibres optiques, fils de verre aussi fins qu’un cheveu !

Sur quel système repose l’Internet à haut débit ?

Les ordinateurs reliés à Internet par une connexion à haut débit accèdent au Web plus vite que jamais, grâce à des modems puissants et à des câbles à fibres optiques. Le haut débit permet d’émettre et de télécharger des données (courriels, pages Web, etc.) plus vite qu’avec les modems à numérotation automatique, qui utilisent le réseau téléphonique standard. Il transporte plus de données en même temps. Il est donc plus facile de télécharger des gros fichiers – jeu, vidéo ou musique.

À DROITE Les gros fichiers sont vite téléchargés grâce au haut débit.

LES DIVERTISSEMENTS

Les jeux et les jouets sont conçus pour nous divertir. Écoute la mélopée des guitares, démonte un lecteur de CD et rencontre l'inventeur des baladeurs. Découvre la première photographie, prise en huit heures, et les cinémas IMAX dont les images en 3D bondissent hors de l'écran. Suis l'évolution de la télévision, du noir et blanc au numériscope, qui peut mettre en pause des séquences en direct.

Les instruments de musique

Comment fonctionne un piano?

Bartolomeo Cristofori di Francesco, facteur (fabricant) d'instruments italien, crée le piano en 1700. Le piano est un instrument à clavier, avec une rangée de touches noires et blanches. Quand le pianiste appuie sur une touche, un marteau couvert de feutre frappe une ou plusieurs cordes à l'intérieur de l'instrument. En vibrant, les cordes produisent une note. Lorsqu'il relâche la touche, un étouffoir stoppe la vibration.

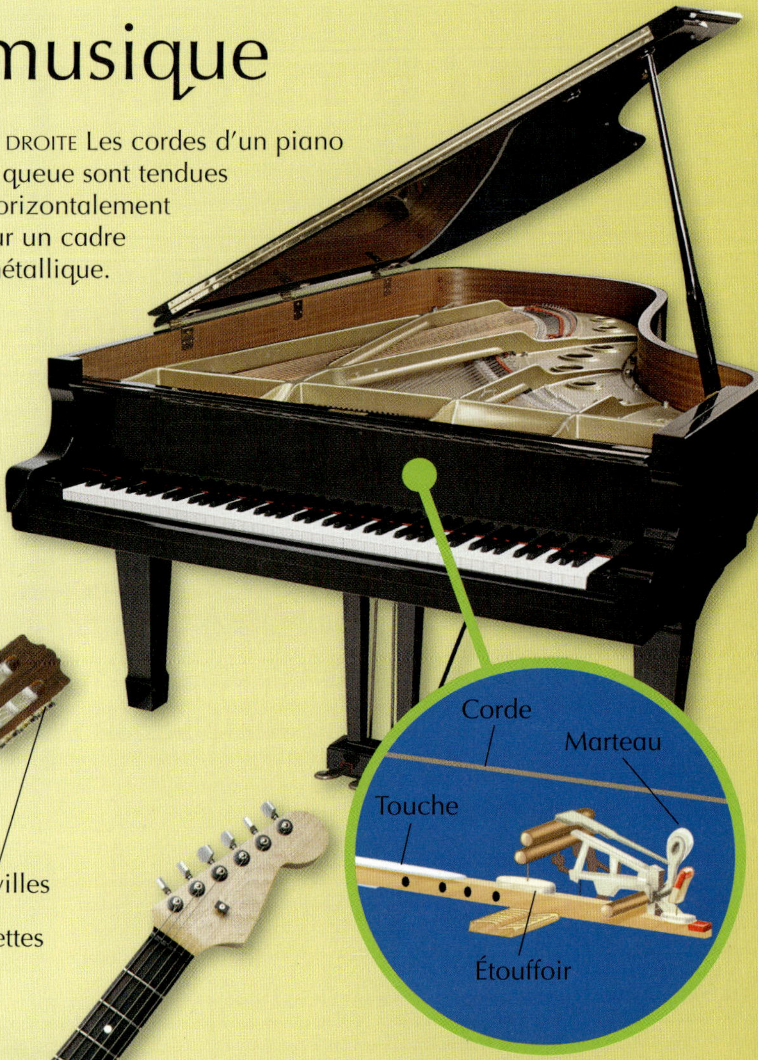

À DROITE Les cordes d'un piano à queue sont tendues horizontalement sur un cadre métallique.

À GAUCHE Au lieu d'une caisse de résonance creuse, une guitare électrique possède un micro magnétique qui transforme la vibration des cordes en signal électrique, converti en son par un amplificateur.

Quand fut inventée la guitare?

Vers 1850, le luthier espagnol Antonio de Torres améliore la sonorité de la guitare en modifiant la taille de la rosace et la forme de la caisse, dont la table d'harmonie (le dessus), en bois fin, est désormais cuitrée, tandis que l'éclisse (les côtés) et le dos (le dessous) sont en papier mâché.

LE SAIS-TU ?
Le didjeridou, instrument à vent des Aborigènes d'Australie, mesure jusqu'à 2 m de long.

Qu'est-ce qu'un instrument à vent?

Un instrument à vent est un tube creux dans lequel on souffle pour faire de la musique. L'air s'engouffre dans un bec, ou anche, vibre à l'intérieur du tube et produit une note. Le ton de la note dépend de la longueur du tube et des trous que l'on bouche et débouche. Les instruments à vent sont conçus en bois, en cuivre ou en plastique.

CI-DESSUS Une flûte de Pan se compose de morceaux de bambous creux de diverses longueurs, chacun produisant une note différente.

À DROITE Un hautbois présente une anche double et des trous que le musicien bouche de ses doigts.

CI-DESSOUS Le joueur de trombone change la hauteur de la note en faisant coulisser le tube.

Qui conçut le synthétiseur?

Le Canadien Hugh Le Caine conçoit le premier synthétiseur en 1945. Baptisé « saqueboute électronique », il est intégré dans un pupitre. Cet instrument reproduit les sons des instruments de musique et produit aussi d'autres sons électroniques. Il comporte un clavier, ainsi que de nombreux boutons pour sélectionner les sons, régler le volume et ajouter des effets sonores comme l'écho.

À GAUCHE Les synthétiseurs produisent de nombreux types de sons et d'effets sonores.

L'enregistrement

Qui inventa le tourne-disque?

L'Américain Thomas Edison met au point le premier tourne-disque, le phonographe, en 1878. C'est la première fois que l'on peut réentendre des sons enregistrés. Ils sont gravés sous forme de sillons sur un cylindre mobile enrobé d'étain grâce à un stylet (une aiguille), qui réagit aux vibrations sonores. Pour les réécouter, il suffit de faire tourner le cylindre à l'aide d'une manivelle.

À GAUCHE Le phonographe d'Edison connaît un succès immédiat, mais ses cylindres en étain s'usent vite.

Quand apparurent les disques?

En 1888, Émile Berliner, né en Allemagne, invente le gramophone, qui utilise un disque plat pour enregistrer et restituer des sons. Une manivelle permet de faire tourner et d'écouter le disque, mais seulement pendant deux minutes. En 1948, le 33 tours est mis au point et les tourne-disques jouent de plus longs morceaux de musique.

Les sons sont gravés sur le disque en plastique en une longue spirale qui va de l'extérieur vers le centre.

À DROITE Sur chaque face de ces *singles* (45 tours) est gravé un court morceau.

CI-DESSUS Le stylet (aiguille) repose sur le sillon. Le disque tourne, le stylet vibre et fait varier le courant électrique, converti en sons par le haut-parleur.

1895 Projection du premier film au cinéma | 1902 Apparition de l'ours en peluche | 1925 Invention de la télévision | 1962 Première émission télévisée par satellite | 1989 Création de la Game Boy

LE SAIS-TU ?
En 1979, le baladeur Walkman de Sony est le premier lecteur de cassettes stéréo assez petit pour être emmené partout.

Comment fonctionne un lecteur de disques compacts ?

Les enregistrements numériques ne stockent pas le son sous forme de signal continu. Un disque compact (CD) se compose d'une série de creux séparés par des zones plates, ou méplats.
Le rayon laser du lecteur balaie le CD ; s'il détecte le passage d'un creux à un méplat, ou l'inverse, il produit le chiffre 1. S'il n'y a pas de changement, il produit un 0. Le lecteur reconvertit cette séquence de 0 et de 1 en courant électrique, puis en sons.

À DROITE Les sons sont enregistrés sur le disque en plastique depuis le centre vers le bord extérieur.

À GAUCHE Le premier lecteur de CD est créé en 1982.

Qu'est-ce qu'un lecteur de MP3 ?

Un lecteur de MP3 est un petit appareil portable, qui stocke la musique sous forme de données numériques sur un disque dur. Ces données sont compressées pour prendre le moins de place possible. Un lecteur peut bien souvent stocker des heures de musique. On peut charger des morceaux sur un ordinateur depuis un CD ou Internet, puis les transférer sur un lecteur de MP3. Son écran permet de sélectionner un album ou un morceau pour l'écouter avec un casque.
Le chercheur allemand Karlheinz Brandenburg crée le format MP3 en 1987.

CI-DESSOUS L'iPod d'Apple peut lire de la musique stockée sous divers formats numériques.

La photographie

CI-DESSUS Chambre à plaques

Comment fut prise la première photographie?

Nicéphore Niépce, un Français, prend la première photographie en 1827. Il fixe une plaque de métal enduite de produits photosensibles dans un boîtier qui ne laisse entrer la lumière que par une lentille. Huit heures plus tard, une image apparaît sur la plaque. Niépce, et d'autres inventeurs, conçoivent ensuite des plaques à la réaction plus rapide.

LE SAIS-TU ?
Inventée en Italie au XVIe siècle, la *camera obscura* est une chambre noire avec un petit trou qui projette le paysage extérieur à l'envers sur un mur.

Qui inventa les pellicules?

En 1888, l'Américain George Eastman conçoit un appareil qui prend des photographies sur un rouleau de négatif papier… Plus besoin de changer la plaque à chaque photographie. En outre, cela permet de réduire la taille des appareils.
En 1900, la société Kodak d'Eastman vend le premier petit appareil photo populaire, le Brownie, pour un dollar.

À DROITE «Vous appuyez sur le bouton et nous faisons le reste», telle était la publicité de Kodak.

L'intérieur d'un reflex

Qu'est-ce qu'un appareil reflex?

Inventé en 1935, le reflex permet au photographe de voir par l'objectif grâce à un petit miroir et de cadrer ainsi précisément sa photo. Dans d'autres appareils, le viseur et l'objectif donnent des vues légèrement différentes. Dans un reflex, lors de la prise de vue, le miroir se relève et la lumière de l'objectif vient frapper le film, au lieu d'être orientée vers le viseur.

CI-DESSOUS Dans un appareil numérique, un capteur CMOS traduit la lumière en signaux électriques.

CMOS

Quand apparut l'appareil numérique?

L'appareil numérique, créé en 1988, remplace la pellicule par un capteur CMOS de lumière, un écran divisé en minuscules carrés, les pixels. Ces derniers détectent les différentes couleurs de la lumière qui constituent l'image et une puce les convertit en une séquence de chiffres. Les photographies sont stockées dans l'espace mémoire et sur des cartes mémoire amovibles.

Le cinéma

Qui inventa le cinéma ?

Auguste et Louis Lumière, deux frères français d'origine lyonnaise, sont les inventeurs du cinéma. En décembre 1895, ils projettent devant un public des films sur les ouvriers. Le cinématographe prend de nombreuses photographies en séquence sur un long rouleau de film Celluloïd. Tandis que le film se déroule, une lumière le traverse et le projette sur un mur.

CI-DESSUS Une lampe éclaire les images lorsqu'elles passent devant l'objectif.

LE SAIS-TU ?
Toy Story, sorti en 1995, est le premier long-métrage d'animation en images de synthèse. Des programmes graphiques spéciaux ont créé les images de Woody le cow-boy et de Buzz l'Éclair.

Quand apparut le cinéma sonore ?

Dans les premiers cinémas, des musiciens, notamment des pianistes, jouent pendant le déroulement des films. Puis, en 1923, Phonofilm produit les premiers courts métrages sonores. Un nouveau procédé permet d'enregistrer le son sur une bande le long de la pellicule et de le synchroniser avec l'image. *Le Chanteur de Jazz*, de 1927, avec des acteurs parlants, a beaucoup de succès.

À GAUCHE Une caméra équipée d'un micro enregistre le son et l'image simultanément.

Image du film

Bande-son optique qui suit l'image

1895
Projection du premier film au cinéma

1902
Apparition de l'ours en peluche

1925
Invention de la télévision

1962
Première émission télévisée par satellite

1989
Création de la Game Boy

Quel est le secret des images animées?

Ce sont en fait nos yeux qui « font leur cinéma ». Chaque image d'une séquence de film montre les mêmes personnages dans des positions légèrement différentes ; si la séquence défile assez vite, notre œil croit qu'ils sont en mouvement. Le film passe par un projecteur qui l'éclaire et le projette sur une surface blanche où l'image est agrandie.

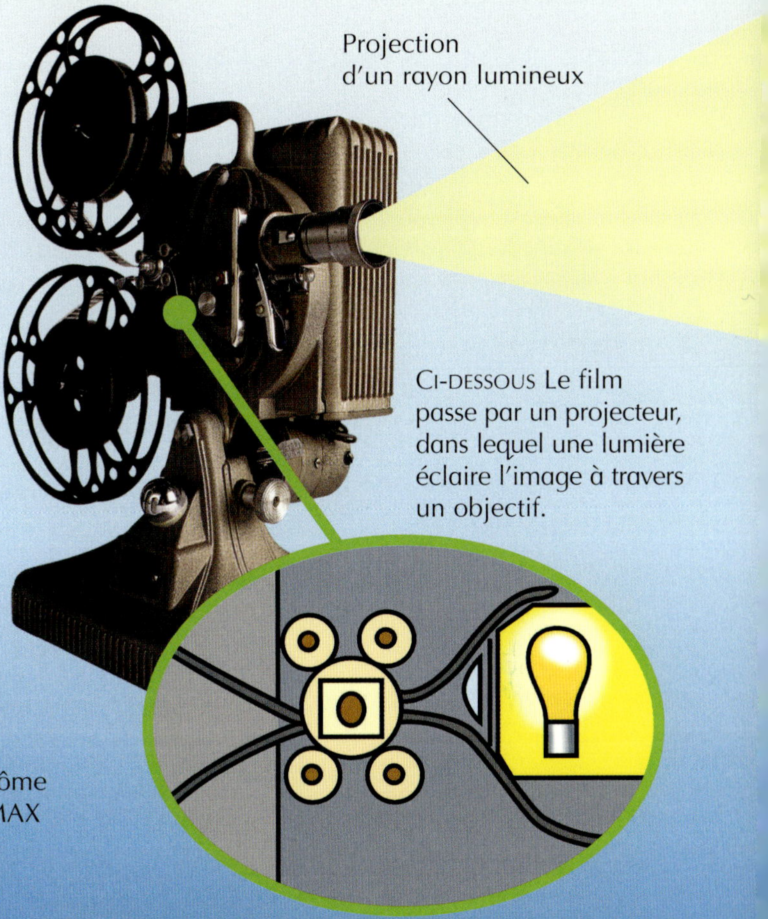

CI-DESSOUS Le film passe par un projecteur, dans lequel une lumière éclaire l'image à travers un objectif.

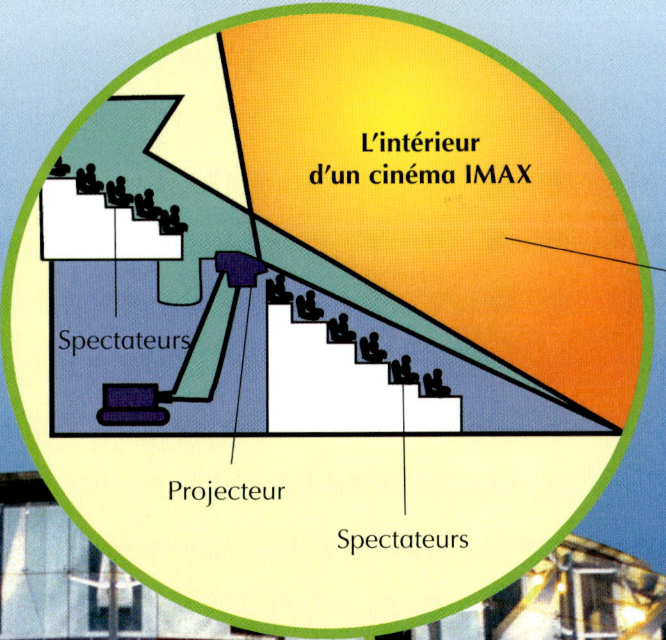

Qu'est-ce qu'un cinéma IMAX?

Un cinéma IMAX projette des films en 3D sur un immense écran panoramique. La caméra IMAX enregistre la même scène sur deux pellicules à travers des objectifs espacés de 64 mm, la distance moyenne entre nos yeux. Les deux films sont projetés en même temps. Les spectateurs portent des lunettes spéciales pour que chaque œil puisse voir l'image qui lui est destinée.

À GAUCHE L'écran de l'IMAX de Londres, en Angleterre. Un écran IMAX mesure au moins 22 m de long et 16 m de haut.

La télévision

Qui mit au point la télévision?

En 1925, l'inventeur écossais John Logie Baird émet la première image télévisée reconnaissable. Hélas, sa télévision mécanique donne des maux de tête aux spectateurs. Isaac Shoenberg, ingénieur d'origine russe, conçoit un modèle électronique en 1936. Mais c'est Vladimir Zworykin, russe lui aussi, qui découvre le tube cathodique, qui produit et affiche les images.

À GAUCHE Première télévision de Logie Baird

Où furent diffusées les premières émissions de télévision?

La BBC démarre la diffusion régulière de programmes télévisés en 1936 à Londres, en Angleterre. Une caméra traduit le mouvement et le son en signaux électriques. Un émetteur antenne les transforme pour qu'ils parcourent de longues distances dans les airs. Les antennes de télévision détectent les signaux et le tube cathodique les convertit en films sur le petit écran.

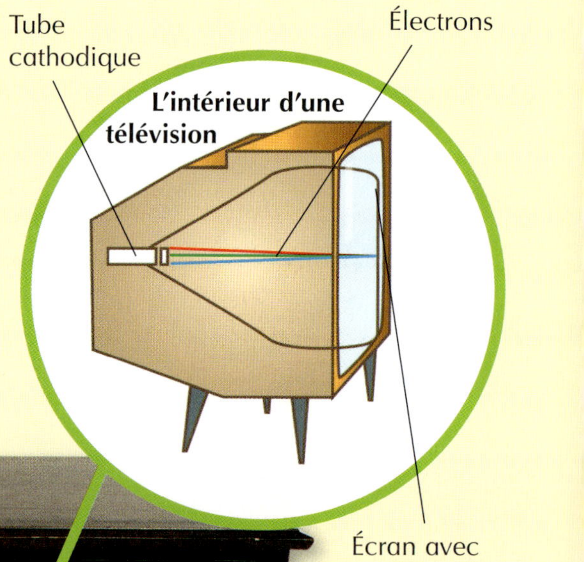

CI-DESSUS Programme télévisé diffusé depuis un studio dans les années 1960

CI-DESSUS L'écran est en noir et blanc jusqu'aux années 1960.

CI-DESSUS Dans un tube cathodique, des électrons frappent les phosphores qui revêtent l'écran. Sous le choc, ils émettent de la lumière qui forme l'image.

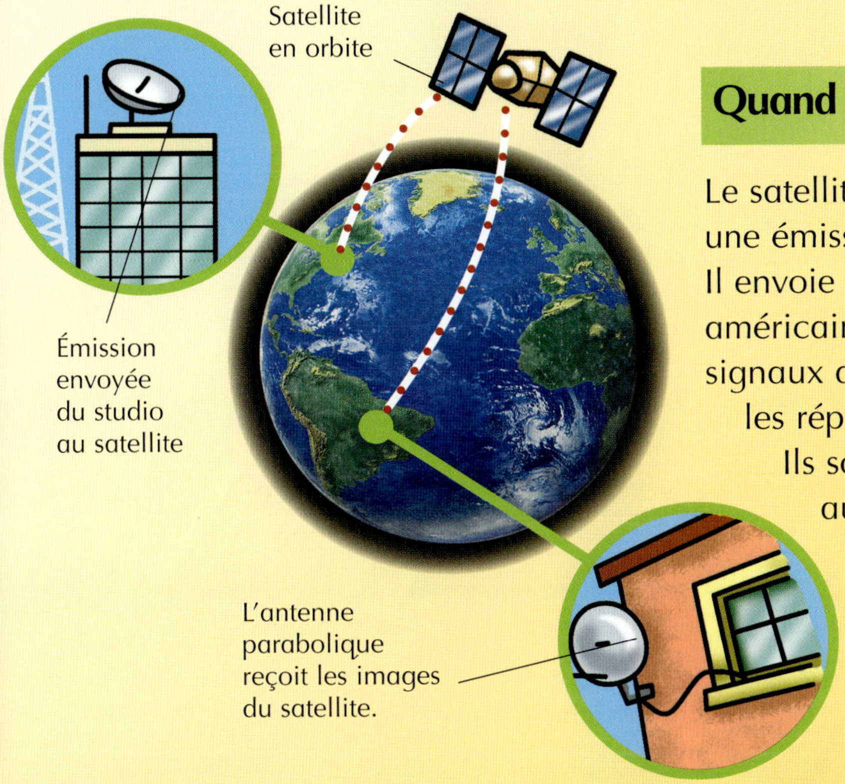

Quand fut créée la télévision par satellite?

Le satellite *Telstar 1* relaie pour la première fois une émission de télévision en juillet 1962. Il envoie vers l'Europe des images du drapeau américain. Un émetteur sur Terre envoie des signaux dans l'espace, où un satellite en orbite les répercute vers diverses régions du globe. Ils sont captés par une parabole reliée au poste de la télévision.

Qu'est-ce qu'un téléviseur numérique?

La télévision numérique fonctionne avec des signaux numériques, qui produisent souvent un son et une image de meilleure qualité que les signaux analogiques. Ils permettent aussi de diffuser davantage de chaînes. Grâce au numérique, la télévision devient même interactive.

LE SAIS-TU ?
Bien plus léger qu'un tube cathodique, un grand écran plat est si mince qu'il peut s'accrocher au mur comme un tableau.

La vidéo et les DVD

Qui développa l'enregistrement vidéo ?

La société Ampex développe en 1956 un magnétoscope destiné à permettre aux sociétés de télévision d'enregistrer les émissions et de les diffuser plus tard, ou plusieurs fois. Ce magnétoscope enregistre les signaux vidéo sur une bande magnétique plastique de cinq centimètres de large. Mais, à l'époque, il est très cher.

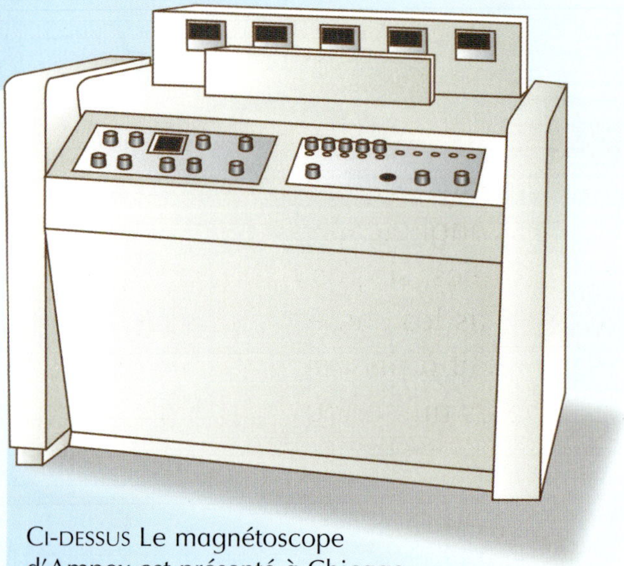

CI-DESSUS Le magnétoscope d'Ampex est présenté à Chicago, aux États-Unis, le 14 avril 1956.

À DROITE Plus encombrante qu'un CD ou qu'un DVD, une cassette vidéo stocke les données sur une très longue bande magnétique.

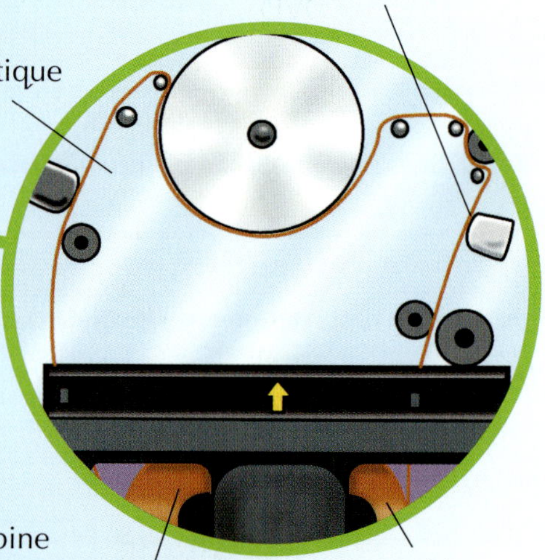

CI-DESSUS La bande se transfère d'une bobine à l'autre en passant par la tête de lecture.

LE SAIS-TU ?

Le numériscope stocke les vidéos sur un ordinateur sans cassette ni DVD. Il permet de mettre en pause une émission télévisée en direct pour repasser une scène intéressante.

Quand apparut le magnétoscope ?

Sony crée le premier magnétoscope à usage familial en 1964. Mais son unique cassette ne permet pas de faire beaucoup d'enregistrements. En 1971, Philips met sur le marché le VCR (*Video Cassette Recording*), qui utilise des cassettes vidéo amovibles contenant une bande. Diverses sociétés créent des systèmes VCR et, en 1978, JVC sort le standard VHS (Video Home System), adopté dans le monde entier.

Qui mit au point le caméscope ?

Sony lance en 1983 le premier caméscope portable à usage familial, associant une caméra vidéo et un magnétoscope intégré. Le Betamovie est si gros et si lourd qu'il faut l'épauler. Mais les caméscopes et les cassettes diminuent petit à petit en taille, et les zooms et les capteurs numériques gagnent en qualité.

On peut voir l'image en filmant et visionner le film tout de suite après.

CI-DESSUS Les caméscopes actuels sont petits et légers.

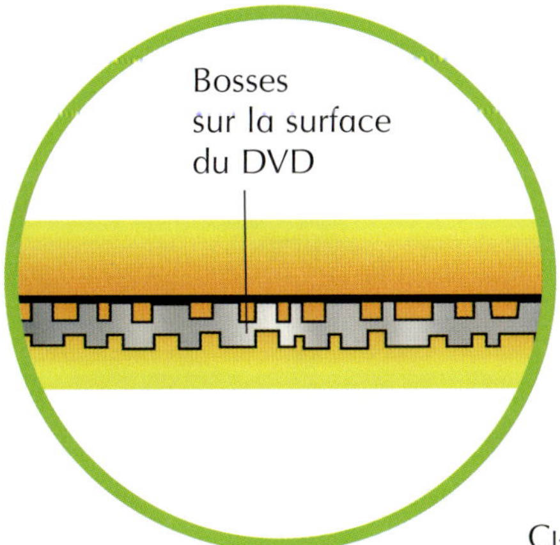

À GAUCHE Des couches, ou des bosses microscopiques, sont inscrites sur une face du DVD. Elles sont lues par un laser infrarouge.

À GAUCHE Les DVD stockent de 4,5 à 17 gigaoctets de données.

CI-DESSOUS Le lecteur DVD est commercialisé au Japon en 1996.

Quel est le concept du DVD ?

Un DVD est un disque vidéo numérique. Inventé à la fin des années 1990, il détrône la cassette VHS et devient le format de référence pour la lecture de vidéos enregistrées – à la télévision et sur ordinateur. Grâce aux menus des DVD, on peut notamment visionner une scène ou choisir la langue d'un film. Depuis 2005, les graveurs de DVD à usage familial se généralisent.

Les jeux et les jouets

CI-DESSUS Au XIXe siècle, le jeu du cerceau est populaire.

Quels furent les premiers jouets?

On pense que les premiers jouets fabriqués sont des billes de pierre façonnées en Égypte vers 3000 av. J.-C. Vers 1000 av. J.-C., les Grecs créent des yo-yo en pierre. Des jeux et des jouets simples sont également fabriqués en pierre, en bois, en ivoire et en cuir. Au XIXe siècle, apparaissent les automates et les boîtes à musique en étain ainsi que les poupées aux têtes en porcelaine. Au XXe siècle, beaucoup de jouets sont en plastique.

CI-DESSUS Un singe automate

À GAUCHE Les billes sont encore aujourd'hui d'actualité.

À DROITE Une toupie musicale

Qui inventa l'ours en peluche?

Morris Michtom crée l'ours en peluche aux États-Unis, en 1903. Il le baptise Teddy Bear, en hommage au président américain Theodore Roosevelt, surnommé Teddy. Lors d'une partie de chasse, Roosevelt ordonne à ses hommes d'abréger les souffrances d'un ours blessé. Les journaux relatent l'histoire, en présentant l'animal sous les traits d'un mignon petit ourson. Lorsque Morris Michtom se met à vendre des répliques en peluche de cet ours, le président l'autorise à les appeler Teddy Bear.

Quand apparurent les jeux de société ?

Dès 4000 av. J.-C., à Babylone et dans d'autres civilisations antiques, on se divertit avec des jeux de société – backgammon, échecs, dames, etc. Dans l'ancienne Égypte, l'un des plus appréciés est un jeu de plateau, le Senet. Quant au Scrabble, il apparaît en 1931, suivi en 1933 aux États-Unis par le Monopoly. Aujourd'hui, des boutons électroniques remplacent parfois les pièces à déplacer à la main.

CI-DESSUS Le Senet est un jeu si répandu dans l'ancienne Égypte qu'il est représenté sur les tombes des pharaons.

LE SAIS-TU ?
Le nom Lego vient du danois *leg godt* (« joue bien »). Le fabricant de jouets danois Ole Christiansen crée ses fameuses briques en 1949.

Qu'est-ce qu'un « jouet intelligent » ?

Les jouets intelligents sont dotés d'une puce électronique qui leur autorise de nombreuses astuces. Des voitures sont ainsi contrôlées à l'aide d'un combiné ou programmées par ordinateur. Des robots peuvent même exécuter des mouvements et prononcer des mots.

À GAUCHE Robert Adler conçoit la télécommande sans fil en 1956.

LES GRANDS INVENTEURS

Cette liste alphabétique des inventeurs mentionnés dans cet ouvrage livre quelques informations sur leur vie, qui permettent de comprendre pourquoi et comment ils ont mis au point des innovations étonnantes.

Alfred d'Angleterre
(849–899, Anglais, p. 151)
Alfred le Grand, roi d'Angleterre, fonde la marine anglaise et met au point une horloge à bougie qui indique les heures en se consumant, vers 890.

ARCHIMÈDE
(287–212 av. J.-C., Grec, p. 10, 23)
Selon la légende, Archimède bondit hors de son bain en criant « *Eurêka !* » (« J'ai trouvé ! »), lorsqu'il fait la découverte du principe de déplacement, qui lui permet de prouver qu'une couronne n'est pas en or pur. Il la plonge dans l'eau et marque la montée du niveau, puis fait de même avec un bloc d'or de poids identique. L'eau monte, mais moins. Il en conclut que l'or de la couronne est mélangé à un autre métal.

Richard ARKWRIGHT
(1732–1792, Anglais, p. 63)
Richard Arkwright conçoit des machines à filer hydrauliques et des métiers à tisser, à Preston, dans le Lancashire, faisant de sa ville natale le centre de l'industrie mondiale du coton.

Charles BABBAGE
(1792–1871, Anglais, p. 186)
Charles Babbage, mathématicien, consacre sa vie entière à l'élaboration de sa « machine analytique », une calculatrice mécanique. Son projet n'a jamais vu le jour, mais, par la suite, des chercheurs se sont inspirés de ses idées pour mettre au point l'ordinateur.

Leo BAEKELAND
(1863–1944, Belge, p. 64)
Leo Baekeland comprend qu'il peut faire fortune en mettant au point un plastique artificiel et bon marché. Il travaille donc durant des années dans une grange convertie en laboratoire pour mettre au point la Bakélite.

Alexander BAIN
(1811–1877, Écossais, p. 153)
Alexander Bain est un mauvais élève. Mais, à douze ans, il assiste à une conférence scientifique dédiée aux horloges, qui le passionne. Plus tard, ses découvertes révolutionnent la conception des horloges électriques et du télégraphe.

John Logie BAIRD
(1888–1946, Écossais, p. 202)
John Baird teste de nombreuses inventions – souvent sans succès – avant de se lancer dans la conception du poste de télévision. Son premier modèle est fait de bric-à-brac assemblé avec une ficelle. On lui doit aussi les premières démonstrations de son stéréo et de télévision couleur.

Trevor BAYLIS
(1937, Anglais, p. 184)
Trevor Baylis apprend par la télévision que les populations d'Afrique ne peuvent pas écouter les émissions à la radio, les piles et l'électricité étant trop chères. De fait, il crée la radio mécanique.

Antoine César BECQUEREL
(1788–1878, Français, p. 57)
Antoine César Becquerel met au point les cellules photovoltaïques fonctionnant grâce à l'énergie solaire. Son fils, Alexandre Edmond, contribue à ses travaux, et son petit-fils, Antoine Henri, découvre la radioactivité.

Alexander Graham BELL
(1847–1922, Écossais, p. 182)
L'intérêt d'Alexander Graham Bell pour la parole et l'écoute le mène à inventer le téléphone. Il commence par mettre au point un télégraphe transmettant des messages sous forme de notes de musique. Lorsqu'il fit fortune, il ouvrit une école de formation des enseignants pour les sourds.

Karl BENZ
(1844–1929, Allemand, p. 74)
Au départ, personne ne s'intéresse à la voiture à trois roues de Karl Benz. Avec sa femme et ses deux fils, il parcourt 105 km en une nuit, un véritable exploit ! Le public est conquis et l'industrie automobile prend son essor. On retrouve le nom de Benz dans la marque Mercedes-Benz.

Emile BERLINER
(1851–1929, Américain d'origine allemande, p. 196)
Emile Berliner travaille pour la compagnie de téléphone Bell. Il mène ensuite ses propres recherches pour enregistrer le son, à l'issue desquelles il met au point le microphone, le disque plat et le gramophone.

Timothy BERNERS-LEE
(1955, Anglais, p. 191)
Mathématiciens renommés, les parents de Timothy Berners-Lee contribuent à la conception de l'un des premiers ordinateurs. Leur fils prend le relais en créant le Web, qui fait d'Internet un moyen de communication rapide et pratique dans le monde entier.

Jeff BEZOS
(1964, Américain, p. 173)
En 1995, Jeff Bezos lance Amazon, le premier magasin en ligne du monde. Ce site Internet permet d'acheter des produits culturels (livres, CD, DVD...) depuis son ordinateur, sans se déplacer.

Clarence BIRDSEYE
(1886–1956, Américain, p. 29)
En 1912, lors d'un voyage au Canada, Clarence Birdseye observe que les poissons fraîchement pêchés sont congelés dans des barils d'eau de mer glacée. Décongelés des mois plus tard, ils sont restés frais. En 1922, il monte sa propre entreprise, Birdseye Seafoods Inc., et, dès 1930, il lance sur le marché 26 produits congelés.

Georg et Ladislao BIRO
(Georg, dates inconnues, Ladislao, 1899–1985, Hongrois, p. 179)
Le journaliste Ladislao Biro remarque que l'encre utilisée pour l'impression des journaux sèche rapidement. Il a alors l'idée de créer un stylo à bille, ce qu'il fait avec l'aide de son frère Georg, chimiste.

Cecil BOOTH
(1871–1955, Anglais, p. 168)
Cecil Booth met au point l'aspirateur en 1901 et, dès 1902, son invention permet de nettoyer le tapis de cérémonie sous les trônes pour le couronnement du roi Edward VII.

Karlheinz BRANDENBURG
(1954, Allemand, p. 197)
Karlheinz Brandenburg étudie les mathématiques et le génie électrique à l'université. Ses recherches le conduisent à créer le lecteur de MP3 en 1987.

Wernher von BRAUN
(1912–1977, Allemand, p. 102)
Adolescent, Wernher von Braun se découvre un intérêt pour les fusées en lisant de la science-fiction. Durant la Seconde Guerre mondiale, il conçoit le *V2*, un missile destiné à transporter des bombes. Après la guerre, il crée des fusées spatiales aux États-Unis.

Marc Isambard BRUNEL
(1769–1849, Britannique d'origine française, p. 66)
Marc Brunel se destine à la prêtrise, avant d'opter pour la marine. Il fait fortune en créant plusieurs machines – notamment un appareil permettant de fabriquer des poulies pour les bateaux. Son fils, Isambard Kingdom Brunel, s'illustre par la réalisation de nombreux ouvrages (ponts, lignes ferroviaires, paquebots).

Ole CHRISTIANSEN
(1891–1958, Danois, p. 207)
Ole Christiansen, charpentier, fabrique des jouets en bois. En 1949, il invente des briques qui s'assemblent et les baptise Lego – contraction des mots danois *leg godt* (« joue bien »).

Sir Christopher Sydney COCKERELL
(1910–1999, Anglais, p. 79)
Pour mettre au point son aéroglisseur, sir Christopher Cockerell place deux boîtes l'une dans l'autre et souffle de l'air entre les deux à l'aide d'un aspirateur.

L. O. COLVIN
(dates inconnues, Américain, p. 20)
La trayeuse qu'il conçoit connaît un immense succès, bien que l'aspiration en continu abîme les pis des vaches.

Martin COOPER
(1928, Américain, p. 183)
Martin Cooper met au point le téléphone portable et passe son premier appel en marchant dans la rue, à New York, le 3 avril 1973.

Bartolomeo CRISTOFORI DI FRANCESCO
(1655–1731, Italien, p. 194)
Bartolomeo Cristofori met au point le piano en 1700, alors qu'il s'occupe de la collection d'instruments de musique d'un prince italien.

Bell CROMPTON
(1845–1939, Anglais, p. 163)
Outre le radiateur électrique inventé avec Herbert Dowsing, Bell Crompton conçoit l'un des premiers systèmes d'éclairage public.

Gottlieb DAIMLER
(1834–1900, Allemand, p. 73)
En étudiant le travail d'autres ingénieurs, Gottlieb Daimler met au point le moteur à essence et fabrique par la suite la première moto à essence.

Georges DE MESTRAL
(1907–1990, Suisse, p. 175)
À douze ans, l'inventeur Georges de Mestral conçoit et fait breveter un avion miniature.
Adulte, il invente le Velcro, qui fait de lui un multimillionnaire.

Horace DE SAUSSURE
(1740–1799, Suisse, p. 56)
L'alpiniste Horace de Saussure a découvert quinze minéraux, perfectionné le thermomètre et l'anémomètre, et inventé le four solaire.

Antonio DE TORRES
(1817–1892, Espagnol, p. 194)
Antonio de Torres apprend à fabriquer des guitares vers trente ans. Il met au point la guitare classique, mais connaît la misère toute sa vie.

Léonard DE VINCI
(1452–1519, Italien, p. 11)
Léonard de Vinci est un éminent peintre, savant et inventeur.
Il met au point des armes, et est l'un des premiers à disséquer et à comprendre le corps humain ; il imagine aussi des systèmes permettant de détourner des rivières et de construire des canaux, et suggère que la Terre tourne autour du Soleil, à une époque où presque tous ses confrères croient l'inverse.

John DEERE
(1804–1886, Américain, p. 17)
John Deere, forgeron de métier, invente la charrue en acier après avoir constaté que la fonte n'est pas adaptée au sol dur des plaines de l'ouest des États-Unis.

Herbert DOWSING
(dates inconnues, Anglais, p. 163)
Herbert Dowsing est l'associé de Bell Crompton, avec lequel il met au point le chauffage électrique. Homme talentueux, c'est un pionnier de l'électricité et de la mécanique.

Cornelius DREBBEL
(1572–1633, Hollandais, p. 128)
Cornelius Drebbel, inventeur à la cour du roi Jacques Ier d'Angleterre, n'a laissé aucune note ou dessin se rapportant à son exceptionnelle invention : le sous-marin.

John DUNLOP
(1840–1921, Écossais, p. 72)
John Dunlop met au point les pneumatiques pour rendre plus confortable la pratique du vélo. Il équipe ainsi un tricycle de chambres à air gonflées qui absorbent davantage les secousses.

Pierre DURAND
(vers 1810, Anglais d'origine française, p. 29)
En 1810, Pierre Durand fait breveter la boîte en fer-blanc pour conserver les aliments. Son invention est très appréciée des soldats et des explorateurs.

George EASTMAN
(1854–1932, Américain, p. 198)
George Eastman, un jeune photographe passionné et désireux de rendre la photographie accessible à tous, crée le premier appareil photo Kodak.

John ECKERT
(1919–1995, Américain, p. 186)
L'ordinateur de John Eckert et John Mauchly, l'ENIAC, est mille fois plus rapide que les calculatrices de son époque. Conçu pour l'armée, il constitue un outil essentiel pour les savants qui développent la bombe à hydrogène.

Thomas EDISON
(1847–1931, Américain, p. 53, 196)
À dix ans, Thomas Edison a déjà construit son propre laboratoire chez ses parents. Plus tard, il crée son entreprise, baptisée « usine à inventions », d'où sortent le phonographe, le microphone et l'ampoule électrique, puis il met au point la pile alcaline.

Albert EINSTEIN
(1879–1955, Allemand, p. 11)
Albert Einstein développe de nombreuses théories scientifiques et découvre notamment qu'un minuscule amas de matière, comme l'atome, contient une grande quantité d'énergie. Il énonce la célèbre formule mathématique $E = MC^2$, quantifiant l'énergie disponible dans la matière, qui sera la clé des découvertes futures en matière d'énergie nucléaire.

Rune ELMQVIST
(1906–1996, Suédois, p. 142)
Rune Elmqvist étudie la médecine avant de devenir un inventeur. Il met au point l'imprimante ECG qui permet d'enregistrer les battements du cœur et le stimulateur cardiaque implantable.

Gabriel FAHRENHEIT
(1686–1736, Allemand, p. 132)
Gabriel Fahrenheit élabore la graduation des premiers thermomètres. Cette échelle, qui est encore aujourd'hui utilisée aux États-Unis, porte son nom. Le degré 32 correspond au 0 de notre thermomètre.

Michael FARADAY
(1791–1867, Anglais, p. 52)
Sachant qu'un aimant pendu à un fil tourne lorsqu'il est placé près d'une bobine de fil de métal attachée à une pile, Michael Faraday tente l'inverse en 1831. Il déplace alors un aimant dans un circuit de fil de cuivre et crée un courant électrique. C'est le premier générateur électrique.

Reginald FESSENDEN
(1866–1932, Canadien, p. 184)
L'ingénieur Reginald Fessenden diffuse la première émission de radio – un programme de musique et une lecture de la Bible – à l'occasion du réveillon de Noël 1906.

Adolf FICK
(1829–1901, Allemand, p. 139)
Adolf Fick teste les lentilles de contact qu'il a conçues sur des lapins, puis sur lui-même, et enfin sur des volontaires.

Alva J. FISHER
(1862–1947, Américain, p. 164)
Alva Fisher, ingénieur de Chicago, fait fortune en faisant breveter la machine à laver qu'il a conçue.

Alexander FLEMING
(1881–1955, Écossais, p. 137)
Face à la souffrance des soldats de la Première Guerre mondiale, Alexander Fleming décide de lutter contre les infections. Il étudie alors les bactéries dans son laboratoire et s'aperçoit que certaines meurent à cause d'une moisissure. Il obtient de ses travaux une substance qui tue diverses bactéries, et la baptise pénicilline.

Henry FORD
(1863–1947, Américain, p. 66, 74)
Henry Ford, mécanicien, monte sa première voiture entre 1893 et 1896, et lance la Ford Motor Company en 1903. Pour rendre ses voitures abordables, il les fait fabriquer à la chaîne et d'une couleur unique. Il aurait d'ailleurs déclaré : « Vous avez le choix entre toutes les couleurs, du moment que c'est noir. »

Enrico FORLANINI
(1848–1930, Italien, p. 79)
Passionné par la conception de nouveaux engins, l'inventeur Enrico Forlanini travaille sur différents modèles d'hélicoptère, d'avion, de montgolfière et d'hydroptère au cours de sa vie.

Benjamin FRANKLIN
(1706–1790, Américain, p. 139)
Particulièrement curieux, Benjamin Franklin se révèle un inventeur très productif. Un jour, il envoie une clé attachée à un cerf-volant dans le ciel orageux pour prouver que la foudre n'est autre qu'une étincelle électrique géante. L'étincelle passant du métal à la corde mouillée, l'idée lui vient de créer le paratonnerre, pour protéger les maisons et les navires de la foudre.

John FROEHLICH
(1849–1933, Américain, p. 18)
Forgeron dans l'Iowa, John Froehlich a l'idée d'équiper un tracteur d'un moteur à essence dès 1892.

Galileo GALILEI (Galilée)
(1564–1642, Italien, p. 100, 132)
Galilée invente bon nombre de choses utiles au cours de sa vie, notamment un pendule servant à régler les horloges, un thermomètre, une pompe à eau révolutionnaire, un compas militaire pour viser l'ennemi avec précision et une balance capable de peser dans l'air ou dans l'eau. Mais ses principales contributions sont ses théories sur la physique et ses découvertes sur la Terre et le système solaire. Grâce à sa lunette astronomique, il observe la Lune, le Soleil, les planètes et les étoiles.

Henri GIFFARD
(1825–1882, Français, p. 83)
Ingénieur, Henri Giffard, teste différentes façons de diriger les montgolfières. En 1852, il lance ainsi son premier ballon dirigeable. L'argent qu'il gagne lui permet de financer d'autres projets, comme celui du dirigeable à vapeur.

Robert GODDARD
(1882–1945, Américain, p. 102)
Robert Goddard est fasciné par les feux d'artifice. Pendant plus de vingt ans, il teste en vain plusieurs fusées, et, en 1926, son modèle à propulsion liquide s'élève enfin dans les airs. Il affirme dès lors que les fusées se rendront un jour sur la Lune, mais personne ne le prend au sérieux. Ses théories permettent cependant de concevoir la fusée qui a emmené les Américains dans l'espace.

Thomas GODFREY
(1704–1749, Américain, p. 90)
Le passe-temps favori de Thomas Godfrey est la lecture d'ouvrages scientifiques. Les connaissances qu'il acquiert lui permettent d'inventer l'octant, un instrument de navigation.

George GOSMAN
(dates inconnues, Américain, p. 141)
Le capitaine George Gosman et le lieutenant Albert Rhodes financent eux-mêmes la construction du premier avion sanitaire à Fort Barrancas, en Floride, en 1910. Il s'écrase malheureusement lors du vol d'essai.

Johann GUTENBERG
(1400–1468, Allemand, p. 180)
Son habileté dans le travail des métaux permet à Gutenberg de fabriquer des lettres en métal pour sa presse à imprimer. Sa publication la plus célèbre est la Bible dont il imprime trois cents exemplaires.

William HADAWAY
(dates inconnues, Américain, p. 166)
En 1896, William Hadaway fait breveter aux États-Unis la cuisinière et le grille-pain électriques qu'il a conçus.

John HADLEY
(1682–1744, Anglais, p. 90)
L'octant de John Hadley permet aux marins et aux explorateurs de connaître leur position en mesurant la hauteur du Soleil et des étoiles au-dessus de l'horizon.

Otto HAHN
(1879–1968, Allemand, p. 54)
Otto Hahn découvre avec Lise Meitner le protactinium, un élément radioactif qui conduit à la fabrication de bombes nucléaires. Après la Seconde Guerre mondiale, il s'oppose à l'utilisation des armes nucléaires.

James HARGREAVES
(1720–1778, Anglais, p. 62)
Le statut d'inventeur n'est pas toujours enviable : James Hargreaves connaît des préjudices causés par des ouvriers du textile qui, craignant de perdre leur travail avec l'arrivée du rouet, détruisent ses machines.

Sir John HARINGTON
(1561–1612, Anglais, p. 160)
Membre de la cour royale d'Elizabeth Ire, sir John Harington est un précurseur. Il met au point les toilettes à chasse d'eau en 1596, qui ne seront adoptées par la population britannique que 250 ans plus tard.

John HARRISON
(1693–1796, Anglais, p. 152)
John Harrison, charpentier de métier, s'intéresse aux horloges et met au point des montres et des horloges marines d'une précision étonnante.

John HARWOOD
(1893–1965, Anglais, p. 155)
John Harwood, horloger, conçoit une montre-bracelet fiable, avec un mécanisme intégré qui lui permet d'être remontée automatiquement.

Ernst HEINKEL
(1888–1958, Allemand, p. 86)
Fasciné par les dirigeables, Ernst Heinkel s'intéresse aux avions et développe plusieurs modèles – jusqu'à l'élaboration d'une catapulte permettant de lancer les avions postaux depuis des navires.

Peter HENLEIN
(1480–1542, Allemand, p. 154)
Peter Henlein, serrurier allemand de Nuremberg, invente la montre de poche vers 1510, surnommée « œuf de Nuremberg » en raison de sa forme.

Joseph HENRY
(1797–1878, Américain, p. 182)
Les travaux sur l'électricité et le magnétisme de Joseph Henry contribuent à la création du télégraphe, du moteur électrique et du téléphone.

Rowland HILL
(1795–1879, Anglais, p. 188)
Rowland Hill, professeur de mathématiques, imagine le timbre-poste. Il est plus tard fait chevalier par la reine Victoria, pour sa contribution à la mise en place du premier véritable service postal du monde.

John P. HOLLAND
(1841–1914, Irlandais, p. 128)
Arrivé aux États-Unis à l'âge de trente-deux ans, John Holland travaille ponctuellement pour la marine américaine, jusqu'à ce qu'il perfectionne le premier sous-marin capable de naviguer sur et sous l'eau.

Robert HOOKE
(1635–1703, Anglais, p. 134)
L'astronome et mathématicien Robert Hooke est le créateur de la loi éponyme sur l'élasticité. Craignant qu'on ne vole ses idées, il les note de manière codée.

Edgar Purnell HOOLEY
(1860–date inconnue, Anglais, p. 38)
Edgar Hooley est l'inventeur du macadam. Il a cette idée en observant une surface lisse formée de goudron tombé d'une charrette et recouvert de graviers pour éviter qu'il ne se répande.

Christiaan HUYGENS
(1629–1695, Hollandais, p. 152, 154)
Le mathématicien Christiaan Huygens améliore le télescope, invente une pendule et découvre que la lumière est formée d'ondes, ce qui sera prouvé 150 ans après.

Edward JENNER
(1749–1823, Anglais, p. 136)
Edward Jenner est chirurgien dans l'armée, puis médecin de campagne. Ses recherches sur les virus conduisent à la mise au point des vaccins. À l'époque, cette invention est mal vue, l'Église affirmant que l'injection de matières animales dans le corps humain est un péché.

William le Baron JENNEY
(1832–1907, Américain, p. 36)
William Jenney conçoit des forts pendant la guerre de Sécession, contribue à l'élaboration des systèmes routier et ferroviaire de Chicago, et à l'édification de gratte-ciel à charpente d'acier.

Steve JOBS
(1955, Américain, p. 186)
Avec Steve Wozniak, Steve Jobs est le cofondateur de la société informatique Apple, en 1976, et des studios d'animation Pixar, en 1986.

Frederick JONES
(1893–1961, Américain, p. 71)
Surtout connu pour l'invention d'un système de réfrigération pour les camions et les trains, Frederick Jones dépose tout de même plus de soixante brevets au cours de sa vie.

Whitcomb JUDSON
(1836–1909, Américain, p. 174)
Whitcomb Judson présente sa fermeture à glissière lors de l'Exposition universelle de 1893… dans l'indifférence la plus totale ! Après sa mort, son système est amélioré et devient l'incontournable fermeture Éclair.

John KAY
(1704–1780, Anglais, p. 62)
En 1753, John Kay, créateur de la navette volante, le premier dispositif de mécanisation de l'industrie textile, est victime du succès de son invention, qui réduit considérablement le temps de tissage. Sous les menaces d'ouvriers du textile, il fuit alors en France, où il meurt dans la pauvreté.

Clarence KEMP
(dates inconnues, Américain, p. 57)
Clarence Kemp met au point le premier chauffe-eau solaire en 1891. En sept ans, il équipe un tiers des maisons en Californie.

René LAËNNEC
(1781–1826, Français, p. 132)
René Laënnec, médecin, invente le stéthoscope pour écouter les battements du cœur du patient et surveiller la respiration. En étudiant la tuberculose, il tombe malade et meurt à quarante-cinq ans.

Paul LANGEVIN
(1872–1946, Français, p. 94)
Le physicien Paul Langevin étudie le magnétisme. Après le naufrage du Titanic en 1912, il cherche à localiser les icebergs avec des ultrasons. Ce procédé permet de détecter les sous-marins durant la Première Guerre mondiale.

Dominique-Jean LARREY
(1766–1842, Français, p. 140)
Napoléon considère le docteur Larrey comme « l'homme le plus précieux [qu'il ait] rencontré », en raison des soins qu'il prodigue aux soldats blessés et de son ambulance à cheval.

Hugh LE CAINE
(1914–1977, Canadien, p. 195)
Hugh le Caine étudie la physique atomique et nucléaire, et travaille sur les premiers radars. Passionné de musique électronique, il invente le synthétiseur.

Hans LIPPERSHEY
(1570–1619, Hollandais, p. 100)
On raconte que ce sont les enfants de l'opticien Hans Lippershey qui découvrent la lunette d'approche, en jouant avec des verres défectueux dans son atelier.

Joseph LISTER
(1827–1912, Écossais, p. 146)
Horrifié par le nombre de patients qui meurent après une opération, le chirurgien Joseph Lister élabore des méthodes de stérilisation pour les hôpitaux.

Auguste et Louis LUMIÈRE
(Auguste, 1862–1954, Louis, 1864-1948, Français, p. 200)
Leur père photographe parle à Auguste du kinétoscope (cylindre tournant qui produit des images mobiles). Les deux frères cherchent alors le moyen de projeter des images en mouvement sur un écran… Le cinéma est né !

Cai LUN
(vers 50–118, Chinois, p. 178)
Cai Lun imagine la fabrication du papier en observant des guêpes qui construisent leur nid en mâchant du bois pour en faire de fines feuilles.

Charles MACINTOSH
(1766–1843, Écossais, p. 174)
Charles Macintosh invente le chlorure de chaux, puis met au point le tissu imperméable qui le rend célèbre. Au Royaume-Uni, le terme *macintosh* est désormais synonyme d'imperméable.

Guglielmo MARCONI
(1874–1937, Italien, p. 184)
Guglielmo Marconi lit dans un article que les ondes radio permettent de communiquer sans fil et tente l'expérience chez lui. La marine britannique adopte son équipement radio. Cette invention lui vaut plus tard le prix Nobel de physique.

John MAUCHLY
(1907–1980, Américain, p. 186)
Après avoir inventé l'ordinateur électronique, John Mauchly et son partenaire John Eckert fondent la première société informatique et élaborent les premiers langages informatiques.

Hiram MAXIM
(1840–1916, Américain, p. 117)
Hiram Maxim, inventeur de la mitrailleuse, conçoit également un piège à souris automatique, une poudre à canon sans fumée et un revêtement pour tableau noir.

Wilhelm MAYBACH
(1846–1929, Allemand, p. 73)
Concepteur de moteur, Wilhelm Maybach est l'assistant de Gottlieb Daimler, avec lequel il invente le moteur à combustion interne à grande vitesse, qui équipe les premières motocyclettes.

Frank MCNAMARA
(1917–1957, Américain, p. 171)
Persuadé que son innovation, la carte de crédit, ne sera qu'une mode passagère, Frank McNamara vend sa part de la société Diners Club et ne fait jamais fortune.

Gerardus MERCATOR
(1512–1594, Flamand, p. 91)
Excellent cartographe, Gerardus Mercator devient très célèbre et son nom désigne désormais une manière de dessiner la Terre sur un support plan.

Morris MICHTOM
(1870–1938, Russo-américain, p. 206)
Morris Michtom crée l'ours en peluche en 1903 et sa petite boutique devient une énorme entreprise de jouets qui perdure jusque dans les années 1980.

Joseph et Étienne MONTGOLFIER
(Joseph, 1740–1810, Étienne, 1745–1799, Français, p. 82)
Les frères Montgolfier réalisent leurs premières expériences chez eux. Ils emplissent une enveloppe d'air chaud pour la faire s'élever. En 1783, leur montgolfière emporte deux passagers à 450 m d'altitude.

Samuel MORSE
(1791–1872, Américain, p. 182)
Samuel Morse, artiste, entend une conversation sur les appareils électromagnétiques lors d'un voyage en mer, qui lui inspire la création du code morse.

Paul MÜLLER
(1899–1965, Suisse, p. 24)
Le scientifique Paul Müller étudie les teintures synthétiques, puis met au point l'insecticide DDT, qui joue un rôle majeur dans l'éradication de la malaria dans certaines régions.

William MURDOCH
(1754–1839, Anglais, p. 49)
Assis devant sa cheminée, William Murdoch met de la poussière de charbon dans sa pipe avant de la jeter dans le feu. Du gaz de houille sort de sa pipe en brillant fortement. Il vient d'inventer l'éclairage au gaz…

Tsuneya NAKAMURA
(dates inconnues, Japonais, p. 155)
Tsuneya Nakamura dirige chez Seiko une équipe d'ingénieurs durant dix ans et crée la montre-bracelet à quartz, commercialisée dès 1969.

Thomas NEWCOMEN
(1663–1729, Anglais, p. 50)
Le mécanicien Thomas Newcomen met au point une machine à vapeur composée d'une chaudière, d'un cylindre et d'un piston. Son innovation connaît un franc succès, mais ne l'enrichit pas.

Isaac NEWTON
(1642–1727, Anglais, p. 100)
Isaac Newton démontre que tout élément de matière en attire d'autres par gravitation. Il explique ainsi les mouvements des marées, de la Lune autour de la Terre, et des planètes autour du Soleil. Il donne son nom à une unité de force, le newton, développe ses connaissances sur la lumière et invente le télescope en 1668.

Nicéphore NIÉPCE
(1765–1833, Français, p. 198)
Nicéphore Niépce travaille sur un moteur à combustion interne avant de tester des appareils photos en 1816. Son procédé permet enfin d'obtenir des photographies permanentes.

Ransom Eli OLDS
(1864–1950, Américain, p. 66)
Ransom Eli Olds construit une voiture à vapeur à trois roues en 1887, lui rajoute une roue en 1893, et crée une voiture à essence en 1896. En 1899, il fonde la Olds Motor Works qui vend la première Oldsmobile en 1901.

J. Robert OPPENHEIMER
(1904–1967, Américain, p. 121)
Durant la Seconde Guerre mondiale, Robert Oppenheimer dirige le projet américain sur la bombe atomique. La première est testée en juillet 1945. Trois semaines après, des bombes A sont larguées sur Hiroshima et Nagasaki, au Japon.

Elisha Graves OTIS
(1811–1861, Américain, p. 37)
Elisha Graves Otis met au point le premier ascenseur à New York et conçoit un frein de sécurité pour les monte-charge.

Charles PARSONS
(1854–1931, Anglais, p. 51, 80)
Charles Parsons invente la turbine à vapeur. En 1884, il fonde la Parsons Marine Steam Turbine Company et construit des bateaux à vapeur.

Louis PASTEUR
(1822–1895, Français, p. 21)
Louis Pasteur n'est pas un bon élève, mais ses expériences scientifiques le rendent vite célèbre. Il découvre que les bactéries causent des maladies et invente la pasteurisation.

James RITTY
(1837–1918, Américain, p. 172)
James Ritty, propriétaire d'un bar, invente la caisse enregistreuse mécanique avec l'aide de son frère John, mécanicien.

Wilhelm RÖNTGEN

(1845–1923, Allemand, p. 144)

Wilhelm Röntgen, perplexe devant sa découverte, la baptise rayons X. En 1901, il reçoit le premier prix Nobel de physique.

Ernst RUSKA

(1906–1988, Allemand, p. 135)

L'ingénieur en électricité Ernst Ruska invente la « lentille magnétique », pour dévier les faisceaux d'électrons, et le microscope électronique en 1931. Il est colauréat du prix Nobel de physique en 1986.

Åke SENNING

(1915–2000, Suédois, p. 142)

Åke Senning, médecin chef et chercheur, implante le premier stimulateur cardiaque en 1958, en Suède, avec l'aide de l'ingénieur Rune Elmqvist.

James SHARP

(1790–1870, Anglais, p. 166)

James Sharp installe une gazinière expérimentale chez lui en 1834. En 1836, son usine fabrique des modèles destinés à la vente.

Percy SHAW

(1890–1976, Anglais, p. 39)

Percy Shaw fait fortune grâce à « l'œil de chat », d'abord baptisé catadioptre. Il est fait officier de l'ordre de l'Empire britannique pour sa contribution à la sécurité routière.

Isaac SHOENBERG

(1880–1963, Russe, p. 202)

Isaac Shoenberg persuade EMI, sa société, de financer un projet de recherche sur la télévision. En 1932, son équipe britannique conçoit un modèle électronique avec un tube générateur d'images.

Christopher SHOLES

(1819–1890, Américain, p. 180)

Christopher Sholes, éditeur de presse, invente une machine à numéroter les pages, qui lui sert de base pour sa machine à écrire conçue en 1867.

Igor SIKORSKY

(1889–1972, Russe, p. 84)

Igor Sikorsky étudie l'ingénierie lorsqu'il voit dans le journal une photo d'Orville Wright et de son avion. Il s'intéresse alors à l'aviation et conçoit un hélicoptère en 1939.

John SMEATON

(1724–1792, Anglais, p. 32)

John Smeaton améliore la qualité du béton en bâtissant le phare d'Eddystone, au large de la côte sud du Devon, en Angleterre. En service pendant plus de cent ans, ce phare est ensuite démonté et reconstruit à Plymouth.

Percy SPENCER

(1894–1970, Américain, p. 166)

Percy Spencer, inventeur du four à micro-ondes, est curieux et très novateur : il dépose plus de 150 brevets au cours de sa vie !

Elmer SPERRY

(1860–1930, Américain, p. 91)

En 1880, Elmer Sperry crée une société produisant les dynamos électriques et les lampes à arc qu'il a inventées à l'adolescence. Il fonde sept autres entreprises pour développer ses innovations, dont le compas gyroscopique.

John STARLEY

(1854–1901, Anglais, p. 72)

John Starley est le neveu de James Starley, inventeur d'un vélo à grande roue. Le design élémentaire de la bicyclette de sécurité de John est toujours d'actualité.

George STEPHENSON

(1781–1848, Anglais, p. 76)

George Stephenson commence sa carrière en pelletant du charbon dans les moteurs à vapeur et finit par en fabriquer et en inventer. Sa *Locomotion* tire le premier train de voyageurs.

Fritz STRASSMANN

(1902–1980, Allemand, p. 54)

Le chimiste Fritz Strassmann contribue à la découverte de la fission nucléaire, qui rend désormais possible l'usage de l'énergie nucléaire.

Gideon SUNDBACK

(1880–1954, Canadien d'origine suédoise, p. 174)

Gideon Sundback s'inspire du travail d'autres ingénieurs pour mettre au point le zip. Il fait breveter son innovation en 1917 sous le nom de « fermeture séparable ».

Ray TOMLINSON

(1941, Américain, p. 189)

Ray Tomlinson invente le système de messagerie électronique et crée le symbole @, sans imaginer que son innovation sera utilisée dans le monde entier.

Alfred VAIL
(1807–1859, Américain, p. 182)
Alfred Vail, innovateur, aide Samuel Morse à développer son code ainsi que le télégraphe.

Antonie VAN LEEUWENHOEK
(1632–1723, Hollandais, p. 134)
Le microscope est considéré comme un jouet, jusqu'à ce qu'Antonie van Leeuwenhoek l'utilise pour étudier des fibres de tissu. Il s'intéresse ensuite aux êtres vivants et est ainsi le premier à voir le sang circuler dans les minuscules vaisseaux que l'on nomme capillaires.

Alessandro VOLTA
(1745–1827, Italien, p. 52)
Alessandro Volta invente la pile électrique en 1800. En 1881, l'unité de base de la force électrique est baptisée volt en son hommage.

Hermann VON HELMHOLTZ
(1821–1894, Allemand, p. 138)
Hermann von Helmholtz influence les innovations dans le son et l'électromagnétisme. Il crée l'ophtalmoscope pour examiner l'intérieur de l'œil humain.

Ezra WARNER
(dates inconnues, Américain, p. 29)
L'ouvre-boîtes conçu par Ezra Warner en 1858 possède une lame tranchante qui permet de percer le couvercle et une scie pour couper le pourtour ; mais son invention se révèle si dangereuse que l'épicier ouvre les boîtes de ses clients sur place.

Robert WATSON-WATT
(1892–1973, Écossais, p. 92)
Robert Watson-Watt, météorologue, remarque qu'un orage provoque des grésillements dans une radio. En 1935, il imagine une manière de faire rebondir les ondes sur un objet tel qu'un avion pour connaître sa distance. C'est le premier système exploitable pour le radar.

James WATT
(1736–1819, Écossais, p. 50)
James Watt doit réparer le moteur à vapeur de Newcomen, et décide de le perfectionner. Ses nouveaux moteurs transforment profondément les industries du charbon et du textile.

Horace WELLS
(1815–1848, Américain, p. 146)
L'idée de créer un anesthésique pour ses patients vient à Horace Wells, dentiste de profession, alors qu'il assiste à une démonstration de gaz hilarant dans un cirque.

Robert WHITEHEAD
(1823–1905, Anglais, p. 129)
Robert Whitehead et son fils travaillent sur de nouvelles armes pour les navires de guerre lorsqu'ils imaginent la première torpille autopropulsée mise au point en 1866.

Frank WHITTLE
(1907–1996, Anglais, p. 86)
Frank Whittle, ingénieur et pilote, écrit ses premiers articles sur les turboréacteurs dès l'âge de vingt et un ans. Le ministère de l'Air britannique n'y accorde aucun intérêt, c'est pourquoi le premier turboréacteur ne verra le jour qu'en 1941.

Steve WOZNIAK
(1950, Américain, p. 186)
Steve Wozniak monte sa propre station de radio à onze ans et, dès l'adolescence, il assemble un ordinateur dans le garage de ses parents. Avec son ami Steve Jobs, il est le cofondateur de la société informatique Apple.

Frères WRIGHT
(Wilbur, 1867–1912, Orville, 1871–1948, Américains, p. 86)
Les frères Wright s'initient seuls à la mécanique et ouvrent par la suite un atelier de bicyclettes. Après s'être intéressés au vol à voile, ils décident d'équiper un vélo d'une paire d'ailes et d'un moteur qui fait tourner une hélice… Le premier avion est né !

Vladimir ZWORYKIN
(1889–1982, Russe, p. 202)
Le savant Vladimir Zworykin met au point le tube cathodique, qui affiche les images dans un poste de télévision. Très sceptique à l'égard de son invention, il déclare : « Je ne laisserai jamais mes enfants la regarder. »

INDEX

REMERCIEMENTS

Illustrations de Geoff Ball et James Alexander, de l'agence d'illustration SGA

Crédits photographiques :
b = bas, h = haut, d = droite, g = gauche, c = centre

Couverture : h Corbis bg Getty bd Corbis

Bandeau courant Photodisc/Getty Images, 1 Comstock, 2 Stockdisc Photos/Getty Images, 3g Photodisc/Getty Images, 3c Brand X Pictures/Jupiter Images, 3d Photodisc/Getty Images, 7 Bettman/Corbis, 8 Bettman/Corbis, 9g Photodisc/Getty Images, 9m Bettman/Corbis, 10 Comstock/Jupiter Images, 10bg Bettman /Corbis, 11 hg Bettman/Corbis, 11hd Bettman/Corbis, 11bd Rick Fredman/Corbis, 12cd Rick Friedman/Corbis, 12bg Digital Art/Corbis, 13h Toshiyuki Aizaw/Reuters/Corbis, 13b Reuter/Corbis, 14/15 David Frazier/Corbis, 16 David Frazier/Corbis, 18 Corbis, 19 David Frazier/Corbis, 20 David Frazier/Corbis, 22 Reed Kaestner/Corbis, 23 David Frazier/Corbis, 24/25 Warren Jacobi/Corbis, 26g Richard Gross/Corbis, 26d David Frazier/Corbis, 27 David Frazier/Corbis, 28 Richard Gross/Corbis, 29 David Frazier/Corbis, 30/31 Image Ideas/Index Stock Imagery, Inc., 32 Mick Roesssler/Corbis, 33h Image Ideas/ Index Stock Imagery, Inc., 33b Reed Kaestner/Corbis, 34/35 Brand X Pictures/Jupiter Images, 36/37 Image Ideas/Index Stock Imagery, Inc., 38/39 Digital Vision/Getty Images, 40 Digital Vision/Getty Images, 41 Image Ideas/Index Stock Imagery, Inc., 42h Photodisc/Getty Images, 42c Photodisc/Getty Images, 42b Brand X Pictures/Jupiter Images, 44 42b Brand X Pictures/ Jupiter Images, 45gc 42b Brand X Pictures/Jupiter Images, 45d Digital Vision/Getty Images, 47 Photodisc/Getty Images, 48 Brand X Pictures/Jupiter Images, 49 Photodisc/Getty Images, 50 Brand X Pictures/Jupiter Images, 53 Photodisc/Getty Images, 54 Brand X Pictures/Jupiter Images, 56 Photodisc/Getty Images, 58 Photodisc/Getty Images, 60/61 Brand X Pictures/ Jupiter Images, 63g Flat Earth, 63d Brand X Pictures/Jupiter Images, 64 Digital Vision/Getty Images, 65h Brand X Pictures/Jupiter Images, 65b Digital Vision/Getty Images, 67c Photodisc/ Getty Images, 67b Banana Stock/Jupiter Images, 68/69 Brand X Pictures/Jupiter Images, 71c Thinkstock/Jupiter Images, 71b Digital Vision/Getty Images, 73 Flat Earth, 74 Brand X Pictures/Jupiter Images, 75h Brand X Pictures/Jupiter Images, 75c Leo Dennis Productions/Brand /Corbis, 76 Digital Vision/Getty Images, 77 Paul Saunders/Corbis, 78 Brand X Pictures/ Jupiter Images, 79 Ben Blankenburg/Corbis, 80h Brand X Pictures/Jupiter Images, 80b Larry Mulvehill/Corbis, 82 Brand X Pictures/Jupiter Images, 84/85 Brand X Pictures/Jupiter Images, 86 Brand X Pictures/Jupiter Images, 87 Digital Vision/Getty Images, 88 Photodisc/Getty Images, 89g Photodisc/Getty Images, 89c Brand X Pictures/Jupiter Images, 89d Alan Levenson/ Corbis, 91 Digital Vision/Getty Images, 92 Photodisc/Getty Images, 93h Digital Vision/Getty Images, 93b Brand X Pictures/Jupiter Images, 94 Alan Levenson/Corbis, 96/97 J Stephen Hicks/Corbis, 97h Brand X Pictures/Jupiter Images, 98 Photodisc/Getty Images, 99g Photodisc/Getty Images, 99c Photodisc/Getty Images, 99d Photodisc/Getty Images, 101 NASA, 102 NASA, 104 NASA, 105h Photodisc/Getty Images, 106 NASA, 107 Photodisc/Getty Images, 108/109 NASA, 110/111 NASA, 112/113 Brand X Pictures/Jupiter Images, 114 Flat Earth, 115 RubberBall Productions, 116 Thinkstock/Jupiter Images, 117 Brand X Pictures/Jupiter Images, 119 Brand X Pictures/Jupiter Images,, 120/121 Brand X Pictures/Jupiter Images, 122/123 Brand X Pictures/Jupiter Images, 123h Lushpix/Unlisted Images, Inc., 124 Brand X Pictures/Jupiter Images, 125 Superstock, Inc., 126 Brand X Pictures/Jupiter Images, 127 Lushpix/ Unlisted Images, Inc., 128/129 Brand X Pictures/Jupiter Images, 130/131 Photodisc/Getty Images, 132h Brand X Pictures/Jupiter Images, 132b Photodisc/Getty Images, 133/134 Photodisc/Getty Images, 135 Brand X Pictures/Jupiter Images, 136 Blend Images, LLC, 137h Photodisc/Getty Images, 137b Brand X Pictures/Jupiter Images, 138 Photodisc/Getty Images, 139 Brand X Pictures/Jupiter Images, 140 gd (encart) Photodisc/Getty Images, 140/141 Brand X Pictures/Jupiter Images, 142h Brand X Pictures/Jupiter Images, 142b Photodisc/Getty Images, 143h Brand X Pictures/Jupiter Images, 143b Photodisc/Getty Images, 144 Brand X Pictures/Jupiter Images, 145h Brand X Pictures/Jupiter Images, 145c Allen Bell/Corbis, 145b Photodisc/ Getty Images, 146/147 Brand X Pictures/Jupiter Images, 147h Tim O'Hara/Corbis, 148 Photodisc/Getty Images, 149g Photodisc/Getty Images, 149 c Flat Earth, 149d Photodisc/Getty Images, 150 Flat Earth, 151 Ingram Publishing, 152h Tom Grill/Corbis, 152b Superstock Inc., 153/154 Photodisc/Getty Images, 155/156 Photodisc/Getty Images, 157 Banana Stock/ Jupiter Images, 158 Digital Vision/Getty Images, 159gc Digital Vision/Getty Images, 159d Photodisc/Getty Images, 160 Comstock/Jupiter Images, 161/162 Digital Vision/Getty Images, 163 Comstock/Jupiter Images, 164 Randy Faris/Corbis, 165g Digital Vision/Getty Images, 165d Image Source, 166 Lawrence Manning/Corbis, 167 Randy Faris/Corbis, 168 Comstock/ Jupiter Images, 169h Lawrence Manning/Corbis, 169b Photodisc/Getty Images, 170 StockDisc/ Corbis, 171h Don Hammond/Design Pics/Corbis, 171d (encart) Image 100/Corbis, 171b Image 100/Corbis, 172 Jack Hollingsworth/Corbis, 173hd Image 100/Corbis, 173hg (encart) Photodisc/Getty Images, 173b Simon Marcus/Corbis, 174h StockDisk/Corbis, 174b Comstock Select/Corbis, 175 Mark Karrass/Corbis, 175 b Ben Blakenburg/Corbis, 176 Photodisc/Getty Images, 177g Digital Vision/Getty Images, 177cd Photodisc/Getty Images, 178 Comstock/ Jupiter Images, 179h Flat Earth, 179b Comstock/Jupiter Images, 180 Comstock/Jupiter Images, 181h Getty Images, 181b StockDisc/Corbis, 182 Comstock/Jupiter Images, 183g (encart) StockDisc/Corbis, 183 Banana Stock/Jupiter Images, 184 Comstock/Corbis, 185h Classic PIO, 185d David Frazier/Corbis, 187hd Reed Kaestner/Corbis. 187 g (encart) Photodisc/Getty Images, 187d (encart) StockDisc/Corbis, 188b Comstock/Jupiter Images, 188 Photodisc/Getty Images, 189h Comstock/Corbis, 189b Tom Grill/Corbis, 190hc Banana Stock/Jupiter Images, 190/191 Bloomimage/Corbis, 191c (encart) Photodisc/Getty Images, 191b Banana Stock/Jupiter Images, 192 Banana Stock/Jupiter Images, 193gc Banana Stock/Jupiter Images, 193d Photodisc/Getty Images, 194/195 Photodisc/Getty Images, 195b Bob Jacobson/Corbis, 196 Comstock/Jupiter Images, 197g Comstock/Jupiter Images, 197d Lushpix/Unlisted Images, Inc., 198 Comstock/Jupiter Images, 199h Comstock/Jupiter Images, 199h Banana Stock/Jupiter Images, 199b Comstock/Jupiter Images, 200/201 ImageState, 201h Comstock/Jupiter Images, 202 Comstock/Jupiter Images, 203h Bloomimage/Corbis, 203b Banana Stock/Jupiter Images, 204 Comstock/Jupiter Images, 205h Banana Stock/Jupiter Images, 205b Comstock/Jupiter Images, 206 Comstock/Jupiter Images, 207 StockDisc/Corbis